W0275141

Franz Josef Mehr

91 Anwendungen mit Quattro Pro für Windows

Aus dem Bereich Computerliteratur

Works für Windows - Einsteigen leichtgemacht
von Ursula Kollar-Fiedrich

Works - Integrierte Software optimal eingesetzt
von Douglas Cobb

Spreadsheets
Tabellenkalkulation für Naturwissenschaftler
von Franz Josef Mehr

Vieweg Software-Trainer Excel 4.0
von Bernd Kretschmer und Uwe Grigoleit

Makroprogrammierung mit Excel 4.0
von Gerhard Sielhorst und Manuela Wilhelm

91 Anwendungen mit Quattro Pro für Windows
von Franz Josef Mehr

Computerviren und ihre Vermeidung
von Howard Fuhs

Multiplan 4.2
Tabellenkalkulation auf dem PC
von Ernst Tiemeyer

100 Grafik-Rezepte für Turbo Pascal unter Windows
von Norbert Hoffmann

100 Rezepte für Turbo Pascal
von Erik Wischnewski

PC-Datenverarbeitung
von Ekkehard Kaier

Vieweg Software-Trainer Lotus 1-2-3 für Windows
von Bernd Kretschmer

Franz Josef Mehr

91 Anwendungen mit Quattro Pro für Windows

Das in diesem Buch enthaltene Programm-Material ist mit keiner Verpflichtung oder Garantie irgendeiner Art verbunden. Der Autor und der Verlag übernehmen infolgedessen keine Verantwortung und werden keine daraus folgende oder sonstige Haftung übernehmen, die auf irgendeine Art aus der Benutzung dieses Programm-Materials oder Teilen davon entsteht.

Ursprünglich erschienen bei Friedr. Vieweg & Sohn Verlagsgesellschaft mbH, Braunschweig/Wiesbaden 1993
Softcover reprint of the hardcover 1st edition 1993

Der Verlag Vieweg ist ein Unternehmen der Verlagsgruppe Bertelsmann International.

Additional material to this book can be downloaded from http://extras.springer.com

ISBN 978-3-528-05317-8 ISBN 978-3-322-84203-9 (eBook)
DOI 10.1007/978-3-322-84203-9

Inhaltsverzeichnis

3 Quattro Pro für´s Büro

4 Ein wenig Mathematik

Vorwort

Quattro Pro für Windows (kurz:QPW) ist ein Tabellenkalkulationsprogramm.

Kennen Sie Tabellenkalkulationsprogramme?

Wissen Sie jetzt, was QPW ist? Können Sie sich vorstellen, wozu ein Tabellenkalkulationsprogramm gut sein soll? Ich habe lange gebraucht, um es zu begreifen. Anstatt Ihnen umständlich zu erklären, worum es geht -das machen die vielen »ultimativen« Kompendien auf tausend Seiten zweifellos besser-, bringe ich Ihnen eine Zusammenstellung von mehr als 90 Anwendungen.

Diese Beispiele zum Einsatz von Quattro Pro für Windows habe ich in Form von *Rezepten* gestaltet.

Es sind Themen aus allen Daseinssituationen, in denen QPW Ihnen ein Helfer sein könnte. Sie finden Beispiele wie aus dem Leben gegriffen: *Die Geburt eines Schusses, The drunken Sailor, Mädchen sind normalverteilt, Hilfen für Abschreiber...* -ich will nicht vorgreifen, aber stimmt's nicht?

Mehr als 90 Rezepte werden Ihnen geboten...

alles lebensnah!

Die Darstellung in Rezeptform bringt Ihnen auf knappstem Raum ein Höchstmaß an Information. Die Vielzahl der Themen vermittelt Ihnen ein weites Spektrum an wichtigen Spreadsheetfunktionen. Ich hoffe, Sie finden auch ein Rezept für Ihre eigene Geschmacksrichtung, oder doch wenigstens Anregungen für's eigene Kochen am PC.

Ich bin »echt« überzeugt davon, daß es kaum Software gibt, die derart umfassend einsetzbar ist wie ein modernes Tabellenkalkulationsprogramm: schauen Sie sich die Beispiele an! Dazu muß gesagt sein, daß das, was Sie mit QPW machen können, natürlich auch mit anderen ähnlich ausgestatteten Softwarepaketen bewerkstelligt werden kann. Die Entwicklung dieser Programme ist keineswegs abgeschlossen. Vielleicht gibt es sie bald mit einem echten Textverarbeitungsmodul, Hochsprachencompiler, Scansoftware usw.

Auch EXCEL und LOTUS 1-2-3 *taugen was*

Um Ihnen das Leben zu erleichtern, habe ich Ihnen (fast) alle Arbeitsblätter auf die beiliegende Diskette kopiert: einfach laden!

Alle Beispiele befinden sich auf der Diskette

Der Umfang des Buches sollte nicht in die heute üblichen Dimensionen wachsen. Daher mußte ich die sachlichen Informationen, die den einzelnen Rezepten beigefügt wurden, meist recht knapp halten.

Den interessierten Leser will ich aber auf ein Spreadsheet-Buch des Autors hinweisen, das ebenfalls im VIEWEG-Verlag erschienen ist, und in dem viele ähnlich gelagerte Themen mit größerer Breite entwickelt werden, vergl. Lit.Verzeichnis.

Um ein Buch wie das vorliegende zu schreiben, benötigt man viele Anregungen, viel Zeit und sehr viel Hilfe. Wie immer fand ich sehr große Unterstützung in allen technischen Fragen, vor allem zur Statistik, bei meiner lieben Frau. Sie hat darüber hinaus stets für eine immerwährend positive »Arbeitsumgebung« gesorgt.
Muchas gracias!

Herrn Dr. Klockenbusch vom VIEWEG-Verlag danke ich für sein Verständnis bei Verzögerungen infolge höherer Gewalt.

Kleinniedesheim, im April 1993 Franz Josef Mehr

1 Quattro Pro für den persönlichen Gebrauch

Vielleicht hegten Sie schon den Wunsch, sich ein DTP-Programm zuzulegen, um Ihren Privatbriefen einen besonderen Touch geben zu können. Wenn Sie Quattro Pro besitzen, sind Sie der Erfüllung Ihres Wunsches schon recht nahe gerückt. Quattro Pro versetzt Sie in die Lage, einfache Layouts ansprechend zu gestalten.

Das brauchen Sie:

1. Eine hübsche Schriftart samt Größe
2. Ein Werkzeug zum Zeichnen einer Linie
3. Eine Datumsfunktion

So wird's gemacht:

1. Wählen Sie BEARBEITEN/FORMATE DEFINIEREN/*SCHRIFT TIMESNEWROMANPS 12 PUNKT* als Basisstilart.
2. Tragen Sie Ihren Namen in A2 ein. Telefonnummer in G2, Straße und Wohnort in G3 und G4. (Vor der Postleitzahl muß ein ´ eingefügt werden, damit sie nicht als Zahlenwert interpretiert wird, mit dem etwa gerechnet werden sollte.)

Schriftart

3. Markieren Sie Ihren Namen, und klicken Sie ihn mit der rechten Mausstaste an. Vor Ihnen tut sich eine Auswahlbox auf, in der Sie mit der linken Maustaste den Punkt SCHRIFTBILD anklicken. Suchen Sie sich die Schrift *DomCasual 14 Punkt fett* aus. Die Einstellung auf *fett* können Sie auch durch Anklicken des Schaltknopfes **f** in der Ikonenleiste (Schalterleiste) bewerkstelligen.

Font wählen

4. Markieren Sie nun die Telefonnummer, und geben Sie Ihr eine Größe von 8 Punkt. (Die markierte Zelle mit rechter Maustaste anklicken, SCHRIFTBILD wählen, usw.)

Linien ziehen

5. Markieren Sie die Zellen von A5 bis H5. Mit einem Rechtsklick auf die so markierte 5. Zeile erhalten Sie ein Menü, aus dem Sie den Eintrag LINIENZEICHNEN wählen. In dem Musterkasten können Sie den unteren oder den oberen *Linienabschnitt* anklikken. Linienbreite und Linienart sind vorher zu wählen.

Die Datumsfunktion und das Datumsformat

6. Tragen Sie in G7 @HEUTE ein. Es erscheint ein Datumswert, den Sie mit einem Rechtsklick in die übliche Form bringen können. (DATUM auswählen und sich für das Format TT -MMM-JJ entscheiden.)

Jedesmal, wenn Sie künftig den Briefkopf neu laden, wird in G7 das aktuelle Datum automatisch eingetragen.

Beispiel: Hier ist der Brief, wie er ausgedruckt erscheint. (Beim Ausdruck wurde der Brief auf 80% reduziert. Für die Unterschrift wurde *ShelleyAllegro* 16 P gewählt; keine Linien benutzen!)

Franziska Maria Acosta

Tel.: 03312-4545
Am Hasenweg 15
2433 Fuchsbach

Lieber Franz, 27-Mär-93

schnell will ich Dir ein paar Zeilen schreiben.
Wie Du Dir denken kannst, bin ich mal wieder mit Arbeit vollgestopft.
Gestern abend kam ich hundemüde von der europäischen ZZZ-User-Tagung aus Prag zurück. Es war eine Katastrophe!
Wie immer in letzter Zeit wurden Beta-Versionen vorgeführt. Nichts klappte einwandfrei. Aber das Unglaublichste war, daß sich niemand daran stieß!
Ich habe das Gefühl, daß wir künftig alle an Betaritis erkranken werden.
Einen Ausweg sehe ich nicht. Denn es ist doch ganz klar, daß sich die Softwarehäuser gegenseitig in immer größere Zeitnot versetzen werden.
Eine unreife Betaversion wird die andere jagen!

Aber Schluß damit! Wie geht es Dir und Deiner Familie?
Ich würde mich riesig freuen, wenn Ihr am Sonntagnachmittag zu einem Kaffeestündchen vorbeikommen würdet. Bitte rufe mich an!

So, jetzt noch die lieben Grüße-
und dann sehen wir uns den heutigen Krimi an.

Deine *Franziska*

1.2 Noch ein Kopf...

Diesmal geht es um die Gestaltung eines Rechnungsformulars. Auffallend ist die Einbindung einer Grafik in das Formular. Das Bild wurde der Symboldatei des Textverarbeitungsprogramms *Ami Pro* entnommen, mit dem das ganze Buch geschrieben wurde.

Das brauchen Sie:

1. Schriftart und Schriftgröße
2. Platzhalter für das Datum
3. Grafikimport
4. Linienwerkzeug

So wird's gemacht:

1. Im Menü BEARBEITEN/FORMATE DEFINIEREN/SCHRIFT die Schrift *Helvetica* mit 10 Punkt als Basisschrift auswählen. Texte eintragen.
2. Die Einträge mit der rechten Maustaste anklicken. Unter SCHRIFTBILD Schriftgrößen wählen (22P für *Autohaus Maier* in A1, 18P für *Rechnung* in C10, für den Rest, z.B. *Weinstraße 12/16* in F5, 8Punkt). Sie können die Spaltenbreite mit der Maus auf die gewünschte Größe ziehen.
3. *Datum* — Mit @HEUTE den Platzhalter für das Datum in F13 eintragen. Mit Rechtsklick auf F13 unter DATUM das Format TT-MMM-JJ wählen.
4. *Grafik importieren* — Schalten Sie nun QPW auf Symbolgröße. Die Grafik laden Sie z.B. aus der Symboldatei Ihrer Textverarbeitung. Bringen Sie sie auf die gewünschte Größe, und übertragen Sie das Logo mit dem Kopierbefehl aus BEARBEITEN in die Zwischenablage.
5. Wechseln Sie zurück nach QPW, und holen Sie die Grafik aus der Zwischenablage (BEARBEITEN/EINFÜGEN).
6. *Linien ziehen* — Markieren Sie neben *Firma* zwei Zellen: B13,C13. Klicken Sie auf B13 mit der rechten Maustaste. Unter LINIENZEICHNEN erscheint eine Musterzelle. Wählen Sie mittlere Strichbreite, und klicken Sie den unteren Linienabschnitt der Musterzelle an. Mit den anderen zu zeichnenden Linien bitte ähnlich verfahren.
7. Wie unter 6. markieren Sie die Linien im Körper des Formulars. Färben Sie die Zwischenräume hellblau oder hellgrau ein (Rechtsklick: *Schattierung*, Farbe wählen).
8. Der Ausdruck auf der folgenden Seite ist auf 70% der Originalgröße verkleinert.

Autohaus Maier

Postgirokonto
Frankfurt am Main
Kto.-Nr.: 231154-450
BLZ 500 100 60

Weinstraße 12/16
D-6000 Frankfurt
Telefon (0 69) 56 44 23
Telefax (0 69) 43 89 56

Rechnung

Firma ____________
Name ____________
Straße ____________
PLZ. Ort ____________

Datum 31-May-92

Kunden-Nr. ____________
Rechn.-Nr. ____________

Artikel-Nr.	Gegenstand	Anzahl	Einzelpreis	Gesamtpreis

Warenwert	MwSt.%	MwSt.Betrag	Rechnungsbetrag

Zahlbar ohne Abzug nach Erhalt der Rechnung

Der wahre **Racletteur** besitzt einen Raclette-Grill - und Quattro Pro, umOrdnung in die Vielzahl seiner geheimen Spezial-Raclette-Rezepte zubringen. Die Datenbuchstruktur von Quattro Pro hilft ihm, ein Raclette-Meister zu werden. Er teilt seine Rezepte ein in *Gemüseraclettes, Fleischraclettes* und *Fischraclettes.*

Das brauchen Sie:

1. Schriftart und Rahmen
2. Eintrag des Datums
3. Namen für die Arbeitsblätter
4. Farben für die Zellen
5. Abschalten der Gitterlinien

So wird's gemacht:

Schriftart

1. Tragen Sie in C5 *Raclette-Rezepte* ein. Klicken Sie auf C5 und wählen Sie in der Schriftartenliste (Mitte der 3.Zeile) *Zeile1* aus. Markieren Sie C5..E5, **F12** drücken oder rechtsklicken.
   Unter LINIEN ZEICHNEN wählen Sie *Außen.* Für die Einträge in die eigentlichen Rezeptblätter wurde in der Schriftartenliste *Zeile 2* ausgesucht. Die Namen der Rezepte sind mit *Caslon-OpenFace* 14 Punkt geschrieben. (A4 rechtsklicken und *Schriftbild* auswählen.)

Datum

2. Mit **Strg+⇧ +D** setzen Sie das Datum des letzten Eintrags. In der Statuszeile erkennen Sie die Anzeige *Datum.* Geben Sie das Datum ein. In der Eingabezeile erscheint ein Datumswert, z.B. 33756 für 01-Jun-92 oder 34055 für 27-Mär-93.

Namen

3. Um einer Seite des Rezepte-Buches einen sinnvollen Namen zu geben, brauchen Sie nur die Seitenmarkierung (*Register*) mit der rechten Maustaste anzuklicken. Füllen Sie die Vorlage aus: *Gemüse, Fleisch* oder *Fisch.*

Zellfarbe

4. Den Zellblock für die Beschreibung der Zubereitungen kann man leicht einfärben: Block markieren, **F12** drücken, und Zellfarbe auswählen.

Gitterlinien entfernen

5. Mit Rechtsklick auf die Seitenmarkierung (*Register*) holen Sie sich das Menü der aktiven Seite. Wählen Sie den Menüpnkt *Gitterlinien* - und entfernen Sie die Linien durch Anklicken der Einträge.

Natürlich können Sie das Kochbuch wieder mit hübschen Clipartbildern ausstatten. Aber auch ohne diese Ikonen kann man schon guten Appetit bekommen.

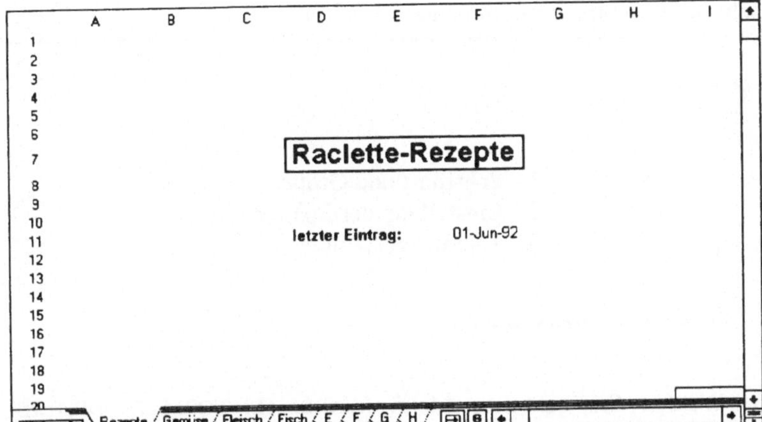

Der Einband für Ihre Rezeptsammlung mit Datumsanzeige

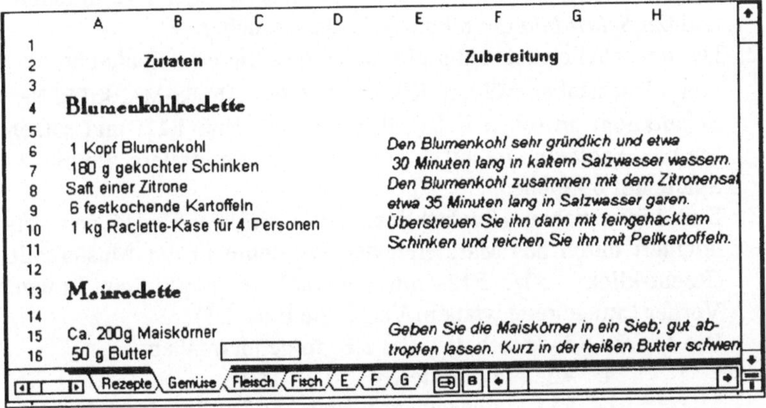

Gemüse-Raclettes übersichtlich zusammengestellt.

Auch Sie sind Lehrer und sehnen sich nach Ordnung. Sie benötigen einen teuren Zeit(ver)planer oder einfach ein Tabellenkalkulationsprogramm, mit dem Sie Ihre schulischen Einsätze dynamisch verfolgen können.
Auch Azubis, Schüler und Studenten können das folgende Rezept sehr häufig vorteilhaft einsetzen.

Das brauchen Sie:

1. Schriftart und Größe
2. Einstellung der Spaltenbreite
3. Tabellengestaltung

So wird's gemacht:

Schriftart:

1. Wählen Sie aus dem Menü BEARBEITEN/FORMATE DEFINIEREN/SCHRIFT die Basisschrift *Helvetica* mit 10 Punkt. Später passen Sie die Schriftgröße den Einträgen entsprechend an. Z.B. wählen Sie für die Uhrzeit jeweils 6 Punkt und für die Tabelleneinträge (Ma 8c 303) eine Größe von 8 Punkt. Dabei können Sie das Tebelleninnere markieren, rechtsklicken -oder **F12** drücken- und bei *Schriftbild* die 8 Punkt-Größe aussuchen.

Spaltenbreite:

2. Da die Tabelle stark unterteilt ist, sollten Sie eine Spaltenbreite von 3 Buchstaben wählen. Klicken Sie den ALLES-MARKIEREN-Schaltknopf an (oben links), drücken Sie dann **F12,** und setzen Sie die *Spaltenbreite* auf 3. Mit der Maus vergrößern Sie die A-Spalte auf 6 Zeichen.

Tabellengestaltung:

3. Das Linienziehen (Rechtsklick, *Linienzeichnen*) wird sehr erleichtert durch das Markieren der Segmente in der Musterzelle (Rechtsklick -oder **F12**- mit Auswahl der markierten Linien. Vorher Linienbreite wählen. Vergl. Sie bitte 1.3)
   Die *breiten* Ränder erhalten Sie z.B. folgendermaßen:
   a. A5..S14 markieren
   b. **F12** *Linienzeichnen*: breit, *Außen*-Schaltknopf anklicken

   Die *dünneren* Innenlinien:
   a. B7..S14 markieren
   b. **F12** *Linienzeichnen:* schmal, *Innen*-Schaltknopf anklicken

Die *breite* Trennlinie unter dem Tabellenkopf:

a. A6..S6 markieren
b. **F12** *Linienzeichnen*: breit, das untere Segment der Musterzelle anklicken

Bei der Arbeit an der Tabelle ist es sehr hilfreich, das Tabelleninnere anzufärben: B7..S14 markieren, **F12**, *Schattierung:* grün. In der Kopie erscheint der Hintergrund leider nicht. Natürlich ist es auch für das Auge angenehmer, eine farbige Tabelle zu betrachten.
Das *Ausrichten der Einträge* erreichen Sie bei Texten, die in eine Zelle passen, mit Hilfe der Ausricht-Knöpfe in der Schalterleiste (Speed-Bar). Für Einträge, die nicht in eine Zelle passen, gehen Sie mit **F2** in die Eingabezeile und setzen die nötige Anzahl von Leerzeichen vor den Text.

Hier ist das Resultat der vielen Mühen:

Stundenplan

letzte Version vom 4.5.93

Uhrzeit	Montag			Dienstag			Mittwoch			Donnerstag			Freitag			Samstag		
	Fch	Kl	Zi	Fch	Kl	Zi	Fch	Kl	Zi	Fch	Kl	Zi	Fch	Kl	Zi	Fch	Kl	Zi
8.00-8.45	Ma	8c	303															
8.50-9.35	Phy	10b	105															
9.50-10.35																		
10.40-11.25																		
11.40-11.25																		
12.25-13.10																		
14.00-14.45																		
14.50-15.35																		

Mit Hilfe von Linienzeichnen *(mit Rechtsklick erreichbar) gestalten Sie auch einen komplizierten Stundenplan fast mühelos.*

Sekretärinnen, Seminarleiter und Lehrer benötigen sehr häufig einen Überblick über die Besetzung von Seminar- und Fachräumen.
Ich zeige Ihnen, wie man eine kleine Sammlung mit Raumverteilungsplänen zusammenstellt.

Das brauchen Sie:

1. Tabelle aufziehen
2. Durchpausen der Tabelle auf die folgenden Blätter
3. Aufbereitung der Kopien

So wird's gemacht:

Einrichten der Tabelle:

1. Den Aufbau der Tabelle erkennen Sie aus der Abbildung. Die Überschrift *Raumverteilungsplan* setzen Sie in C2, indem Sie *Zeile 1* aus der Schriftartenliste wählen. Alle Linien werden mit Hilfe der Musterzelle gezeichnet, die Sie nach Markieren der Zellen und anschließendem Rechtsklick - oder **F12** - über LINIEN-ZEICHNEN erreichen. Wählen Sie die gewünsche Linienbreite, und suchen Sie sich das richtige Segment in der Musterzelle aus.

Durchpausen der Tabellen:

2. Wenn Sie gleichzeitig Raumpläne für den *Informatik*raum, für den *Physik*- und für den *Chemie*saal anfertigen wollen, so sind 3 Kopien herzustellen.
Markieren Sie das ganze Arbeitsblatt, z.B. durch Anklicken des ALLES-MARKIEREN-Schalters (oben links). Wählen Sie BLOCK-KOPIEREN. Tragen Sie ein: *von* **A:** und *nach* **A:..C:** (Andere Arten des Kopierens finden Sie im Handbuch beschrieben.)

Aufbereitung:

3. Wenn Sie nun die Breite der B-Spalte auf allen Kopien auf 12 Zeichen setzen wollen, so müssen Sie die Blätter vorher zu einer **Gruppe** zusammenfassen.
Klicken Sie das Register der ersten Seite an, halten Sie die ⇧ *-Taste dabei gedrückt, und klicken Sie das Register der letzten Seite an, also die der Chemie-Seite, die ja noch C heißt.* Über ZUSÄTZE/GRUPPIEREN kommen Sie an ein Menü, das Ihnen erlaubt, die Gruppe zu *benennen*. (Unter der Gruppe erscheint eine blaue Linie, wenn Sie sie mit Hilfe des G-Knopfes, am unteren Bildrahmen, aktivieren.) Sie können jetzt die Breite der B-Spalte für alle Blätter auf 12 Zeichen setzen. Bei aktivierter Gruppe lassen sich auch die Gitterlinien entfernen. (Wollen Sie einen Eintrag, etwa das Datum, auf alle Blätter übertragen, so ist

die Eingabetaste immer zusammen mit der **Strg**-Taste zu betätigen.)

Zur Erinnerung

Spaltenweite Den Kopf der B-Spalte anklicken, **F12**, *Spaltenweite* auf 12 setzen.

Gitterlinien Register des Arbeitsblattes rechtsklicken, *Rasterlinien*: horizontale und vertikale Linien ausklicken.

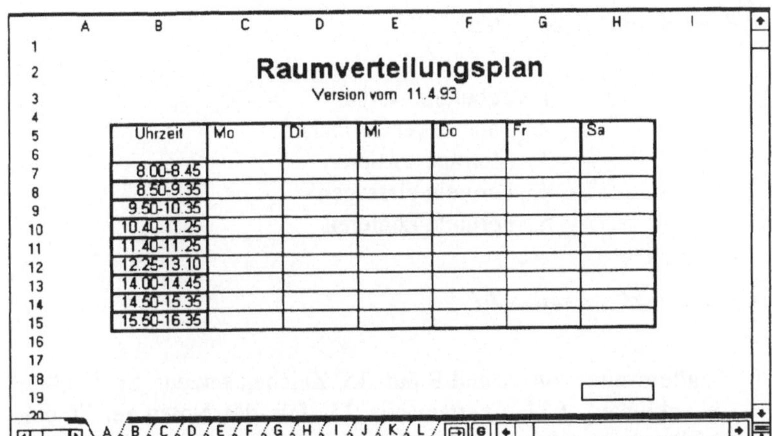

Raumverteilungsplan

Version vom 11.4.93

Uhrzeit	Mo	Di	Mi	Do	Fr	Sa
8.00-8.45						
8.50-9.35						
9.50-10.35						
10.40-11.25						
11.40-11.25						
12.25-13.10						
14.00-14.45						
14.50-15.35						
15.50-16.35						

Belegplangerüst für einen Fachraum.

Uhrzeit	Mo	Di	Mi	Do	Fr	Sa
8.00-8.45	Meir	Steinh.	Klein	K.A.		
8.50-9.35	Kern	Steinh.	Mehr	K.A.		
9.50-10.35		Virnau	Kettenr.			
10.40-11.25	Kettenr.	Virnau				
11.40-11.25	Kettenr.					
12.25-13.10						
14.00-14.45						

Informatik Physik Chemie D E F G H

Uhrzeit	Mo	Di	Mi	Do	Fr	Sa
8.50-9.35	Klein					
9.50-10.35		Wolfert				
10.40-11.25	Steinh.	Wolfert				
11.40-11.25	Steinh.					
12.25-13.10	Klosterm.	John				
14.00-14.45						
14.50-15.35						
15.50-16.35						

Informatik Physik Chemie D E F G H

Belegplan für die Fachräume Informatik *und* Physik.

Wenn es sich um Tabellen handelt, sind Tabellenkalkulationsprogramme in ihrem Element - und was kann man nicht alles in Tabellen gießen! Z.B. eine **Notenliste** zusammen mit Endnotenberechnung.
Um Ihnen zeigen zu können, wie Daten *sortiert* werden, sollten Sie die Namen ohne alphabetische Ordnung eingeben.
Sie könnten 3 Klassenarbeiten und 5 *andere Leistungen* vorsehen. In D3 und H3 stehen Gewichtungsfaktoren. Hier 2/3 für Klassenarbeiten und 1/3 für andere Leistungen.

Das brauchen Sie:

1. Tabelle erstellen
2. Tabelle vervielfachen
3. Einträge sortieren
4. Formeln eintragen
5. Formeln kopieren

So wird's gemacht:

Tabelle anlegen:

1. Spaltenweite von A und B auf 15 Zeichen setzen: Spaltenköpfe anklicken, **F12**, *Spaltenweite* 15. Für die Noten reicht eine Spaltenweite von 6 Zeichen.
2. Name in A4, Vorname in B4, Klassenarbeiten von C4 bis E4, andere Leistungen von F4 bis J4. In K4: Ø (Durchschnitt) der Kl.A., in L4 Durchschnitt der AL. Das Durchschnittszeichen holen Sie sich aus der Zeichentabelle von Windows 3.1, ZUBEHÖR/ZEICHENTABELLE, oder ALT-0216.
   A4 bis M30 markieren, **F12**, LINIENZEICHNEN. Wählen Sie einen breiten Umriß. Mit markieren, **F12,** LINIENZEICHNEN zeichnen Sie den Rest der Tabelle. Es ist ratsam, die einzelnen Bereiche mit verschiedenen Farben einzufärben: markieren, **F12,** *Schattierung*.

Vervielfältigung der Tabelle:

3. Legen Sie sich für jede Klasse eine Notenliste an: Blatt A markieren (ALLES-MARKIEREN-Schalter anklicken). Wählen Sie BLOCK/KOPIEREN: *von* **A:** *nach* **A:..C:** Damit haben Sie den Überblick über 3 Klassen. Um die verschiedenen Spaltenweiten auch auf die Kopien "durchzupausen", sind die Notenlisten zu einer Gruppe zusammenzufassen: Register der ersten Seite anklikken, Marke der letzten Seite anklicken, ZUSÄTZE/ GRUPPIEREN wählen und Namen eingeben. (Vergl. Sie auch 1.5).

. . . Fortsetzung 13

4. Tragen Sie die Namen und Vornamen in beliebiger Reihenfolge ein. Markieren Sie anschließend alle Namen und Vornamen. Wählen Sie DATEN / SORTIEREN. Tragen Sie in der Sortierbox hinter *erste* **A:A** ein,- hinter *zweite* **A:B** Sie müssen zwei Sortierschlüssel angeben, damit Schüler mit gleichem Namen auch noch nach dem Vornamen eingeordnet werden.

Sortieren der Daten.

5. In K5 tragen Sie die Formel zur Berechnung des **Durchschnitts** der Klassenarbeiten ein: @MITTELWERT(C5..E5). Mit **F12,** *fest* 1, formatieren Sie die Mittelwerte auf eine Dezimalstelle.
   In L5 eintragen: @MITTELWERT(F5..J5).
   In M5 steht die Musterformel zur Berechnung der Note (keine Nachkommastelle: **F12,** *fest* 0): @RUNDEN(D$3*K5+H$3*L5, 0). (Beim nun folgenden vertikalen Kopieren sollen sich die Bezüge auf die Gewichte nicht ändern, daher das **$**-Zeichen. Mit dem *Zellformat* sollte man hier nicht runden, denn damit werden keine Ziffern weggenommen.)

Formeln eintragen.

Zellformat *nimmt keine Ziffern weg.*

6. Formeln bis Zeile 34 **kopieren** (30 Schüler):
   a. K5..M5 markieren
   b. In der Schalterleiste den Kopier-Schalter anklicken
   c. K5..M34 markieren
   d. Den Einfüge-Schalter anklicken

Formeln kopieren.

	A	B	C	D	E	F	G	H	I	J
1	Mathematik		Klasse ______							
2	1.Halbjahr									
3	1992		F=	0,667			F=	0,333		
4	Name	Vorname	K.A.1	K.A.2	K.A.3	A.L.1	A.L.2	A.L.3	A.L.4	A.L.5
5	Albrecht	Susanne	3	4	4	3	2	2	4	
6	Kleinschmidt	Peter	1	2	1	2	2	1	1	3
7	Rückert	Agnes	4	5	4	3	5	6	5	5
8	Zimmer	Rudolf	3	4	1	3	2	1	4	
9										
10										
11										
12										
13										
14										

Ausschnitt aus der Notenliste in Mathematik.

Die **Notenliste** wird verfeinert und um eine **Statistik** ergänzt. Neben der Spalte der Endnoten soll noch eine weitere angefügt werden, in der *automatisch* die ausgeschriebenen Zeugnisnoten erscheinen sollen. Die Tabelle soll von einem *Notenspiegel* und von einer grafischen Darstellung ergänzt werden. Beim »Scrollen« der Tabelle sollen die Namen immer im Blickfeld bleiben. (Anregung zu diesem Beispiel fand ich bei [HARTMANN 92, S.257ff].)

Das brauchen Sie:

1. Tabellenvergleich
2. Häufigkeitsverteilung
3. Balkendiagramm
4. »Einfrieren« der Titel

So wird's gemacht:

Tabellenvergleiche

1. Um der »1« ein *Sehr gut*, der »2« ein *Gut* usw. zuordnen zu können, ist es nötig, eine Zuordnungstabelle anzulegen. In O5 bis O10 tragen Sie 1 bis 6 ein, daneben in Q5 bis Q10 *sehr gut, gut, ..., ungenügend*. In P5 bis P10 wird von Quattro Pro die Häufigkeit eingetragen. Tragen Sie in N5 ein: @VVERWEIS(M5, O$5..Q$10,2). Diese Funktion durchsucht vertikal die erste Spalte im Block O5..Q10 nach dem Wert, der in M5 steht. Ist er gefunden, wird das Label übertragen, das **2** Spalten weiter rechts steht. (Wichtig ist, daß bei der Berechnung der Note mit der Funktion @RUNDEN gerechnet wurde.)

   Kopieren

   Zellzeiger auf N5, Kopierschalter anklicken, N5 bis N34 markieren, Einfügeschalter anklicken.

   Häufigkeit

2. Die Häufigkeit, mit der die einzelnen Noten insgesamt auftauchen, bestimmen Sie mit DATEN /HÄUFIGKEIT. *Wertebereich*: A:M5..M34, *Intervallbereich*: A:O5..O10. Quattro Pro trägt die Häufigkeiten rechts neben den Noten in P5..P10 ein. (In P11 schreibt QP, wie oft eine Note > 6 auftrat.)

   In S5 ist noch der gerundete Mittelwert aller Noten eingetragen worden: @RUNDEN(@MITTELWERT (M5..M34),1).

   Balkendiagramm

3. Sehr gut läßt sich die Notenverteilung anhand eines *Balkendiagramms* übersehen. Markieren Sie einfach die Häufigkeiten, und klicken Sie den Diagramm-Schalter an. Bei gedrückter linker Taste ziehen Sie das Diagramm an der gewünschten Stelle auf. Leider kann man die Notenwerte aus der O-Spalte nicht als

Bezeichner für die X-Achse verwerten, da sie nicht als Label deklariert werden konnten, - die anderen Funktionen benötigten reine Zahlenwerte.

4. Die Schüler-Namen lassen sich »einfrieren«, so daß sie beim Scrollen der Notentabelle immer im Blickfeld bleiben: Zellzeiger auf C5, damit A- und B-Spalte bleiben. FENSTER / FESTE TITEL und die Option *Vertikal* wählen (*Löschen* dient zum Entfernen der Option). Über dem eingefrorenen Bereich verwandelt sich der Kursor in ein Kreissymbol. Zum Aufsuchen einer Spalte verwenden Sie den Rechtszeiger in der Bildlaufleiste.

Scrollen mit »eingefrorenen« Namen

	K	L	M	N	O	P	Q	R	S
1									
2									
3									
4	Ø Kl.A.	Ø A.L.	Note	Zeugnis		Häufigkeit			
5	3,7	2,8	3	befriedigend	1	2	sehr gut	Mittel:	2,9
6	1,3	1,8	1	sehr gut	2	3	gut		
7	4,3	4,8	4	ausreichend	3	5	befriedigend		
8	2,7	2,5	3	befriedigend	4	4	ausreichend		
9	1,4	2,1	2	gut	5	1	mangelhaft		
10	2,3	1,8	2	gut	6	0	ungenügend		
11	4,6	3,8	4	ausreichend		0			
12	3,8	3,2	4	ausreichend					
13	2,5	2,6	3	befriedigend					
14	3,2	4	3	befriedigend					
15	4,4	4,3	4	ausreichend					
16	3,4	3,1	3	befriedigend					
17	5,2	3,6	5	mangelhaft					
18	2,3	1,8	2	gut					
19	1,4	1,2	1	sehr gut					

Notenspiegel 8c

1.Halbjahr

Noten

Notenteil und Auswertung. Jede Note wird auch ausgeschrieben

	A	B	M	N	O	P	Q	R	S
1	**Mathematik**								
2	1.Halbjahr								
3	1992								
4	Name	Vorname	Note	Zeugnis		Häufigkeit			
5	Albrecht	Susanne	3	befriedigend	1	2	sehr gut	Mittel:	2,9
6	Kleinschmidt	Peter	1	sehr gut	2	3	gut		
7	Rückert	Agnes	4	ausreichend	3	5	befriedigend		
8	Zimmer	Rudolf	3	befriedigend	4	4	ausreichend		
9			2	gut	5	1	mangelhaft		
10			2	gut	6	0	ungenügend		
11			4	ausreichend		0			
12			4	ausreichend					
13			3	befriedigend					
14			3	befriedigend					
15			4	ausreichend					
16			3	befriedigend					
17			5	mangelhaft					
18			2	gut					
19			1	sehr gut					

Notenspiegel 8c

1.Halbjahr

Noten

Auf die Spalten A und B folgen sofort M bis R. Diesen Trick verdanken wir der Funktion FESTE TITEL unter FENSTER

Die Grafik im letzten Rezept läßt einige Fragen aufkeimen: Wie kann man die Achsen beschriften? Wie kann man eine Legende einfügen? Wie kann ich eine Kopie erstellen (z.B. um sie in ein Textverarbeitungsprogramm einzufügen, so wie in diesem Buch)?

Das brauchen Sie:

1. Arbeiten mit dem Grafik-Menü
2. Kopie und Export der Grafik

So wird's gemacht:

1. Wählen Sie GRAFIK / NEU

Grafikmenü

   a. *Namen* eingeben
   b. *X-Achsen*-Schalter anklicken, QP kehrt zum Arbeitsblatt zurück, O5..O10 markieren, vergl. Rezept 1.7, ↵
   c. *1. Wertebereich* anklicken, P5..P10 markieren, ↵
   d. *Legende* anklicken, im Arbeitsblatt die Zelle A2 auswählen (1.Halbjahr), ↵, **OK.** (Der *Pointer-Kursor* sagt Ihnen, daß eine Blockadresse angegeben werden muß. Sie können nicht einfach einen Legendentext eingeben.) QP ist auf Balkengrafik voreingestellt. Mit GRAFIK / TYP können Sie einen anderen Grafiktyp auswählen.
   e. GRAFIK/BESCHRIFTUNG: *1.Zeile* (=Haupttitel) eintragen : Notenspiegel 8c
   X-Titel: Noten; *Y-Titel*: Häufigkeit

Kopieren, exportieren

2. Wollen Sie die Grafik in ein anderes Arbeitsblatt oder in ein anderes Programm übernehmen, so drücken Sie auf der Tastatur einfach die **Druck**-Taste. Die Grafik befindet sich jetzt in der Zwischenablage. Gehen Sie zu Ihrem Programm, und wählen Sie unter BEARBEITEN den Punkt *Einfügen* aus.
   Sie können die Grafik aber auch als Grafik-Datei *exportieren.* Wählen Sie BILD/EXPORTIEREN. In der Dialogbox, die sich auftut, müssen Sie Namen, Pfad und gewünschtes Grafik-Format angeben, z.B. *.PCX, *.CGM, *.BMP oder ein anderes Format, vergl. Handbuch S.286ff.

Wenn Sie wieder ins QP- Arbeitsblatt zurückgehen, so liefert Ihnen der Menü-Punkt *Einfügen* aus GRAFIK das Diagramm, das QP mit den Daten des Arbeitsblatts erstellt hat.

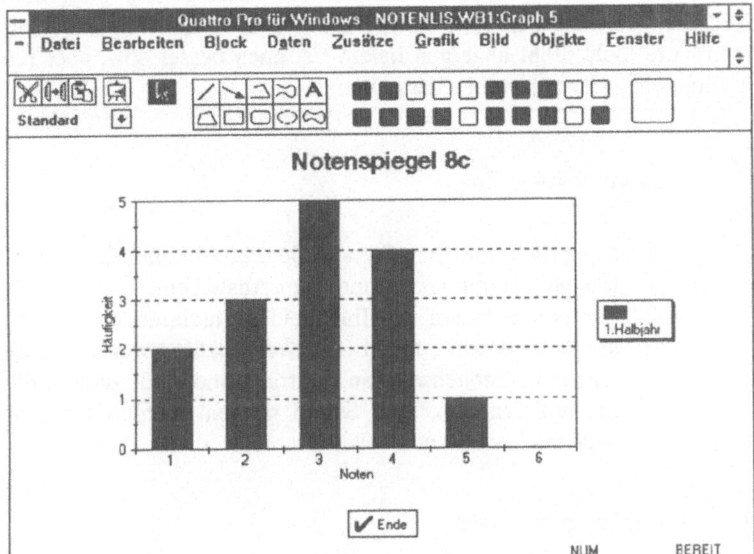

Diese Abbildung wurde mit DRUCK *in den Zwischenspeicher kopiert und dann ins Textverarbeitungssystem geholt.*

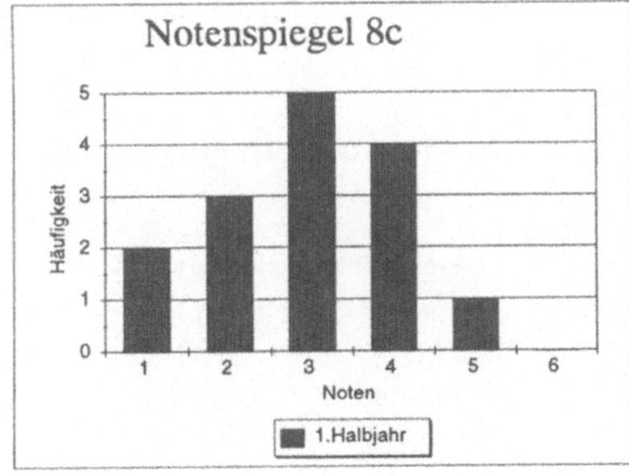

Dieses Bild ist direkt von Quattro Pro aus als CGM-Datei exportiert worden.

Wenn sich Ratlosigkeit im Portemonnaie ausbreitet und Wolken der Ungewißheit düster drohen, dann brauchen Sie einen Haushaltsplan, der Ihnen piekfein und genau aufzeigt, wohin Ihre Dukaten diffundierten. Sie brauchen dann bloß noch Ausgaben zu streichen, um eine kleinere monatliche Belastung zu erzielen.
Die Daten im Arbeitsblatt sind natürlich nur Anhaltswerte -außerdem sind die Spaltenweiten so klein gewählt worden, daß sich die Summenwerte nicht mehr anzeigen ließen (ist auch besser so)-, aber ich wollte eben alles zusammen darstellen.

Das brauchen Sie:

1. Eigentlich brauchen Sie nur Quattro Pro und eine zuverlässige Zusammenstellung Ihrer Ausgaben.
2. Für Sonderposten wie Ihre beiden studierenden Kinder, die Kredite usw., legen Sie zweckmäßigerweise je eine eigene Notizbuchseite an. Einträge und Änderungen, die Sie auf den einzelnen Seiten tätigen, werden automatisch ins "Hauptbuch" übernommen.

So wird's gemacht:

1. Wenn Sie meinen, daß die Struktur des abgebildeten Arbeitsblattes Ihrer Situation entspricht, so übernehmen Sie sie einfach.
2. Immer gleichbleibende Einträge können Sie einfach kopieren. Beachten Sie, daß einige Zahlungen nicht monatlich vorgenommen werden, sondern alle zwei Monate oder vierteljährlich.

	A	B	C
1			
2	**Ausgaben für Robert:**		
3			
4			
5	Miete:	390	
6	Lebensm.:	350	
7	Bücher:	120	
8	Sonstiges:	50	
9	**Summe:**	910	

Plan Robert Julia Kredite

3. Der kleine Ausschnitt aus dem mit *Robert* gekennzeichneten Notizblatt zeigt Ihnen, wie Sie strukturierte Ausgaben getrennt behandeln können.
4. Im Hauptarbeitsblatt steht dann in den zu *Robert* gehörenden Einträgen: +ROBERT:$B9.
5. Wenn Sie die Summen berechnen wollen, so markieren Sie das gesamte Arbeitsblatt einschließlich der Spalte und Zeile, in denen die Summen erscheinen sollen. Dann klicken Sie das Summen-Symbol an, und in Zelle N19 erscheint **47114**.
   In N19 wurde natürlich die Summe von B19 bis M19 bzw. von N4 bis N18 berechnet.

	A	B	C	D	E	F	G	H	I	J	K	L	M	N	O
1				**Haushaltsplan für Familie Brotlos**											
2							1992								
3	**Art**	**Jan**	**Feb**	**März**	**April**	**Mai**	**Juni**	**Juli**	**Aug**	**Sept**	**Okt**	**Nov**	**Dez**	**Summe**	
4	Beiträge:		86			86			86			86		344	
5	Kredite:	450	450	450	450	450	450	450	450	450	450	450	450	5400	
6	Sparvertrag:	150	150	150	150	150	150	150	150	150	150	150	150	1800	
7	Telefon:	120	120	120	120	132	120	120	120	120	120	120	120	1452	
8	Gemeindeabg.:		115		115		115		115		115		115	690	
9	Wasser:			85			85			85			85	340	
10	Strom:	234		234		234		234		234		234		1404	
11	Haushalt:	980	980	980	980	980	980	980	980	980	980	980	980	11760	
12	Hauskosten:	124	124	124	124	124	124	124	124	124	124	124	124	1488	
13	Kfz-Steuer:			245			245			245			245	980	
14	Rundfunk:		42		42		42		42		42		42	252	
15	Robert:	910	910	910	910	910	910	910	910	910	910	910	910	10920	
16	Julia:	790	790	790	790	790	790	790	790	790	790	790	790	9480	
17	Vers.:		34		34		34		34		34		34	204	
18	Sonstiges:	50	50	50	50	50	50	50	50	50	50	50	50	600	
19	**Summe:**	****	****	****	****	****	****	****	****	****	****	****	****	47114	
20									**Monatliche Ausgaben:**					3926.2	**DM**

Das könnten Ihre Ausgaben gewesen sein. Mit einer derart klaren Aufstellung könnten Sie selbst dem Finanzamt eine Träne der Rührung aus dem kalten Auge locken.

1.10 Der Mathetrainer I

In Tagen strenger Fernsehdiät könnten Sie Quattro Pro als Mathetrainer einsetzen, der Ihren Kindern schnell zu besseren Mathenoten verhelfen wird. Die folgenden *Mischungsaufgaben* könnten dem Mathestoff der 8. Klasse entnommen sein.

Aufgabe 1: Zwei Kaffeesorten (A=12DM/kg; B=17,50DM/kg) sollen so gemischt werden, daß 120kg mit einem Preis von 14,50DM/kg entstehen. Wieviel ist von jeder Sorte zu nehmen?

Aufgabe 2: Ein Laborant besitzt in seiner Sammlung 23%ige und 31%ige Salzsäure. Wieviel hat er von beiden Sorten zu nehmen, wenn er 1 Liter 28%ige Salzsäure haben will?

Das brauchen Sie:

1. Sie müssen einmal die zugrunde liegende Gleichung von Hand lösen; alle Aufgaben müssen vom gleichen Typ sein.

So wird's gemacht:

1. Das Arbeitsblatt könnte so aussehen, wie es die Abbildung vorschlägt.
2. Die Lösungsformel steht in D14:
   @RUNDEN((D11*E11-D9*E11)/(D8-D9);2)
3. Es ist sinnvoll, nur den Block D8..E11 für die Dateneingabe freizugeben.

Ergebnisse:

1.Aufgabe:

A=65,45kg, B=54,55kg

2.Aufgabe:

A=0,38Liter, B=0,62Liter

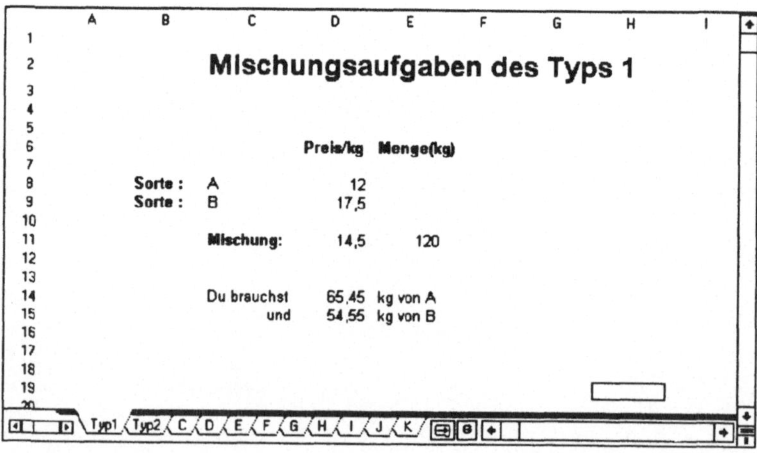

1.11 Der Mathetrainer II

Sehr gelegen kommt auch ein *Rechentrainer*, der Ihrem Kind automatisch eine Aufgabe vorlegt, die mit der Antwort des Kindes verglichen wird. Ich zeige hier, wie es für *Addition* und *Subtraktion* gemacht werden kann, Sie können dann leicht auf einem weiteren Ordnerblatt Aufgaben zur Multiplikation, Division usw. einrichten.

Das brauchen Sie:

1. Die @ZUFALLSZAHL-Funktion

So wird's gemacht:

1. Orientieren Sie sich bitte für den generellen Aufbau des Arbeitsblattes an der Abbildung.
2. D6 und D8: @GANZZAHL(@ZUFALLSZAHL*900+100)
   D10: +D6+D8; D12:+D6-D8 . Machen Sie beide Zellen unsichtbar (rechtsklicken, *verbergen* wählen).
3. Der Lernende gibt die *Summe* der angebotenen Zahlen in G6 ein und aktiviert mit **Strg+S** die Kontrolle des Ergebnisses. Es wird die Meldung *richtig* oder *falsch* ausgegeben. Mit F9 wird eine neue Aufgabe ausgewürfelt. Um die *Differenz* zu kontrollieren, ist das Makro **Strg+D** aufzurufen. (Mit Rechtsklick auf die Titelzeile (*Algebra.WB1*) des Ordners müssen Sie die Neuberechnung auf *Manuell* stellen.)
   Wenn Sie Summen bearbeiten, löscht das Makro alte Einträge bei den Differenzen- und umgekehrt.

Hier wird verbergen *eingesetzt*

	B	C	D	E	F	G	H	I
1								
2		**Arithmetik-Trainer Nr.1**						
3								
4		Rechenmodus " Manuell"			**Deine Lösung:**			
5								
6		**erste Zahl:**	951					
7					Summe:	1566	falsch	
8		**zweite Zahl:**	616					
9					Differenz			
10								
11		Mit F9 eine neue Aufgabe wählen!						
12								
13								
14		für Summe Strg+S drücken		{Wenn G7<>D10}{Sei H7;"falsch"}{Sprung E16}				
15				{Sei H7;"richtig"}				
16				{Sei G9;""}{Sei H9;""}{Stop}				
17								
18		für Differenz Strg+D drücken		{Wenn G9<>D12}{Sei H9;"falsch"}{Sprung E20}				
19				{Sei H9;"richtig"}				
20				{Sei G7;""}{Sei H7;""}{Stop}				

A B C D E F G H I J K L

Arbeitsblatt zum Arithmetiktrainer

Die Makros schreibt man am besten in Zellen, die nicht eingesehen werden.

Mit Strg+F3 *müssen Sie die Makros benennen: \S bzw. \D*

Scheinbar kannte das Mittelalter nur eine wirkliche Anwendung für die aufkeimende Mathematik: die Berechnung des Osterdatums. Für die Jahre nach 1582 verwendet man zur Berechnung des Datums des Ostersonntags meist ein auf ALOYSIUS LILIUS und CHRISTOPH CLAVIUS zurückgehendes Rezept. [1] (Ostern ist der erste Sonntag nach dem ersten Vollmond, der am 21. März oder später eintritt.)

Das brauchen Sie :

Mit X werden die Schaltjahre berücksichtigt

Z stimmt Ostern auf die Mondbahn ab

1. Das fragliche Jahr J
2. Die goldene Zahl G: (J MOD 19)+1
3. Die Jahrhundertzahl C: INT(J/100)+1
4. Korrekturen X: INT(3C/4)-12
   Z: INT(8C+5)/25)-5
5. Sonntagszahl D:INT(5J/4)-X-10
6. Epactzahl E: (11G+20+Z-X) MOD 30
   Wenn E=25 und G>11 -oder wenn E=24, dann erhöhe E um 1
7. Vollmondzahl N: 44-E
   Falls N<21, dann addiere 30 zu N
8. Kriterium N1: N+7-((D+N) MOD 7)
9. Ist N>31, so ist der Ostersonntag am (N-31).April, sonst ist er am N. März.

So wird's gemacht:

Schwer zu durchschauen, aber es funktioniert

1. In H2 tragen Sie das Jahr ein.
2. A7: @MOD(H$2;19)+1
   B7: @GANZZAHL(H$2/100)+1
   C7: @GANZZAHL(3*B7/4)-12
   D7: @GANZZAHL((8*B7+5)/25)-5
   E7: @GANZZAHL(5*H$2/4)-C7-10
   F7: 11*A7+20+D7-C7
   G7: @MOD(F7;30)
   A11: @WENN(G7<0;G7+30;G7)
   B11: @WENN((G7=25#UND#A7>11)#ODER#G7=24;G7+1;G7)
   C11: 44-G7

[1] D.E.Knuth: The Art of Computer Programming Vol.1, p.155 - Reading /Mass.: Addison-Wesley Publ.Comp. 1973

D11: @WENN(C11<21;C11+30;C11)
E11: +D11+7-@MOD(E7+D11;7)
G11: @WENN(E11>31;E11-31;"")
H11: @WENN(E11<=31;E11;"")

Markieren Sie G11 und H11, und setzen Sie die Einträge mit Hilfe von **F12** auf Mitte.

Hier sind einige **Beispiele**:

Beispiele

1793: Ostersonntag war am 31.März
1818: Ostersonntag war am 22.März
1993: Ostersonntag war am 11.April

Ein mittelalterliches Osterrezept

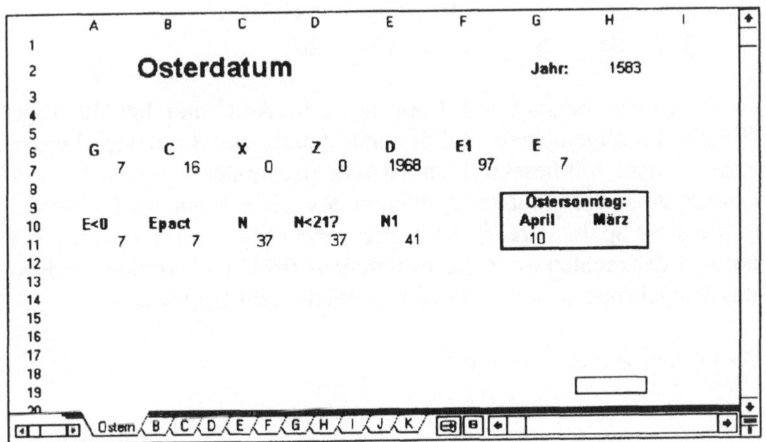

Nachdem das Osterdatum keine Schwierigkeiten mehr bereitet, sollten wir uns daranmachen, einen Monatskalender zu basteln. Wir müssen nur wissen, mit welchem Wochentag der Monat beginnt, und wieviele Tage er hat.

Um zu verstehen, wie wir die richtigen Zahlen in die Zellen bekommen, ist ein wenig Vorarbeit zu leisten.
Wenn Sie sich das Arbeitsblatt anschauen, sehen Sie, daß die Tabelle in C10 beginnt und in H16 endet. Dem Kalender liegt das folgende Schema zugrunde:

A steht für den Monatsanfang.

E ist das Monatsende.

			k=1	**k=2**	**k=3**	**k=4**	**k=5**	**k=6**
	j=1	So		6	13	20	27	
	j=2	Mo		7	14	21	28	
A>	**j=3**	Di	1	8	15	22	29	
	j=4	Mi	2	9	16	23	30	**(=E)**
	j=5	Do	3	10	17	24		
	j=6	Fr	4	11	18	25		
	j=7	Sa	5	12	19	26		

Die Einträge im Kalender stehen in der j-ten Zeile und in der k-ten Spalte: D[j,k]

Dieser Monat beginnt mit Dienstag, d.h. A=3, und hat 30 Tage (E=30). Im allgemeinen sind die erste Spalte und die beiden letzten Spalten nicht voll besetzt. Man hat sich also zu überlegen, *unter welchen Bedingungen in diese Spalten nichts geschrieben werden darf.*
In die erste Spalte darf sicher nichts geschrieben werden, wenn j<A ist. Auf der rechten Seite dieses Schemas (=Matrix) werden die Einträge abgebrochen, wenn die zu notierende Zahl D[j,k]>E ist.

Bis hierhin wissen wir somit:

Das brauchen Sie:

1. WENN k=1 UND j<A ist, so soll nichts geschrieben werden, sonst aber schreibe man den Wert D[j,k].
2. Die Zahl D[j,k] soll nur dann geschrieben werden, wenn gilt: D[j,k]<=E.
3. Die Berechnung der D[j,k] ist sehr einfach:
   D[j,k]=j+1-A+(k-1)*7

   Beispiel:
   j=3; k=2 D[j,k]=3+1-3+(2-1)*7=8

So wird's gemacht:

1. A10: 1; A11: 2;...;A16: 7 (das sind die j-Werte)
2. C9: 1; D9: 2;...;H9: 6 (das sind die k-Werte)
3. C10: @WENN(C$9=1#UND#$A10<$E$1;"";@WENN($A10+1 -$E$1+(C$9-1)*7<=$E$2;$A10+1-$E$1+(C$9-1)*7;""))
   In E1 steht der Wert von A(=3), in E2 steht E(=30)
4. Die Formel von C10 bis H16 kopieren. (C10 mit Kopierschalter in Zwischenablage bringen, den Bereich C10 ... H16 markieren und den Einfügeschalter anklicken.)
5. Tragen Sie noch *Montag, Dienstag, ...* in die B-Spalte ein

Soll ein Wert beim "Kopieren nach rechts" nicht geändert werden, so müssen Sie ihm ein $-Zeichen vorsetzen. Um einen Festwert innerhalb einer Spalte zu kopieren, ist das $-Zeichen "innen" anzubringen.

	A	B	C	D	E	F	G	H	I
1				**Anfang:**	3				
2				**Anzahl:**	30	(Anzahl der Tage im Monat Juni)			
3									
4									
5				**Kalender für Juni 1993**					
6									
7									
8	j-Werte				k-Werte				
9			**1**	**2**	**3**	**4**	**5**	**6**	
10	**1**	Sonntag		6	13	20	27		
11	**2**	Montag		7	14	21	28		
12	**3**	Dienstag	1	8	15	22	29		
13	**4**	Mittwoch	2	9	16	23	30		
14	**5**	Donnerstag	3	10	17	24			
15	**6**	Freitag	4	11	18	25			
16	**7**	Samstag	5	12	19	26			
17									
18									
19									
20									

Das Hilfskoordinatensystem "j-k" stört natürlich. Ich schlage vor, es nach AA1 zu verschieben, wo man es nicht mehr sieht. Markieren Sie die Kalendermatrix, und kopieren Sie sie in den Zwischenspeicher. Dann brauchen Sie (mit F5) nur nach AA1 zu gehen und zu einzufügen.

	AA	AB	AC	AD	AE	AF	AG	AH
1		**1**	**2**	**3**	**4**	**5**	**6**	
2	**1**	-1	6	13	20	27	34	
3	**2**	0	7	14	21	28	35	
4	**3**	1	8	15	22	29	36	
5	**4**	2	9	16	23	30	37	
6	**5**	3	10	17	24	31	38	
7	**6**	4	11	18	25	32	39	
8	**7**	5	12	19	26	33	40	
9								

In AB2 tragen wir die Formel zur Berechnung der D[j,k] ein: +$AA2+1-$E$1+(AB$1-1)*7. Diese Formel ist von AB2 bis AG8 zu kopieren.

Die Formel in C10 sieht jetzt einfacher aus:

C10: @WENN(AB$1=1#UND#$AA2<$E$1;"";@WENN(AB2 <=$E$2;AB2;"")) ; AB2 hat keinen $-Schutz!

	A	B	C	D	E	F	G	H	I
1				**Anfang:**	3				
2				**Anzahl:**	30	(Anzahl der Tage im Monat Juni)			
3									
4									
5				**Kalender für Juni 1993**					
6									
7									
8									
9									
10		Sonntag		6	13	20	27		
11		Montag		7	14	21	28		
12		Dienstag	1	8	15	22	29		
13		Mittwoch	2	9	16	23	30		
14		Donnerstag	3	10	17	24			
15		Freitag	4	11	18	25			
16		Samstag	5	12	19	26			
17									
18									
19									
20									

Sie werden sich vielleicht fragen, ob man den Kalender nicht auch ohne ein zusätzliches j-k-Koordinatensystem aufbauen könnte.
Gewiß kann man das!
Ich zeige Ihnen eine Möglichkeit, die Ihnen gleichzeitig einiges Neue über die Quattro Pro-Funktionen vermittelt. Ich werde die gesamte Information aus "*Das brauchen Sie*" in eine einzige (Monster)-Formel stecken:

Schreiben Sie die Wochentage in A10..A16, und tragen Sie in B10 folgendes ein:

@WENN(@ZELLE("spalte";B10..B10)=@ZELLE("spalte";$B10..$B10)#UND#@ZELLE("zeile";$B10..$B10)<$E$1+9;"";@WENN(@ZELLE("zeile";$B10..$B10)-8-$E$1+(@ZELLE("spalte";B$10..B$10)-2*7<=$E$2;@ZELLE("zeile";$B10..$B10)-8-$E$1+(@ZELLE("spalte";B$10..B$10)-2)*7;""))

Kopieren Sie die Formel aus B10 in den Block B10..G16.

In der Formel bedeuten:

Die Funktion @ZELLE (Attribut; Block)

@ZELLE("spalte";B10..B10) die Spaltennummer der Zelle B10; entsprechend bedeutet @ZELLE("zeile";B10..B10) die Zeilennummer der Zelle B10. (Wir hätten zum Wert von A eine 9 addieren müssen. Um dies zu vermeiden, habe ich die Zahlen in den Formeln geändert.)

Schauen Sie im Handbuch nach, um zu sehen, was Attribut *alles sein kann*

	A	B	C	D	E	F	G	H	I
1				**Anfang:**	2	(=Montag)			
2				**Anzahl:**	30	(30 Tage im Monat November)			
3									
4									
5			**Kalender für Monat November 1993**						
6									
7									
8									
9									
10	**Sonntag**		7	14	21	28			
11	**Montag**	1	8	15	22	29			
12	**Dienstag**	2	9	16	23	30			
13	**Mittwoch**	3	10	17	24				
14	**Donnerstag**	4	11	18	25				
15	**Freitag**	5	12	19	26				
16	**Samstag**	6	13	20	27				
17									
18									
19									
20									

Natürlich gibt es auch Algorithmen, mit denen sich die Werte von A und E automatisch berechnen lassen. Ich gehe hier nicht weiter darauf ein. (Jetzt ist gerade Weihnacht und ich denke unwillkürlich an ein Jahr Null- aber ein Jahr Null hat's nie gegeben! Dem Jahr eins vor Christus folgte unmittelbar das Jahr eins nach Christus. Später kam auch das 20. Jahrhundert an die Reihe: es begann am 1.Januar 1901. Die neunziger Jahre begannen übrigens am 1.Januar 1991.)

Von A.W.Butkewitsch und M.S.Selikson gibt es ein hübsches Bändchen mit dem Titel: *Der Ewige Kalender*. Es erschien 1987 bei Teubner, Leipzig. Dort werden Sie reichlich über den »Kalenderbau« informiert.

Mit Biorhythmus-Diagrammen machen manche Leute Geschäfte. Sie brauchen sich kein Programm zu kaufen, Sie machen es selbst.

Ihr Leben wird von 3 Rhythmen bestimmt. Belasten Sie Ihre Seele nicht, wenn Ihr psychischer Zyklus ein Tief durchläuft!

Nach Auffassung gewisser Lebenstheoretiker wird der Mensch zeitlebens von einem dreifachen Rhythmus begleitet: einem *physischen* Rhythmus mit einer Periode von 23 Tagen, einem *psychischen* Rhythmus mit einer 28-tägigen Periode und einem *intellektuellen* Rhythmus, dessen Periode 33 Tage betragen soll.
Diese drei Zyklen beginnen am Tage der Geburt mit dem gemeinsamen Anfangswert 0. Wir haben demnach folgende Funktionen zu zeichnen:

$$(1) \qquad y = \sin(\tfrac{2\pi}{T}t)$$

für T=23,28 und 33 Tage. t=Zeitspanne zwischen Geburt und einem vorgegebenen Datum. Nun ist t i.a. eine sehr große Zahl, so daß es sinnvoll ist, von ihr zunächst einmal die verflossenen vollen Perioden abzuziehen. Wir zerlegen daher t in (nT) und einen Rest t´.

So ähnlich wird Ihr Biorhythmus-Diagramm aussehen.

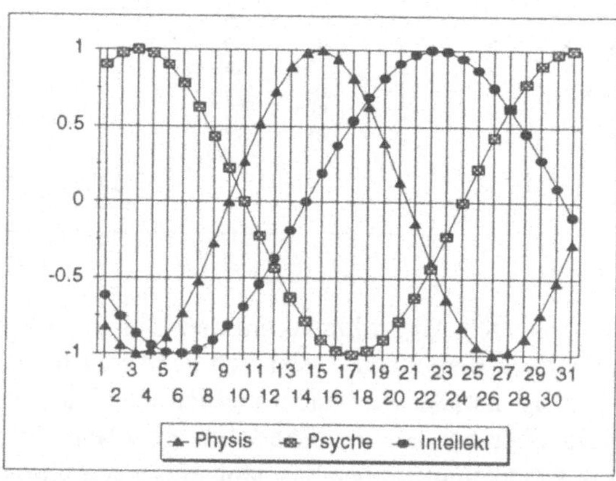

n= Zahl der verflossenen Perioden; n=@GANZZAHL(t/T). Demnach haben wir $\sin(\varpi t) = \sin(\varpi(nT + t')) = \sin(2\pi nT/T + 2\pi t'/T)$. Da nun aber gilt: $\sin(2\pi n + 2\pi t'/T) = \sin(2\pi t'/T)$, haben wir zur Berechnung des Funktionswertes y für den fraglichen Tag die Formel

$$(2) \qquad y = \sin(\varpi t) = \sin(\varpi t') := \sin(B) \text{ mit } B := 2\pi A/T$$

Was rechts steht, brauchen Sie alles, um das Arbeitsblatt aufzubauen...

zu verwenden, worin A:=mod(t;T) bedeutet.
Mit E3=@DATUM(D1;D2;D3) bestimmen wir die Datumszahl des Tages D3 der Geburt. (D1= Jahr der Geburt, z.B. 52 für das Jahr 1952; D2=Monat der Geburt, z.B. 5 für Mai.)

Mit E6=@DATUM(D5;D6;1) bestimmen wir die Datumszahl des 1.Tages des Monats D6 im Jahr D5. t=+E6-E3 steht in D8.
Nun erlaubt (2) zunächst nur die Berechnung der Biowerte für einen Tag. Wollen wir sie für einen Monat berechnen und grafisch darstellen, so setzen wir: $y = \sin(\varpi t + B)$. t´´ bedeutet die Zeit seit dem 1. Tag des Monats. Die Phasenkonstante B muß für jeden der 3 Zyklen berechnet werden. Z.B. gilt: $B_{physisch} = 2\pi A_{physisch}/23$

Der Biorhythmus wird für einen ganzen Monat errechnet und dargestellt.

So wird's gemacht:

Wie gesagt, steht in D1 das Geburtsjahr; in D2 der Monat und in D3 der Tag der Geburt.
In D5 steht das Jahr für den Biorhythmus und in D6 der Monat.
E3: @DATUM(D1;D2;D3); E6: @DATUM(D5;D6;1)
D8: +E6-E3

1. G3: 2*@PI*@MOD(D8;23)/23
   G4: 2*@PI*@MOD(D8;28)/28
   G5: 2*@PI*@MOD(D8;33)/33
2. A11: 1; A12: +A11+1; dies bis A41 kopieren.
3. B11: @SIN(2*@PI*A11/23+G$3) (physisch)
   C11: @SIN(2*@PI*A11/28+G$4) (psychisch)
   D11: @SIN(2*@PI*A11/33+G$5) (intellektuell)
   Die Zellinhalte B11..D11 bis B11..D41 kopieren.
4. GRAFIK/NEU/TYP: Linien; dann Rechtsklick ins Grafikfenster:
   Legendenposition: darunter setzen (mittleres Bild)
   GRAFIK/WERTEBEREICH/LEGENDE: *Physis,Psyche, Intellekt* markieren
   X-Achse rechtsklicken, X-ACHSENWERTE: *Zahl der Zeilen*: 2

	A	B	C	D	E	F	G	H	I
1			**Jahr:**	62					
2	Geboren: 12.3.1962		**Monat:**	3	Datumswerte:		**Phasen:**		
3			**Tag:**	12	22717		3.824548		
4							0.897598		
5	B.-Rhythmus für:		**Jahr:**	92			3.617592		
6		Mai 1992	**Monat:**	5	33725				
7									
8			**verflossene Tage:**	11008					
9									
10	**Tag:**	**Physis**	**Psyche**	**Intellekt**			**Berechnung des Biorhythmus**		
11	1	-0.81697	0.9009689	-0.61816					
12	2	-0.94226	0.9749279	-0.75575			für Mai 1992		
13	3	-0.99767	1	-0.86603					
14	4	-0.97908	0.9749279	-0.945					
15	5	-0.88789	0.9009689	-0.98982					
16	6	-0.73084	0.7818315	-0.99887					
17	7	-0.51958	0.6234898	-0.97181					
18	8	-0.2698	0.4338837	-0.90963					
19	9	-2.4E-16	0.2225209	-0.81458					
20	10	0.269797	1.225E-16	-0.69008					

Wenn Sie als Grafiktyp Linien *wählen, so können Sie Linien zusammen mit Symbolen darstellen. Klicken Sie bitte den Graphen mit der rechten Maustaste an, und gewichten Sie die Symbole mit 6*

Das Brettspiel "life" wurde von dem englischen Mathematiker John Horton Conway in den 60-er Jahren erfunden. Conway setzte einfache "Lebewesen" in eine unendliche Welt und definierte für sie strenge Überlebensregeln. Einmal geboren, unterliegen diese Spielbakterien nur noch dem Determinismus dieser Regeln. Sie kennen kein Wirken des Zufalls, was doch für wirkliches Leben so bedeutsam ist. Da der Lebensraum einer Conway-Bakterie eine unendlich ausgedehnte Zellenebene ist, ist es klar, daß Spreadsheets hier zuständig sind.

Das brauchen Sie:

1. Die acht Nachbarn einer Zelle als ihre Umwelt
2. Die Spielregeln für Überleben, Tod und Geburt:
   Überleben: Eine besetzte Zelle überlebt bis zur nächsten Generation, wenn 2 oder 3 Nachbarn vorhanden sind.
   Sterben: Eine besetzte Zelle stirbt, wenn sie entweder weniger als 2 oder mehr als 3 Nachbarn besitzt.
   Geburt: Ein vorher nicht besetztes Feld wird besetzt, wenn es genau 3 Nachbarn hat.

Beispiel: Die 1. Generation in der Anordnung:

```
   +
 + +
     +
   +
     +
```

```
K   L   M   N   O   P   Q
    Generation Nr.:     2



    +   +
    +   +   +
    +       +
        +   +
```

liefert nach Anwendung der Regeln die rechts gezeigte 2. Generation. Die 14. Generation nimmt folgende Gestalt an:

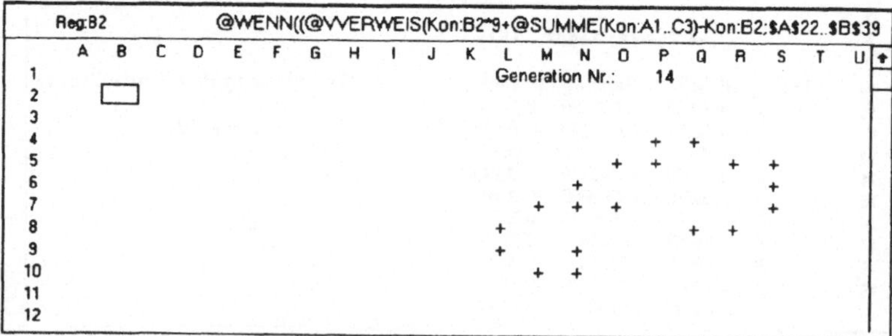

Ähnlich wie beim Spiel "Schiffe versenken" werden wir mit zwei Arbeitsblättern arbeiten, d.h. mit zwei Seiten eines Ordners: der Konfigurationsseite und der Regelseite. Auf dem Blatt *Konfiguration* halten wir die aktuelle Population fest, auf dem Blatt *Regeln* erzeugen wir die neue Generation, die anschließend als aktuelle Population dient und wieder den Regeln unterworfen wird, usw. Damit wir möglichst viele Zellen zur Hand haben, reduzieren wir die Spaltenbreite auf 3. Als Spielfeld verwenden wir den Block **B2..X20.** Damit ist dann jede Zelle von Nachbarn umgeben. (Man kann sich die obere Regelebene durchsichtig vorstellen. Unter ihr sehen wir dann jederzeit die letzte Bakterien-Konfiguration.)

Zwei Ordnerseiten werden benutzt

Spielfeld ist der Block B2..X20

Die Anzahl ihrer Nachbarn definiert den Zustand einer Zelle. D.h.: eine leere Zelle mit 3 Nachbarn befindet sich im Zustand 3 und gebiert dann in der nächsten Generation eine "Bakterie". (War die leere Zelle mit 0 gekennzeichnet, so erhält die Zelle "über" ihr zum Zeichen der Geburt eine 1. *Statt einer 1 setzen wir ein +-Zeichen, indem wir den ganzen Block B2..X20 mit +/- formatieren.*)

Jede Zelle besitzt einen Zustand

Mit Rechtsklick kommen Sie nach +/-

Der Ausdruck

@SUMME(KONFIGURATION:J9..L11)-KONFIGURATION:K10

ermittelt die Anzahl der Nachbarn der Zelle K10 auf der Ordnerseite KONFIGURATION.

	A	B
22	0	0
23	1	0
24	2	0
25	3	1
26	4	0
27	5	0
28	6	0
29	7	0
30	8	0
31	9	0
32	10	0
33	11	1
34	12	1
35	13	0
36	14	0
37	15	0
38	16	0
39	17	0
40		

Mit der am Rand gezeigten Übergangstabelle kann man zu jedem Zustand feststellen, ob für die neue Generation eine 0 oder eine 1 einzutragen ist. Die Zustände 0 bis 8 gelten für leere Zellen, die von 9 bis 17 für lebende Zellen. Zustand 9 bedeutet: die Zelle lebt und hat keine Nachbarn, sie wird also sterben. Nur die Zustände 11 und 12 führen zu überlebenden Zellen. Denn bei der Zustandsnummer 11 wissen wir, daß die Zelle lebt und daß sie von 2 lebenden Nachbarn umgeben ist. Bei der Nummer 12 sind es 3 Nachbarn.

So wird's gemacht:

1. Klicken Sie das Register von Blatt A mit der rechten Maustaste an, und geben Sie dem Blatt den Namen REGEL, oder kürzer: **Reg**. Blatt B benennen Sie mit KONFIGURATION oder **Kon**.
2. Tragen Sie bitte die Übergangstabelle in das REGEL-Blatt ein.
3. Den Block **Reg:B2..X20** markieren und rechtsklicken. Wählen Sie das Format +/-
4. Rechtsklick auf die Titelzeile des Ordners, und den Rechenmodus auf *Manuell* stellen.

Sollte sich beim Absuchen der Tabelle als Besetzungszahl für die nächste Generation eine 0 ergeben, so trage nichts ein, sonst eine 1. Diese 1 wird aber wegen 3. als +-Zeichen gesetzt

5. Reg:B2:
@WENN((@VVERWEIS(Kon:B2*9+@SUMME(Kon:A1..C3)-Kon:B2;$A$22..$B$39;1))=0;"";1); von B2 bis B2..X20 kopieren. (Die Zustände 9 bis 17 werden künstlich eingeführt, indem man zu der wirklichen Zahl der Nachbarn 9 addiert. Ist B2 mit 0 besetzt, so ist B2*9 ebenfalls 0, und wir erhalten nur Zustände von 0 bis 8. Ist B2 mit 1 besetzt, so geht die Zustandszahl von 9 bis 17.)

6. Tragen Sie in das zweite Arbeitsblatt, also in **Kon:B2..X20**, eine Figur (=Konfiguration) aus +-Zeichen ein (jedesmal eine 1 eingeben!), etwa wie im Beispiel oben. Blättern Sie dann zurück nach dem 1. Arbeitsblatt. Wenn Sie nun **F9** drücken (=Rechentaste), so wird die neue Generation berechnet, also die 2., wenn die Startkonfiguration mit 1 bezeichnet wurde.

Der Rechenmodus ist auf manuell gestellt, daher vor jeder Neuberechnung F9 drücken

7. Bevor eine neue Generation mit **F9** berechnet werden kann, müssen die **Werte** von **Reg:B2..X20** nach **Kon.B2..X20** kopiert werden (nicht die Formeln, nur die Werte!). Verwenden Sie dazu aus dem Menü die Funktion BLOCK/WERTE.
8. **F9** drücken und danach erneut Punkt 7 ausführen, usw.
9. Wenn Sie ein **neues Spiel** starten wollen, so löschen Sie alle +-Zeichen im Konfigurationsblatt, also in Arbeitsblatt 2. und tragen Sie dort mit der 1 eine neue Generation ein.

Setzen Sie Makros ein!

Das fortwährende Markieren und Kopieren kann man natürlich einem **Makro** überlassen. Schalten Sie den Makro-Recorder ein, und führen Sie die nötigen Schritte aus. Oder aber: tippen Sie einfach die folgenden kleinen Makros ab!

	A	B	C	D	E	F	G	H	Q
21									
22	0	0			K:			{SelectBlock Reg:B2..X20}	***Kopiermakro***
23	1	0						{BlockValues Reg:B2..X20,Kon:B2..X20}	*mit Strg+K*
24	2	0						{SelectBlock Reg:A1..A1}	*aufrufen*
25	3	1						{let p1,+p1+1}	
26	4	0							
27	5	0							
28	6	0			L:			{SelectBlock Kon:B2..X20}	***Löschmakro***
29	7	0						{ClearContents 0}	*mit Strg+L*
30	8	0						{SelectBlock Reg:A1..A1}	*aufrufen*
31	9	0						{let p1,2}	
32	10	0							
33	11	1							
34	12	1							
35	13	0							
36	14	0							
37	15	0							
38	16	0							
39	17	0							
40									

Ich habe Ihnen *zwei Makros* geschrieben: *Makro* \K zum Kopieren und Zählen der Generationen, *Makro* \L zum Löschen der alten Konfiguration. (Nachdem Sie die Makros eingetippt haben, müssen Sie ihnen mit **Strg+F3** einen Namen geben, also \K bzw. \L)

Das beschriebene Spiel arbeitet mit einer sogenannten MOORE-Umgebung der Zellen, also mit 8 Nachbarn. Sie können das Life-Spiel auch mit einer NEUMANN-Umgebung spielen, d.h. mit 4 Nachbarn. Dann werden Sie auch das Phänomen der *Selbstreplikation* beobachten, falls Sie folgende Spielregeln beachten (von E.FREDKIN).

Sie können auch Selbstreplikationen studieren.

1. Jede Zelle mit einer geraden Anzahl lebender Nachbarn (0,2,4) wird oder bleibt leer.
2. Jede Zelle mit einer ungeraden Zahl lebender Nachbarn (1,3) lebt weiter oder wird zum Leben erweckt.

Sie müssen die VVERWEIS-Funktion abändern. Tragen Sie sie in Kon: B2 ein, und kopieren Sie sie dann bis X20:

@VVERWEIS(Kon:A2+Kon:B1+Kon:C2+Kon:B3;
$A$22..$B$26;1)

In der Zustandstabelle, die nur den Block A22..B26 umfaßt, steht neben dem Zustand 1 nicht 0, sondern 1.
(In B2 hätten Sie auch eintragen können: @MOD(Kon:A2+B1+C2+B3) oder auch @WENN(Kon:A2+B1+C2+B3=1#ODER# Kon: A2+ B1+C2+B3=3;1;0)

Wenn Sie das Spiel mit der Konfiguration

Sie können auch mit den Funktionen @MOD oder @WENN arbeiten.

+ +

+

beginnen, so werden Sie sehen, daß bereits in der 3. Generation 4 Reproduktionen der Ausgangsfigur vorliegen.

2 Von der Pflege der Finanzen

Hat man Geld, so muß man es pflegen. Hat man kein Geld, so muß man lernen, mit anderer Leute Geld umzugehen.
Wir stellen zunächst Grundrezepte zusammen, die Ihnen helfen werden, ein Feinschmecker in Sachen Geld zu werden.

Einfache Zinsen

Wieviel Zinsen werden Ihnen 7000DM in einem Zinszeitraum vom 4.5.93 bis zum 18.7.99 zu 6,5% bringen?

Das brauchen Sie:

1. Die Formel für Tageszinsen: $Z = \frac{K \cdot p \cdot t}{100 \cdot 365}$
2. Die Funktion @DATUM(*Jahr;Monat;Tag*)

So wird's gemacht:

1. Zellzeiger auf A1
   Eingabe: @DATUM(99;7;18)-@DATUM(93;5;4)
2. A2: 7000 A3: 6,5
3. B1: **+A1*A2*A3/36500**
4. Ergebnis: 2824,74 DM (2823,53DM bei 30 Tagen)

Üblicherweise werden im Bankwesen die Monate mit 30 und die Jahre mit 360 Tagen gerechnet. Leider hat QP keine Zeitfunktion für 360 Tage, wie etwa die Funktion @D360 bei Lotus 1-2-3/W. Das obige Ergebnis ist also nicht ganz richtig. Außerdem werden die Zinsen i.a. auch verzinst, d.h. man erhält *Zinseszinsen*, -die aber meist jährlich berechnet werden.
Ausweg: Berechnen Sie die Tage mit A1: (@JAHR(A5)-@JAHR (A4))*360+(@MONAT(A5)-@MONAT(A4))*30+@TAG(A5)-@TAG(A4)

A4: 4.5.93 A5: 18.7.99 *mit* Strg+Shift+D *eingeben.*

Format: int. kurzes Datum

Zinseszinsen.

Auf welchen Betrag werden 7000 DM bei 6% Verzinsung in 7 Jahren anwachsen, wenn Zinseszinsen berechnet werden?

Das brauchen Sie:

Die Zinseszinsformel: $K_t = K_0\left(1+\frac{p}{100}\right)^t$

K_0 ist das Anfangskapital, t ist die Zeit in Jahren

So wird's gemacht:

1. A1: 7 A2: 7000 A3: 6
2. B1: + A2*(1+A3/100)^A1
3. Ergebnis: 10 525,41 DM

Bei manchen Geschäftskonten können auch Verzinsungen nach einem Monat oder sogar nach einem Tag vereinbart werden. Hier verwenden Sie dann die Formel: $K_t = K_0(1+\frac{p}{m\cdot 100})^{m\cdot t}$, wobei m=12 (monatlich) bzw. m=360 (täglich) zu setzen ist.

Kapitalverdoppelung

Wie lange dauert es, bis sich ein Betrag von 10 000 DM bei einer jährlichen Verzinsung von 5% verdoppelt hat?

Das brauchen Sie:

1. Zeit bei einfachen Zinsen: $t = \frac{Z\cdot 100\cdot 360}{K\cdot p} = \frac{36000}{p}$
2. Zeit bei Zinseszinsen: $t = \frac{\log K_t - \log K_0}{\log(1+\frac{p}{100})} = \frac{\log 2}{\log(1+\frac{p}{100})}$

So wird's gemacht:

1. A1: 36000 A2: 5
2. B1: +A1/A2 Ergebnis: 7200 Tage (20 Jahre)
3. B2: @LOG(2)/@LOG(1+A2/100) ; Erg.: 14,2 Jahre

In beiden Fällen ist die Verdoppelungszeit unabhängig vom Kapital. Mit @LOG liefert QP den Logarithmus zur Basis 10. Mit @LN erhält man den natürlichen Logarithmus.
QP hält für diese Aufgabe die Funktion @LAUF(*Zinssatz;Endwert; Kapital)* bereit: @LAUF(5%;20000;10000)=14,206 Jahre.

Im Zusammenhang mit Zinsgewinn treten speziell bei monetären Einsteigern immer wieder dieselben Fragen auf. Quattro Pro soll bei diesen Problemen für noch mehr Klarheit sorgen.

Der Zinssatz

Wie hoch muß der Zinssatz sein, damit ein Kapital von 30 000 DM in 8 Jahren auf 50 000 DM anwächst? (Zinseszins)

Das brauchen Sie:

1. Die Funktion @ZINS(Endwert;Kapital;Laufzeit)

So wird's gemacht:

1. A1: 50000 A2: 30000 A3: 8
2. B1: @ZINS(A1;A2;A3)*100
3. Ergebnis: 6,59, also rund 6,6%

Quattro Pro berechnet den Zinssatz mit Hilfe der Formel

$$p = \left[\sqrt[t]{\frac{K_t}{K_0}} - 1 \right] \cdot 100$$

Geben Sie die Laufzeit in Monaten an, so erhalten Sie den monatlichen Zinssatz.
Es gibt auch die Funktion @ZINSSATZ(*Laufzeit;Rate;Kapital, <Endwert>; <Typ>*) , mit der Sie den Zinssatz bei Ratenzahlungen ausrechnen können.
Z.B.: Wenn ein Auto im Wert von 28 000 DM in monatlichen Raten von 800 DM in einer Zeitspanne von 5 Jahren bezahlt werden soll, so beträgt der monatliche Zinssatz:

@ZINSSATZ(5*12;-800;28000;0;0) = 1,97%

Wartezeit bei jährlicher Einzahlung

Sie wollen auf ein neues Auto sparen und zahlen zu Beginn eines jeden Jahres 4000 DM ein. Ihr Konto wird am Jahresanfang mit 5,8% verzinst. Wie lange wird es dauern, bis Sie 45 000 DM angespart haben? Verkürzt sich die Zeit erheblich, wenn Sie zu Beginn schon ein gewisses Kapital auf dem Konto stehen haben?

Das brauchen Sie:

1. Die Funktion @LAUFZEIT(*Zinssatz; Rate; Kapital;* <Endwert>;<Typ>).
   Die Parameter *Endwert* und *Typ* sind optional. Typ ist 0, wenn Zahlungen am Ende einer Zahlungsperiode erfolgen. Bei Cash-Flow am Anfang der Periode ist Typ = 1.

So wird's gemacht:

1. A1: 0,058; A2: 4000; A3: 2000 (aktueller Saldo)
   A4: 45000
2. B1: @LAUFZEIT(A1;-A2;-A3;A4;1)
3. Ergebnis: 8,04 Jahre;
   Wenn Ihr aktueller Saldo Null ist, so müssen Sie 8,52 Jahre warten.

Beträge, die Sie einzahlen, müssen mit einem negativen Vorzeichen versehen werden. Beträge, die Sie erhalten, sind positiv.

Endwert bei jährlicher Einzahlung

Sie zahlen 8 Jahre lang jeweils am Jahresanfang 2000 DM in ein Konto ein, das jährlich mit 7,5% verzinst wird. Wie hoch ist Ihr Sparguthaben nach dieser Zeit, wenn vor der ersten Einzahlung schon 1500 DM auf dem Konto standen?

Das brauchen Sie:

1. Die Funktion @ENDWERT(*Zinssatz;Laufzeit;Rate; <Kapital> ;<Typ>*)
   Kapital ist der aktuelle Saldo, *Typ* ist hier 1

So wird's gemacht:

1. A1: 0,075; A2: 8; A3: 2000; A4: 1500
2. B1: @ENDWERT(A1;A2;-A3;-A4;1)
3. Ergebnis: 25 134,91 DM

Wie kommen Sie an einen neuen Fernsehapparat? Sollen Sie das Ratenkaufangebot Ihres Fachhändlers annehmen, oder nehmen Sie einen Kleinkredit bei der Bank auf -oder brauchen Sie etwa keinen Kredit?

Das sind die Angebote

Das Fernsehgerät kostet 2800DM. Der Händler macht Ihnen das folgende Angebot: 17 Monatsraten zu je 176 DM und eine letzte Rate von 171,50 DM.
Ihre Bank bietet Ihnen einen Kleinkredit mit 18 monatiger Laufzeit und 0,6% Zinsen pro Monat an. Eine Bearbeitungsgebühr vom 2% wird außerdem verlangt.

Monatsraten und effektiver Jahreszins

Welches Angebot ist für Sie günstiger?
Wie hoch sind die monatlichen Raten bei der Bank? Wie groß ist der effektive Jahreszins?

Das brauchen Sie :

1. Kreditkosten für Ratenkauf: *Raten*Anzahl+letzte Rate - Kreditbetrag*
2. Kreditkosten der Bank: *Laufzeit*Kreditbetrag*Zinssatz +2% vom Kreditbetrag*
3. Effektiver Jahreszinssatz: *24*Kreditkosten in % / (Laufzeit + 1)*
4. Mit @RUNDEN(Rate;0) runden Sie die monatlichen Raten auf ganze DM. In der letzten Rate sind die Pfennigbeträge enthalten.

So wird's gemacht:

1. Eintrag des Titels in B2. Als *Zeile 1* (Schriftartenliste) formatieren. Die Einträge in B4 und D4 sind als *Zeile 2* markiert worden. Die übrigen Texteinträge besorgen Sie nach der Vorlage.
2. G4: 2800 B6: 17 E6: 18 B7: 176
   E7: 0,006 (oder 0,6%) B8: 171,5 E8: 0,02
3. Formeln:
   E11: +G4*E7*E6
   G11: @RUNDEN((G4+E14)/E6;0)
   E12: +G4*E8

G12: +G4+E14-(E6-1)*G11
B14: +B6*B7+B8-G4
E14: +E11+E12
G14: (E7*E6+E8)*2400/(E6+1)

4. **Ergebnis:** Bei der Bank sind die Kreditkosten etwas geringer (außerdem erhalten Sie beim Händler 2% Rabatt, wenn Sie bar zahlen).
Monatliche Raten: 175 DM, letzte Rate 183,40 DM.
Der effektive Jahreszins beträgt 16,17%

Da die Tabelle mit Formeln arbeitet, können Sie die Daten nach Belieben abändern und Raten und effektive Jahreszinsen berechnen.

	A	B	C	D	E	F	G	H
1								
2		Ratenkauf oder Kleinkredit?						
3								
4		**Ratenkauf**		**Kleinkredit**		Betrag:	2800,00	
5								
6	Laufzeit:	17,00	Raten	Laufzeit:	18,00	Monate		
7	mon. Rate	176,00		Zins p Mon.:	0,0060			
8	letzte Rate:	171,50		Bearbeitung:	0,02			
9								
10								
11				Nom.Zinsen:	302,40	mon.Raten:	175,00	
12				Gebühren:	56,00	letzte Rate:	183,40	
13								
14	Kreditkosten:	363,50		Kreditkosten:	358,40	eff. J.Zins:	16,17	
15								
16								
17								
18								
19								

Barwert

Diskont

Das Skonto ist eine vereinfachte Form des Diskonts.

Aufgrund einer Erbschaft oder einer sonstigen guten Tat soll Ihnen in 40 Jahren ein Kapital von 131 100 DM ausgezahlt werden. Das Geld liegt sicher mit 5.5% Verzinsung auf Ihrer Bank. Sie nähern sich dem 50. Geburtstag und werden verständlicherweise unruhig. Welchen Wert hat das Geld wohl heute, welches ist sein *Barwert*?

Ihr Freund ist glücklicher: seine Erbschaft in Höhe von 72000 DM ist am 30. November zahlbar. Die Bank zahlt ihm seinen Schatz bereits am 14. Mai unter Anrechnung von 5% *Diskont* aus.

Zu allem Unglück erhalten Sie noch eine Rechnung über 2850 DM, die Sie sofort mit 3% *Skonto,* nach 30 Tagen mit 2% Skonto oder nach 3 Monaten ohne Skonto, zahlen können. Was werden Sie tun?

Barwert

Das brauchen Sie :

1. Die Formel für den Barwert bei einer einmaligen Zahlung:
$$K_0 = K_n(1 + \frac{p}{100})^{-n}$$
K_0= Barwert, K_n=Kapital nach n Jahren, p= Zinssatz p.a.

So wird's gemacht:

1. In A1 die K_0-Formel: 131100*(1+5.5/100)^-40
Ergebnis: Ihre Erbschaft hat heute einen Wert von DM 15 399,42 -wollen Sie nicht doch lieber warten?
(Die Berechnung des Wertes eines Geldbetrags zu einem früheren Zeitpunkt heißt *Diskontieren.*)

Diskont

Das brauchen Sie:

1. Die Funktion @DATUM(*Jahr;Monat;Tag*)
2. Die Formel für Diskont: $z = \frac{K \cdot t}{36500/p + t}$
p=Diskontsatz; t=Tage

So wird's gemacht:

A1: @DATUM(93;11;30)-@DATUM(93;5;14)(vergl. Sie Rezept 2.1 für das Verfahren beim 360-Tage-Jahr)
A2: 72000 (Kapital)
A3: 5 (Diskontsatz)
A4: 36500 (hier werden die Monate genau und die Jahre zu 365 Tagen genommen; vergl. Rezept 2.1)
B1: (A1*A2)/(A4/A3+A1) (Zinsen=Diskont)
B2: +A2-B1 (=70 089 DM sind auszuzahlen)

Das Ergebnis

Skonto

Das brauchen Sie:

1. Sie benötigen den Zinssatz, p%, den Sie zugrundelegen müssen. Wählen Sie 12%.

So wird's gemacht:

erster Fall

1. Im ersten Fall zahlen Sie sofort 0,97 K; K=Rechnungsbetrag = 2764,50 DM

zweiter Fall

2. Im zweiten Fall zahlen Sie in 30 Tagen 0,98 K. Der heutige Wert (*Barwert*) dieser Summe beträgt: $0{,}98 \cdot K/(1+\frac{p}{1200})$ = 2765,35 DM

dritter Fall

3. Im dritten Fall zahlen Sie eine Summe mit dem Barwert $K/(1+\frac{p}{400})$ = 2766,99 DM
4. *Das Ergebnis*:bei kleinen Zinssätzen (<10%) ist es günstiger, sofort zu zahlen.

Es ist besser, gleich zu zahlen...

Disagio (*ital*.: Unbequemlichkeit - für Sie!)

In Rezept 2-3 wurde der *effektive* Jahreszins eingeführt. Bei Hypotheken, vergl. Rezept 2-7, hat man nicht nur Zinsen zu zahlen, sondern noch ein *Disagio* : beträgt es z.B.: 5%, so erhalten Sie von den bewilligten 100 000 DM nur 95 000 . Der *Auszahlungskurs* beträgt also 95%. Der sich hier ergebende *effektive* Jahreszins berechnet sich wie folgt:

Man muß Steuervorteile im Auge behalten

$$p_{eff} = \frac{100 \cdot Zinssatz(\%)}{Auszahlungskurs(\%)} + \frac{Disagio(\%)}{Laufzeit(Jahre)}$$

Beim Vergleich verschiedener Angebote bei Kauf, Verkauf und Leasing ist es oft sinnvoll, die *Barwerte* zu berechnen. Wir betrachten drei Fälle.

Der Hausverkauf

Sie wollen eines Ihrer Häuser verkaufen. Zwei Angebote haben Sie vorliegen:

Angebot A: 200 000 DM sofort
100 000 DM nach einem Jahr und
150 000 DM nach 3 Jahren

Angebot B: 220 000 DM nach einem Jahr und
250 000 DM nach 4 Jahren

Die Angebote sollen bei einem Zinssatz von 8% miteinander verglichen werden.

Das brauchen Sie :

1. Die Barwertformel aus Rezept 2.4

So wird's gemacht:

1. Ziehen Sie ein Arbeitsblatt auf, so wie es die Abbildung zeigt.

	A	B	C	D	E
1	**Angebot A:**				
2	Jahre:	0	1	3	
3	Betrag:	200000	100000	150000	
4	Wert:	200000	92592,59	119074,8	
5	Barwert:	411667,43			
6					
7	**Angebot B:**				
8					
9	Jahre:	1	4		
10	Betrag:	220000	250000		
11	Wert:	203703,704	183757,5		
12	Barwert:	387461,17			

2. Sofortzahlung zählt als 0 Jahre
3. B4: +B3*(1+0,08)^-B2 (Ko-Formel)

Formel in B4 nach C4 und D4 kopieren (mit Kopierschalter kopieren, C4..D4 markieren, mit Einfügeschalter einfügen)

4. B5: hier steht die Summe +B4+C4+D4, also das auf *heute* diskontierte Angebot.
5. Die Ko-Formel kopieren Sie jetzt aus B4 nach B10 und C10, ferner die Formel in B5 nach B11 kopieren.
6. *Ergebnis:* Mit einem Barwert von 411 667 DM gegenüber 387 461 DM ist Angebot A der Favorit.

A hat einen höheren Barwert als B

Der Staubsaugerkauf

Ratenzahlung oder Barzahlung?

Der Mann an der Tür bietet Ihnen einen Spitzenstaubsauger an: drei Jahre lang monatlich 15 DM, 1.75 % monatlich. Ihre Nachbarin sagt: bei MAKA *wird der gleiche Staubsauger für 325 DM angeboten.*

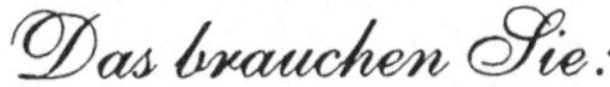

Das brauchen Sie:

1. Die Funktion @AKTWERT(*Rate;Zinssatz;Laufzeit*) oder @KAPITAL(*Zinssatz;Laufzeit;-Rate;0;0*)

Barwert bei Ratenzahlung

So wird's gemacht:

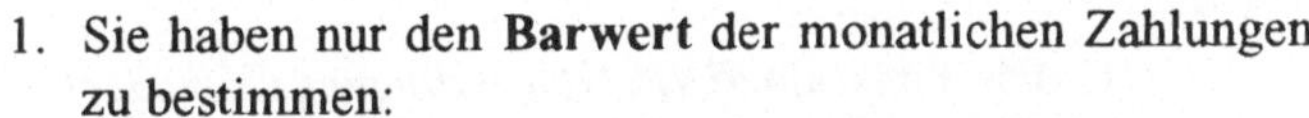

1. Sie haben nur den **Barwert** der monatlichen Zahlungen zu bestimmen:
   A1: @AKTWERT(15;1,75%;36) = 398,14
   oder @KAPITAL(1,75%;36;-15;0;0) = 398,14

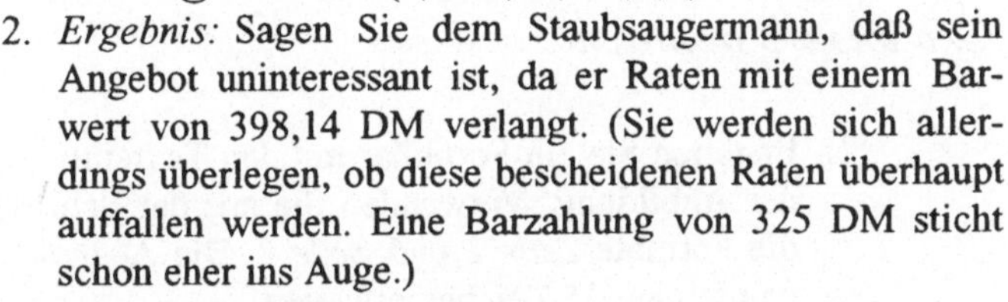

2. *Ergebnis:* Sagen Sie dem Staubsaugermann, daß sein Angebot uninteressant ist, da er Raten mit einem Barwert von 398,14 DM verlangt. (Sie werden sich allerdings überlegen, ob diese bescheidenen Raten überhaupt auffallen werden. Eine Barzahlung von 325 DM sticht schon eher ins Auge.)

Raten mögen unwirtschaftlich sein, aber sie tun nicht (so) weh.

Die Formel @AKTWERT berechnet die Summe der Barwerte der einzelnen Raten: $K_0 = R\sum_{i=1}^{n}(1+\frac{p}{100})^{-i} = R\left[\frac{1-(1+p/100)^{-n}}{p/100}\right]$

R= mtl. Rate, p= mtl. Zins, n=Anzahl der Raten. In QP-Notation:

+A1*(1-(1+B1/100)^-C1)/(B1/100),

mit R in A1, p in B1 und n in C1

Manch unruhiger Autokäufer steht in diesen Zeiten vor der brennenden Frage, ob er einen Leasing-Vertrag abschließen soll, oder ob es nicht günstiger ist, mit geliehenem Geld als Barzahler aufzutreten, dabei Skonto und Rabatt genießend. Eine grobe Entscheidungshilfe soll das folgende Rezept sein. (Banken und Händler kennen viele Wege, verlustfrei mit Ihnen zu handeln.)

Das Leasing-Angebot:

Das Händler-angebot

Für einen Wagen mit einem Listenpreis von 24 578 DM (Endpreis nach Zuschlag von Überführungs- und Anmeldekosten: 25158 DM) zahlen Sie 3 Jahre lang monatlich 305 DM. Ihr gebrauchter Wagen wird mit 5500 DM in Zahlung genommen. Die jährliche Kilometerpauschale beträgt 15000 km. 55% des Listenpreises wird bei 15000 km/Jahr als Restwert festgelegt. (Bei 20 000 km/Jahr sind es 50%.)

Bankkredit:

Das bietet die Bank

Sie zahlen bei einer Laufzeit von 36 Monaten 15% effektiven Jahreszins, der die Bearbeitungsgebühren bereits enthält.

Das brauchen Sie :

1. Die Funktion @WENN(*Bedingung;WennJa;WennNein*)
2. Die Funktion @RATEN(*Kapital;Zinssatz;Laufzeit*)

So wird's gemacht:

1. Erstellen Sie ein Formular mit den Texteinträgen gemäß der Abbildung. Verwenden Sie aus der Schriftartenliste die Formate *Zeile 1* und *Zeile 2*. Die A- und D-Spalten wurden auf 15 Zeichen erweitert.

So geht's beim Leasing

2. B9: @WENN(B7=15000;F3*0,55;F3*0,5)
   C10: +B10*F4 (Skonto)
   C11: +B11*F4 (Rabatt)
   B14: +B12*B6+B13 (Leasing-Kosten)
   B15: +B14/B6 (Kosten pro Monat)

3. E11: +F4-(C10+C11+B13) (notwendiger Kredit)
   E12: @RATEN(E11;E7/12;E6) (mtl. Raten)
   E14: +E12*E6-E11 (Kreditkosten)
   E15: (E12*E6+B13-B9)/E6 (Kosten pro Monat)

So sieht's bei der Bank aus.

4. Ergebnis:
   Die monatliche Belastung ist bei der Bank offensichtlich geringer. Man sollte jedoch noch andere Faktoren berücksichtigen (Wartungskosten, Versicherung usw.), ehe man sich endgültig entscheidet. Vergessen Sie nicht, daß die von Händler und Bank errechneten Kosten nicht unbedingt genau mit denen des Arbeitsblatts übereinstimmen müssen. Aber einen vernünftigen Anhalt sollten Sie jetzt schon haben.

Der Vergleich.

Die Höhe der Raten können Sie auch mit der folgenden Formel errechnen:

$$R = \frac{p \cdot \frac{K}{n}}{1 - (\frac{p}{n} + 1)^{-n \cdot t}}$$

R=Höhe der Raten; p= Zinssatz p.a.; K= Kapital; n= Anzahl der Zahlungen pro Jahr; t= Anzahl der Jahre
Als QP-Formel: (E7*E11/12)/(1-(E7/12+1)^-(12*3))

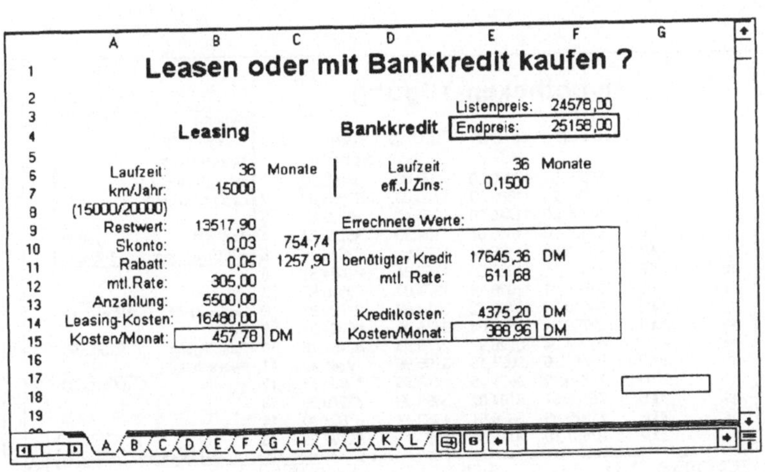

Jahresrate= Annuität

Zinsen muß man plastisch vor sich sehen, um sich an ihrer Entwicklung so recht erfreuen zu können. Wir wollen eine kleine Hypothek von 100 000 DM aufnehmen und sie in 22 Jahren zurückgezahlt haben. Die Bank verlangt, um sich wohl zu fühlen, von Ihnen eine kleine Belästigung (*disagio*) von 4%. Sie erhalten also nur 96 000 DM. Der jährliche Zinssatz soll 12% betragen, und die Tilgung sei 1%.
Im ersten Jahr zahlen Sie kecke 12 000 DM Zinsen und drücken damit Ihre Schuld um...-nein, nicht 12 000 DM, nur um 1000 DM. Im zweiten Jahr geht das dann so weiter. Aber schauen Sie es sich anhand einer *Tilgungstabelle* für gleichbleibende Annuitäten an!

Das brauchen Sie :

1. Jahresrate = (Zinssatz + jährl.Tilg.satz)/100 * Hypothek
2. Zinsen = Zinssatz*Restschuld/100
3. Tilgung = Jahresrate - Zinsen
4. Restschuld = Restkredit - Tilgung

So wird's gemacht:

1. Tragen Sie die Labels so ein, wie bei der folgenden Abbildung gezeigt.

	A	B	C	D	E	F	G	H
1		**Hypotheken-Tilgung**						
2							Hypothek:	100000
3		**Kredit**	**Zinsen**	**Tilgung**	**Rest-**	Jahr	Disagio in %	4
4					**Schuld**		Zinssatz in %	12
5	1993	100000,00	12000,00	1000,00	99000,00	1	Jährl.Tilgung(%)	1
6	1994	99000,00	11880,00	1120,00	97880,00	2	Laufzeit (Jahre)	22
7	1995	97880,00	11745,60	1254,40	96625,60	3		
8	1996	96625,60	11595,07	1404,93	95220,67	4	Annuität:	13000
9	1997	95220,67	11426,48	1573,52	93647,15	5	mtl.Belastung:	1083,33
10	1998	93647,15	11237,66	1762,34	91884,81	6		
11	1999	91884,81	11026,18	1973,82	89910,99	7		
12	2000	89910,99	10789,32	2210,68	87700,31	8	Gesamtzins:	193497,42
13	2001	87700,31	10524,04	2475,96	85224,34	9		
14	2002	85224,34	10226,92	2773,08	82451,26	10	Ges.Tilgung:	92502,58
15	2003	82451,26	9894,15	3105,85	79345,42	11	Restschuld:	7497,42
16	2004	79345,42	9521,45	3478,55	75866,87	12		100000,00
17	2005	75866,87	9104,02	3895,98	71970,89	13		
18	2006	71970,89	8636,51	4363,49	67607,40	14		
19	2007	67607,40	8112,89	4887,11	62720,29	15		

2. Mit dem Füll-Befehl aus dem Menü BLOCK legen Sie die Jahresspalte an:
   BLOCK/FÜLLEN *Block* : A:A5..A26
   Startwert: 1993, *Schrittwert:* 1, *Stoppwert:* 2014
   Ebenso die F-Spalte füllen, die auf eine Weite von 3 Zeichen reduziert wurde.

Füllen

3. B5: +H$2; C5: +B5*H$4/100, D5: +H$8-C5
   E5: +B5-D5
   C5..E5 bis C26..E26 kopieren.(Kopierschalter, markieren, Einfügeschalter.)
   In B6 muß +E5 eingetragen werden;
   B6 bis B26 kopieren.

Kopieren

4. GRAFIK/NEU *Namen* : Hypothek, *X-Achsen*-Schalter anklicken. Im Arbeitsblatt F5..F26 markieren. ↵
   1. Wertebereich anklicken: C5..C26. ↵
   2. Wertebereich anklicken: D5..D26. ↵
   Legende anklicken: Die Labels *Zinsen* und *Tilgung* markieren. ↵

Grafik

Beschriftung

5. GRAFIK/BESCHRIFTUNG, *1. Zeile* eintragen,
   X-Titel: Jahre, *Y-Titel*: DM
6. Wählen Sie noch den 3-D-Grafik-Typ: *Bänder* aus. Das Ergebnis sehen Sie hier:

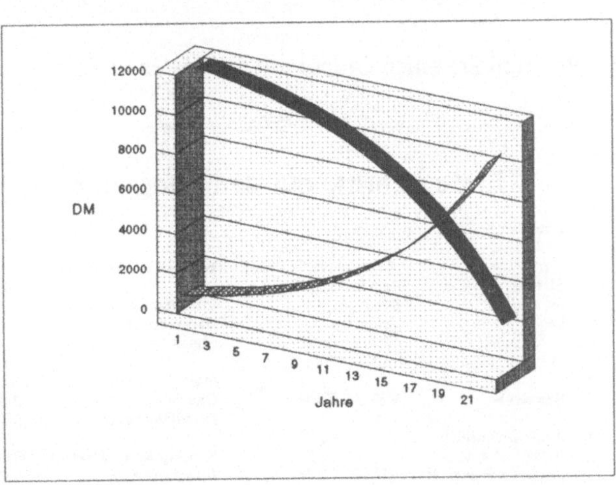

Der Weg zum Eigenheim kann sehr mühsam sein, auf jeden Fall ist er teuer. Wie man zu ungefähren Abschätzungen der Kosten und Belastungen kommen kann, zeigt Ihnen dieses Rezept. Es geht davon aus, daß Sie Eigenkapital haben und daß Sie sich den Rest bei einer Bank leihen. Die wesentlichen Nebenkosten wie Maklerprovision, Notargebühren und Grunderwerbssteuer werden berücksichtigt[1]. Auch an die Steuervergünstigung wird gedacht. Hierbei wird die Summe aus Hauspreis und halbem Grundstücksspreis - höchstens aber DM 300000 - zugrunde gelegt. Sie müssen dabei allerdings Ihren Grenzsteuersatz mit eingeben. (Beim Tarif von 1990 betrug der Grenzsteuersatz für ein zu versteuerndes Einkommen von 95000 DM 31% .)

Das brauchen Sie:

1. Kaufpreis, Anteile für Grundstück und Haus, usw.
2. Die @ANN(*Tilg.pro Jahr;Zinssatz;Kreditbetrag*)- Funktion. Sie erhalten als Funktionswert die Laufzeit des Kredits in Jahren

So wird's gemacht:

1. Bereiten Sie einen Ordner mit wenigstens 3 Seiten vor:

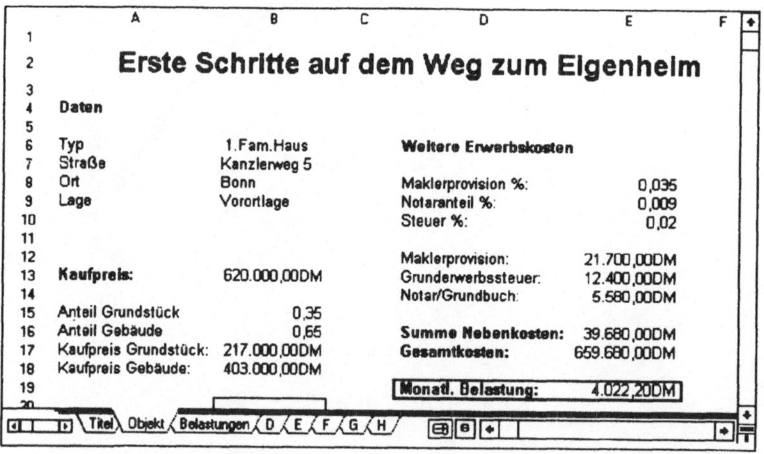

	A	B	C	D	E
1					
2	**Erste Schritte auf dem Weg zum Eigenheim**				
3					
4	**Daten**				
5					
6	Typ	1.Fam.Haus		**Weitere Erwerbskosten**	
7	Straße	Kanzlerweg 5			
8	Ort	Bonn		Maklerprovision %:	0,035
9	Lage	Vorortlage		Notaranteil %:	0,009
10				Steuer %:	0,02
11					
12				Maklerprovision:	21.700,00DM
13	**Kaufpreis:**	620.000,00DM		Grunderwerbssteuer:	12.400,00DM
14				Notar/Grundbuch:	5.580,00DM
15	Anteil Grundstück	0,35			
16	Anteil Gebäude	0,65		**Summe Nebenkosten:**	39.680,00DM
17	Kaufpreis Grundstück:	217.000,00DM		**Gesamtkosten:**	659.680,00DM
18	Kaufpreis Gebäude:	403.000,00DM			
19				**Monatl. Belastung:**	4.022,20DM

[1] W. SCHUCHARDT: Quattro Pro zum Mitmachen, WIN 9/92, S.128

2. Auf der OBJEKT-Seite tragen Sie Kosten und Nebenkosten ein. Der Grundstücksanteil wurde mit 35% angenommen, so daß in B16 einzutragen ist: 1-B15. B17: +B13*B15; B18: +B13*B16
3. Maklerprovision usw. stehen in % in E8..E10;
   E12: +B13*E8; E13: +E10*B13; E14: +E9*B13
   E17: +B13+E16; E19: +BELASTUNGEN:E16
4. Das Blatt BELASTUNGEN enthält einen vereinfachten *Finanzierungsplan.* B4: +OBJEKT:E17-B3; B11: +$B4*B9
   B12: +$B4*B10; B14: @ANN(B12;B9;$B4)
   B15: (B11+B12)/12; B17: +B15*B14*12
5. E8: @WENN(Objekt:B18+Objekt:B17*0,5<=300000;Objekt: B18+Objekt:B17*0,5;300000)
   E10: +E8*0,05; E11: +E10*E5; E13: +E11/12

6. **E16: +B15-E13**

Durch Anklicken der Titelzeile gelangen Sie in das Menü zum Einstellen der DM-Formatierung. Wollen Sie später einen Geldbetrag mit DM kennzeichnen, so haben Sie die fragliche Zelle nur noch rechts anzuklicken und Währung *zu wählen*

Variieren Sie die Daten, und spielen Sie die verschiedenen Szenarien durch. Während Sie dabei zwischen Schrecken und Freude schwanken, sollten Sie nicht vergessen, daß sich die angenommenen Daten schnell ändern können, natürlich zum Besseren hin.

	A	B	C	D	E
1		**Finanzierungsplan**			
2					
3	**Eigenkapital:**	150.000,00DM		**Steuervorteile**	
4	**Kreditsumme:**	509.680,00DM			
5				Grenzsteuersatz	0,35
6					
7		**Bankangebot**		Steuerbegünstigter	
8				Teil d.Kaufpreises.	300.000,00DM
9	Zinssatz:	0,09			
10	Tilgungssatz:	0,015		Abschreibung /Jahr.	15.000,00DM
11	Zinsen pro Jahr:	45.871,20DM		Steurvorteil 10e/Jahr.	5.250,00DM
12	Tilgung pro Jahr.	7.645,20DM			
13				Steurvorteil/Monat:	437,50DM
14	Laufzeit:	22,58			
15	Monatl. Belastung:	4.459,70DM			
16				**Effektive Belastung/Monat:**	**4.022,20DM**
17	**Gesamtbelastung:**	1.208.411,35DM			
18					
19					
20					

Titel / Objekt / Belastungen / D / E / F / G / H

Disagiokosten wurden nicht berücksichtigt. Verwenden Sie den letzten Tilgungs -plan, *um genauere Werte zu erhalten*

3 Quattro Pro für ´s Büro

3.1 Das Einrichten einer einfachen Datenbank

3.2 Erste Arbeiten mit der Datenbank

3.3 Eine Umsatztabelle bearbeiten

3.4 Bilder Ihres Umsatzes

3.5 Währungsrechnung mit einer Datenbank der Wechselkurse

3.6 Das Mahnwesen

3.7 Hilfen für Abschreiber (AFA)

3.8 Abschreibung mit degressiv-linear-Wechsel

3.9 Break-even-Analyse: linearer Fall

3.10 Break-even-Analyse: grafisch ausgewertet

3.11 Break-even-Analyse: nichtlinearer Fall

3.12 Break-even-Punkte beim nichtlinearen Fall

3.13 Die summarische Verzinsung

3.14 Diskontrechnung im Wechselverkehr

3.15 Handelskalkulation (Verkaufspreisberechnung)

3.16 Rückwärtskalkulation

3.17 Differenzkalkulation

3.18 Die Kostenrechnung

3.19 Kostenvergleich im Einzelhandel

Grundlage eines Unternehmens ist eine **Datenbank**. Sie dient der Umsatzpflege und der gezielten Wechselwirkung mit den Kunden. Legen Sie sich zunächst eine *Stammdatei* an mit Namen, Anschrift, Telefon und Telefax des Kunden und eventuell dem Namen einer Kontaktperson. (Stammdaten sind Informationen, die über längere Zeit konstant bleiben, wie z.B. die Anschriften von Kunden.)

Stammdatei

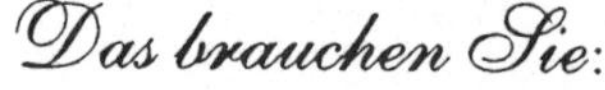

1. Eine *Datenbank*, eine *Kriterientabelle* und einen *Ausgabebereich*
2. Namen für diese Bereiche

Kriterientabelle, Ausgabebereich

So wird's gemacht:

1. Gestalten Sie ein Arbeitsblatt nach dem Muster der folgenden Tabelle (=Datenbank). Tragen Sie beliebige Namen ein. Die Spaltenweite auf 16 Zeichen setzen und alle Eingaben als *Labels* behandeln (A23..E38 markieren, **F12**/DATENEINGABE/*Label*)

Stammdaten Ihrer Datenbank.

Datenbank Kunden (Stammdaten mit 5 Feldnamen)

	A	B	C	D	E
22	**Name**	**Straße**	**Ort**	**Telefon**	**Telefax**
23	Zander Brot	Kleine Hohl 17	2000 Hamburg 1	040/438856	040/438857
24	Stern AG	Steinstarße 145	3000 Hannover 8	0502/100960	0502/100967
25	Rehm Bücher	Hertzstraße 123	7000 Stuttgart 11	070/56445	070/56447
26	Peters Vers.	Am Turnhof 3	8000 München	089/4523-436	089/4523-439
27	Müller Ed.	Bunsenweg 89	4000 Düsseldorf 1	0211/294755	0211/294757
28	Haverland OHG	Isarweg 67	8000 München	089/1196645	089/119653
29	Geodat	Hardt-Höhe 24	5020 Salzburg	0662/455678	0662/455670
30	Bender GmbH	Bundesstraße 12	4770 Soest	02921/708	02921/87900
31	LABU-Systems	Badener Straße 1	7500 Karlsruhe 1	0721/356478	0721/356788

A B C D E F G H I J K L

Kriterientabelle anlegen

Um aus Ihrer Datenbank gezielt Kunden nach bestimmten Kriterien auswählen zu können, z.B. alle Kunden, die in München wohnen, oder alle Kunden, deren Namen mit Buchstaben anfangen, die zwischen "G" und "S" liegen, usw., müssen Sie einen *Kriterienbereich* festlegen. Kopieren Sie zunächst die Spaltenüberschriften, die *Feldnamen*, NAME, STRAßE, ORT usw. von Zeile 22 (A22..E22) nach A2..E2. Die Bereichsfestlegung folgt unter 2.

Der Ausgabebereich wird festgelegt

Zur Anzeige der gefundenen Kunden brauchen Sie einen *Ausgabebereich*. Reservieren Sie dazu A7..E19. Zunächst aber kopieren Sie erneut die Zeile 22 mit den Feldnamen, diesmal nach A7.. E7. Es ist sinnvoll, nur den Bereich der Feldnamen als Ausgabebereich anzugeben. Quattro Pro nimmt sich dann selbst den Platz, den es zur Ausgabe benötigt, -sofern vorhanden.

2. Es ist sehr nützlich, den gewählten Bereichen sinnvolle Namen zu geben (BLOCK/NAMEN/*benennen;* oder **Strg+F3**). Z.B.: Wählen Sie für den Block B:A2..E3 den namen *Kriterien.* Dann: B:A7..E19 *Ausgabe,* und für B:A22..E31 *Datenbank. Kunden* steht für den Block B:A23..E31. (Später werden Sie mit Hilfe von DATEN/ABFRAGE/ auch noch die Feldnamen selbst als Zellnamen einführen.)

Kriterien- und Ausgabebereich der Stammdatei

	A	B	C	D	E
1			Kriterienbereich:	*Kriterien*	
2	**Name**	**Straße**	**Ort**	**Telefon**	**Telefax**
3	1				
4					
5					
6			Ausgabebereich:	*Ausgabe*	
7	**Name**	**Straße**	**Ort**	**Telefon**	**Telefax**
8	Stern AG	Steinstarße 145	3000 Hannover 8	0502/100960	0502/100967
9	Peters Vers.	Am Turmhof 3	8000 München	089/4523-436	089/4523-439
10	Rehm Bücher	Hertzstraße 123	7000 Stuttgart 11	070/56445	070/56447
11	Zander Brot	Kleine Hohl 17	2000 Hamburg 1	040/438856	040/438857
12					
13					
14					
15					
16					
17					
18					
19					
20		Datenbank Kunden (Stammdaten mit 5 Feldnamen)			

A B C D E F G H I J K L

Hat man sich mühsam die Daten zusammengetragen, so sollen sie auch *geordnet* werden. Dann möchten Sie vielleicht wissen, wieviele Ihrer Kunden in Kleinplittersdorf wohnen, oder... kurz gesagt: Sie wollen Ihre Datenbank *befragen*.

Das brauchen Sie :

1. Eine Möglichkeit, die Daten zu *sortieren*
2. Techniken der *Abfrage*

So wird's gemacht:

1. DATEN/SORTIEREN anklicken. Im Dialogfeld tragen Sie zunächst den zu sortierenden Block ein, also B:A23..E31, oder eleganter: *Kunden*.

   Sortierschlüssel wählen

   Als ersten *Sortierschlüssel* (Sie sehen, es gibt 5) wählen Sie den *Namen*. Die Angabe einer Zelle im Namenfeld reicht aus. Als 2. Sortierschlüssel können Sie den *Ort* wählen. Ich habe einmal *fallende* Ordnung gewählt: Zander Brot kommt an erste Stelle, Bender GmbH steht ganz unten. Bitte bringen Sie jetzt die Daten wieder in die übliche *steigende* Ordnung.

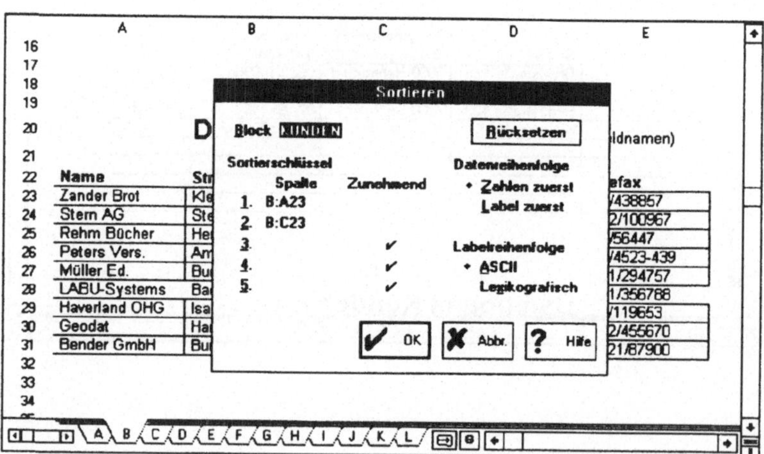

Dialogbox zum Datensortieren

2. Jetzt stelle ich einige Möglichkeiten zusammen, die Datenbank abzufragen (DATEN/ABFRAGEN):
Wenn Sie in A3 eintragen:

Fragen an die Datenbank.

(+NAME="Haverland OHG")

so erscheint nach Drücken der Eingabetaste in A3 eine Null. Das bedeutet, daß der erste Eintrag im Namensfeld nicht Haverland OHG ist. Die Funktion *Markieren* lokalisiert die Haverland OHG, die Funktion *Extrahieren* setzt den gefundenen Namen ins Ausgabefeld. (Sie sollten auch den Schalter *Namen zuordnen* anklicken, damit Sie später die Feldnamen in den Suchbedingungen direkt verwenden können.)

finden und extrahieren

- Setzen Sie in A3: (+NAME>"P*"), so erhalten Sie im Ausgabeblock: Peters Vers., Rehm Bücher, Stern AG, Zander Brot *Beispiel 1*
- Setzen Sie in A3: (+NAME>"G" #UND#NAME<"S"), und in C3: (+ORT="8000 München"), so erhalten Sie in der Ausgabe nur Haverland OHG und Peters Vers. *Beispiel 2*
- Mit (+ORT>"2000 *"#UND#ORT<"6000 *") in C3 werden Ihnen folgende Kunden herausgefischt: Bender GmbH, Geodat, Müller Ed., Stern AG und Zander Brot. *Beispiel 3*

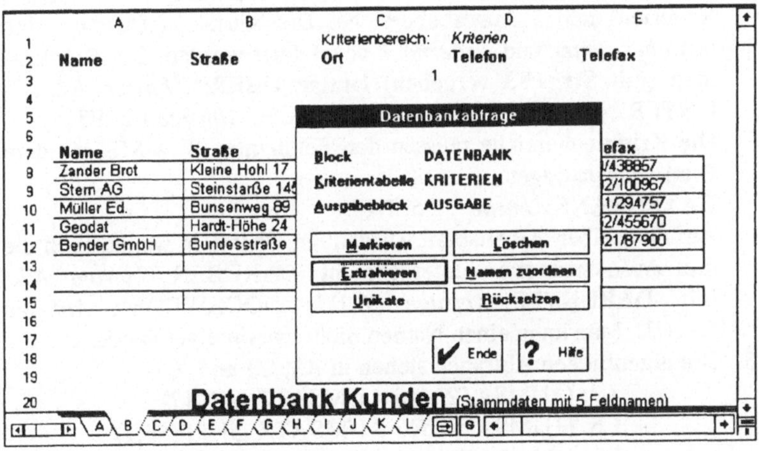

Datenbankabfrage

Aus der Stammdatei ist schnell eine *Umsatzdatei* erstellt. Im selben Ordner können Sie die Umsatzdatei zusammen mit dem Arbeitsblatt der Kriterien- und Ausgabenbereiche anlegen. Zusammen mit einem Textverarbeitungsprogramm lassen sich dann Serienbriefe erstellen, in denen die erfolgreichen Umsätzler (Umsatz über dem Mittelwert) beglückwünscht - und umsatzscheue Kunden (Umsatz 30% unter dem Mittelwert) zu einem Seminar über *zeitgemäße Verkaufsstrategie* eingeladen werden.

Das brauchen Sie :

1. Eine Datenbank mit Stammdaten, z.B. 3.1
2. Umsatzdaten

So wird's gemacht:

Umsatztabelle erstellen

1. Verwenden Sie wieder die Datenbank aus 3.1
2. Legen Sie einen Ordner mit den beiden Blättern *Abfrage* und *Umsatz* an. Spalten A,B,C sollten 16 Zeichen breit sein.
3. In *Umsatz* D6..G14 die einzelnen Umsatzwerte eintragen, vergl. Abb2.

3 Kriterientabellen

4. Die Abfragetabelle können Sie wie in Abbildung 1 aufbauen: 3 Kriterien- und 3 Ausgabebereiche. Die KRITERIENBEREICHE sind mit *über, unter* und *wedernoch* bezeichnet worden. Die Blocknamen (mit **Strg+F3** vergeben) lauten: ÜBER: *Abfrage* A2..A3; UNTER: *Abfrage* C2..C3; WEDERNOCH: *Abfrage* E2..E3.
   Die Kriterienbereiche müssen den Feldnamen SUMME aus dem Blatt *Umsatz* tragen.
   DATENBANK: *Umsatz :* A5..H14

   3 Ausgabebereiche

   Auf demselben Arbeitsblatt wurden der Übersicht wegen auch die drei AUSGABEBEREICHE untergebracht: DARÜBER: *Abfrage* A7..B7; DARUNTER: *Abfrage* C7..D7; NOCHWEDER: *Abfrage* E7..F7. (Man kann einen Namen nicht zweimal verwenden!)

Die Abfrageformeln

5. Die eigentlichen Abfragen stehen in A3, C3 und E3:
   A3: (+UMSATZ: H6 > UMSATZ: $H$17)
   C6: (+UMSATZ: H6 < UMSATZ: $H$17*0,7)
   E9: (+UMSATZ: H6 < UMSATZ: $H$17#UND#
   UMSATZ: H6 > UMSATZ: $H$17*0,7)

Datensätze extrahieren

6. Klicken Sie die Funktion *Extrahieren* in DATEN/ABFRAGE an, um die in Frage kommenden Datensätze in den jeweiligen Ausgabebereich zu holen.

Beispiel: *Datenbankabfrage*
Block: Datenbank
Kriterientabelle: über
Ausgabebereich: darüber
Extrahieren anklicken
Es erscheinen die Anschriften der 5 »guten« Kunden.

Für jeden der drei Kriterien- und Ausgabebereiche muß getrennt abgefragt werden (Makro einsetzen!).

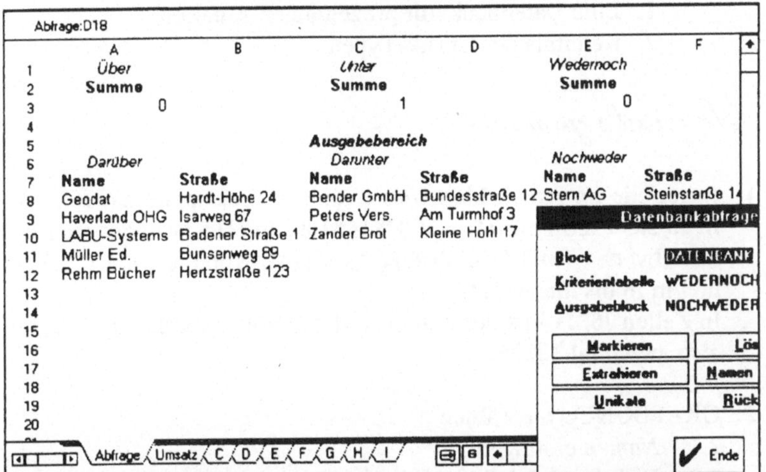

Abfrage:D18

	A	B	C	D	E	F
1	*Über*		*Unter*		*Wedernoch*	
2	**Summe**		**Summe**		**Summe**	
3	0		1		0	
4						
5			***Ausgabebereich***			
6	*Darüber*		*Darunter*		*Nochweder*	
7	**Name**	**Straße**	**Name**	**Straße**	**Name**	**Straße**
8	Geodat	Hardt-Höhe 24	Bender GmbH	Bundesstraße 12	Stern AG	Steinstarße 1
9	Haverland OHG	Isarweg 67	Peters Vers.	Am Turmhof 3		
10	LABU-Systems	Badener Straße 1	Zander Brot	Kleine Hohl 17		
11	Müller Ed.	Bunsenweg 89				
12	Rehm Bücher	Hertzstraße 123				

Abfragetabelle zur Datei

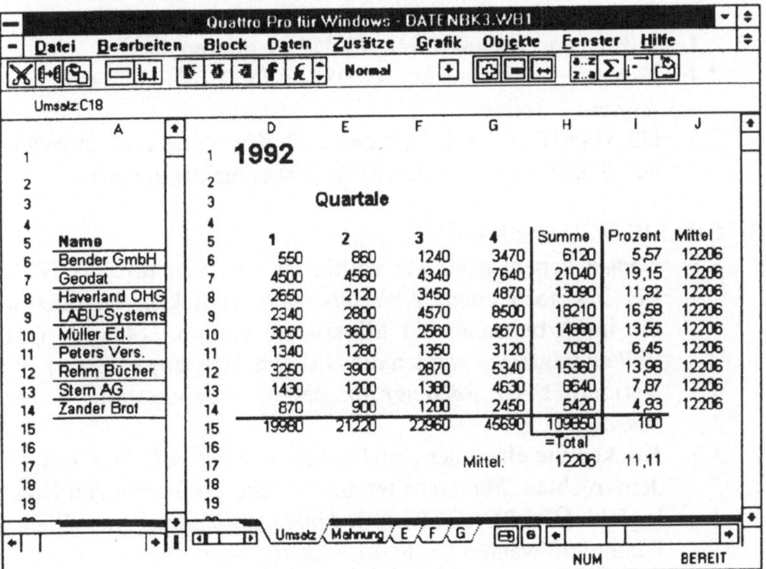

	A	D	E	F	G	H	I	J
1		**1992**						
3			**Quartale**					
5	**Name**	**1**	**2**	**3**	**4**	Summe	Prozent	Mittel
6	Bender GmbH	550	860	1240	3470	6120	5,57	12206
7	Geodat	4500	4560	4340	7640	21040	19,15	12206
8	Haverland OHG	2650	2120	3450	4870	13090	11,92	12206
9	LABU-Systems	2340	2800	4570	8500	18210	16,58	12206
10	Müller Ed.	3050	3600	2560	5670	14880	13,55	12206
11	Peters Vers.	1340	1280	1350	3120	7090	6,45	12206
12	Rehm Bücher	3250	3900	2870	5340	15360	13,98	12206
13	Stern AG	1430	1200	1380	4630	8640	7,87	12206
14	Zander Brot	870	900	1200	2450	5420	4,93	12206
15		19980	21220	22960	45690	109850	100	
16						=Total		
17					Mittel:	12206	11,11	

Umsatzdatei

Bei der grafischen Veranschaulichung Ihres Umsatzes sollten Sie sorgfältig den Grafik-*Typ* auswählen. Er soll ins Auge stechen und das vermitteln, was Sie eigentlich sagen wollten. Ich stelle Ihnen hier zur Auswahl: ein Kreisdiagramm (zweidimensional) und ein Balkendiagramm - zusammen mit der Mittelwertslinie.

Das brauchen Sie :

1. Eine Datenbank mit prozentualen Anteilen
2. Kenntnis der Grafik-Typen

So wird's gemacht:

1. Legen Sie im Arbeitsblatt *Umsatz* eine Prozentspalte an (I6..I14). In I6 steht die Formel: +H6/H$15*100. In H15 befindet sich der Mittelwert: @MITTELWERT(H6..H14). Kopieren Sie die Formel in I6 bis hin zu I14.
   In Zellen J6..J14 ist der Zahlenwert des Mittelwertes einzutragen, also neunmal 12206.

2. GRAFIK/NEU auswählen

   Kreisdiagramm

   2.1 *Namen* eintragen
   2.2 X-Achsen-Schalter anklicken, im Arbeitsblatt A6..A14 markieren; ↵
   2.3 *1.Wertebereich* anklicken, I6..I14 markieren; ↵
   2.4 X-Achse rechtsklicken, ACHSENEINTEILUNG: *Label anzeigen :* 2 Zeilen.
   2.5 GRAFIK/TYP anklicken und 2-D *Kreisdiagramm* auswählen. Schrift auf 12Punkt setzen (Label rechtsklicken).

3. GRAFIK/NEU anklicken

   Balkendiagramm

   3.1 *Namen* geben; usw. wie vorhin bis 2.4, aber mit H6..H14. Bei 3.3 noch einen *2.Wertebereich* anklicken. Markieren Sie im Arbeitsblatt die Mittelwerte von J6..J14; ↵ (Im Balkendiagramm werden die DM-Umsätze aufgetragen.)
   3.5 Vermutlich ist *Balkengrafik* bereits voreingestellt. Sonst auswählen.

   die Linie der Mittelwerte

   3.6 Klicken Sie einen der gleichhohen Mittelwertsbalken mit dem rechten Mausschalter an. In dem erscheinenden Dialogfeld ÜBERLAGERUNG: *Linien* auswählen. Im selben Dialogfeld wählen Sie FÜLLFARBE: *keine* aus.

Anstatt mit ÜBERLAGERN hätten Sie auch mit GRAFIK/TYP: KOMBI:*Linien-Balken* zeichnen können. Allerdings wäre es dann noch notwendig, die Wertebreiche zu tauschen: GRAFIK/WERTE-BEREICHE: *Wertebereiche umkehren.*

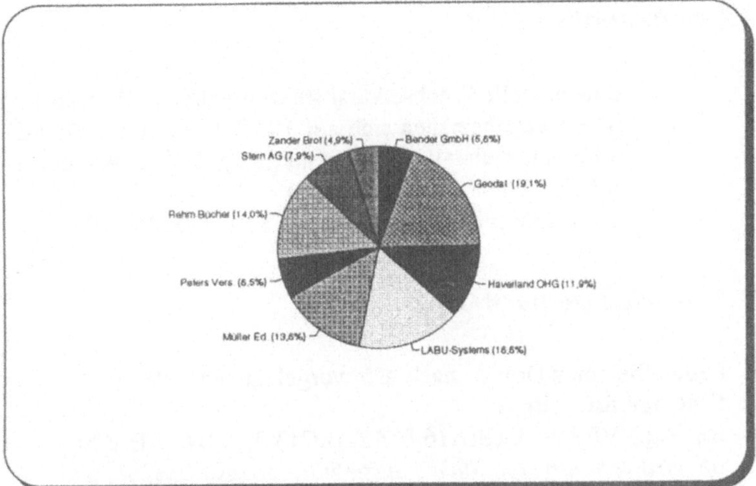

Ein 2D-Kreisdiagramm ist deutlicher als ein 3D-Diagramm

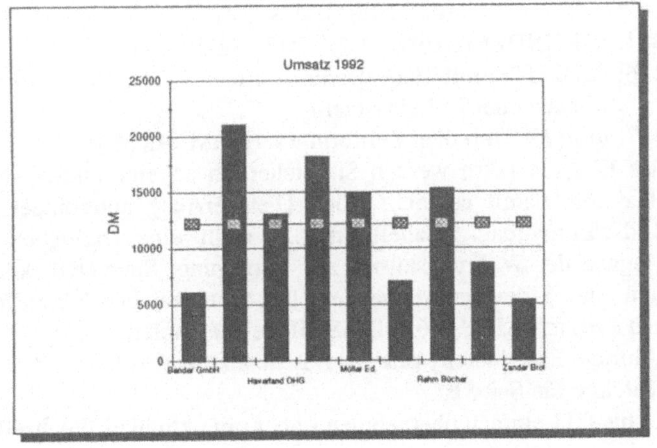

Balkengrafik mit überlagerter Liniengrafik

Das jetzt folgende Rezept könnte beim Divisenschalter einer Bank eingesetzt werden. (Mit geringfügiger Abwandlung könnten Sie es aber auch mit Erfolg im Schönheitssalon "zur Anwendung bringen".) Es soll dazu dienen, einem urlaubssüchtigen Kunden die DM in Dollars oder Drachmen oder... einzutauschen. Die Kurstabelle behandeln wir dabei als *Datenbank*. Berechnungsbeleg und Datenbank sollen je auf einer eigenen Ordnerseite stehen.

Das brauchen Sie :

1. Eine aktuelle Wechselkursliste (Sortenkurse, Briefkurs) (Die Kurse beziehen sich auf 100 Einheiten der Fremdwährung, außer bei Dollar und Engl.Pfund, bei denen auf eine Einheit bezogen wird.)
2. Die Funktionen @HEUTE, @JETZT, @RUNDEN

So wird's gemacht:

1. Legen Sie einen Ordner nach dem vorgelegten Muster an.
2. **Einträge für Seite A:**
   B6: @VVERWEIS(B:A16;B:A2..B:C13;2); B7: +B:B20
   B8 wird vom Eingabe-Makro ausgefüllt,- ebenso B:A16!
   B9: Mit * füllt man eine Zelle mit Sternchen.
   B10:

Beträge werden auf 2 Stellen gerundet

@RUNDEN(@WENN(B6="Dollar"#ODER#B6="Engl.Pfund";
B8/B7;B8*100/B7);2)

   B11: @RUNDEN(B10*0,02;2); B13: +B10-B11
   B16: @HEUTE mit dem Datumsformat TT-MMM-JJ (rechtsklicken oder F12 einsetzen).
   B17: @JETZT mit dem Zeitformat HH:MM AM/PM

Das Eingabe-Makro erleichtert die Arbeit beträchtlich

3. Das Eingabemakro werden Sie sicherlich an eine andere Stelle plazieren, damit es nicht stört. {FensterAus} unterbindet den Bildschirmaufbau. {LabelEintrag...} stellt eine Dialogbox zur Eingabe der Währungskürzel zur Verfügung. Statt DOL könnte man das $-Zeichen verwenden. Das Pfundzeichen könnte man sich evtl. mit ALT+0163 als ASCII-Zeichen holen.
   {Abfrage.Extrahieren} ruft das Datenbankmenü auf.
4. **Einträge für Seite B:**
   A1 bis C11 einfach übernehmen - aber mit aktuellen Wechselkursen!

Kurse stehen auf Seite B

5. A1..B1 nach A15..B15 und A19..B19 kopieren (Kriterien- und Ausgabebereiche).
6. Das Datenbankmenü öffnen. DATEN/ABFRAGE auswählen. *Block:* B:A1..B:B13; *Kriterientabelle:* B:A15..B:B16 *Ausgabeblock:* B:A19..B:B20

Wechselkurse werden als Datenbank verwaltet

Dieses Beispiel wurde in Anlehnung an [LAUDEL 90] gestaltet.

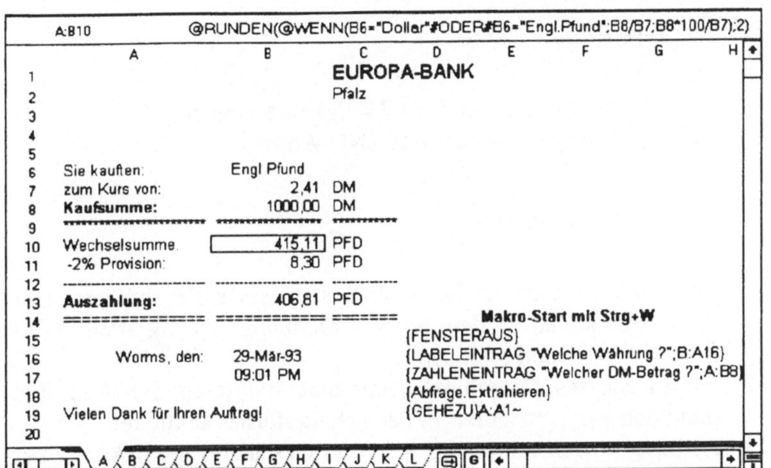

A:B10 @RUNDEN(@WENN(B6="Dollar"#ODER#B6="Engl.Pfund";B8/B7;B8*100/B7);2)

	A	B	C	D
1			EUROPA-BANK	
2			Pfalz	
3				
4				
5				
6	Sie kauften:	Engl Pfund		
7	zum Kurs von:	2,41	DM	
8	**Kaufsumme:**	1000,00	DM	
9	****************	****************	**********	
10	Wechselsumme	415,11	PFD	
11	-2% Provision:	8,30	PFD	
12	----------------	----------------	----------	
13	**Auszahlung:**	406,81	PFD	
14	==============	===========	======	**Makro-Start mit Strg+W**
15				{FENSTERAUS}
16	Worms, den:	29-Mär-93		{LABELEINTRAG "Welche Währung ?";B:A16}
17		09:01 PM		{ZAHLENEINTRAG "Welcher DM-Betrag ?";A:B8}
18				{Abfrage.Extrahieren}
19	Vielen Dank für Ihren Auftrag!			{GEHEZU}A:A1~
20				

Dieser Beleg kann für den Kunden ausgedruckt werden (natürlich ohne das Makro!)

B:B20 2,409

	A	B	C	D	E
1	**WÄHRUNG**	**KURS**			
2	FF	29,33	Franz.Franc		{100 FF entsprechen 29.33DM}
3	DOL	1,63	Dollar		
4	HFL	88,85	Niederl.Gulden		
5	SFR	107,98	Schweizer Franken		
6	PFD	2,41	Engl.Pfund		
7	DKR	25,97	Dänische Kronen		
8	NKR	23,44	Norwegische Kronen		
9	SKR	20,91	Schwedische Kronen		
10	PTAS	1,39	Span. Peseten		
11	DR	1,08	Griech.Drachmen		
12					
13					
14	Kriterien:				
15	WÄHRUNG	KURS			
16	PFD				
17					
18	Ausgabe:				
19	WÄHRUNG	KURS			
20	PFD	2,41			

Die Währungsdatei bleibt auf Seite B des Ordners verborgen

Sie mögen´s nicht, wenn Ihre Kunden nicht fristgerecht zahlen. Also legen Sie sich eine *Mahnkartei* an, die Sie jeden Morgen überfliegen. Der Fälligkeitstermin liegt 30 Tage nach dem Kaufdatum. Sie schicken eine 1. Mahnung, wenn das Fälligkeitsdatum um 7 Tage überschritten wurde. Sind mehr als 15 Tage verstrichen, schicken Sie die 2. Mahnung. Überschreitungen von mehr als 30 Tagen werden mit einem einschüchternden Mahnbescheid geahndet.

Das brauchen Sie :

1. Eine Mahnkartei mit Fälligkeitsterminen
2. Eine geschachtelte WENN-Abfrage

So wird's gemacht:

1. Verwenden Sie erneut die Daten des Rezeptes 3.3, und geben Sie dem Arbeitsblatt D den Namen *Mahnung*. Die Spalten A,B,C sollten 15 Zeichen breit sein.
2. Gehen Sie ins Datenblatt *Datei* und markieren Sie A22..C31, dann den Kopierschalter in der Schalterleiste anklicken.
3. Zellzeiger nach *Mahnung*: A5, Einfügeschalter anklicken. Übernehmen Sie bitte die Einträge aus der folgenden Abbildung. E6..F14 markieren, rechtsklicken, *numerisches Format*: internationales langes Datum. Vor jedem Datumseintrag **Strg+⇧ +D** drücken. (In der Statuszeile wird *Datum* angezeigt.)
4. G3: @HEUTE ; mit langem internationalem Datum formatieren.

5. F6: +E6+30; bis Zeile 14 kopieren (Fälligkeitsdatum)
   G6: +$G$3-F6; bis Zeile 14 kopieren (Tage bis/über Fälligkeit)

Die @WENN-Funktion

6. In H6..H14 sind die @WENN(Bedingung; WennJa; WennNein)-Funktionen einzutragen. In diesem Beispiel sind sie folgendermaßen geschachtelt:

   WENN(B1;J1;WENN(B2;J2;WENN(B3;J3;"")))

   In H6 tragen Sie demnach ein:

Festlegung der Mahnart

   @WENN(G6>7#UND#G6<=15;"1.Mahnung";@WENN(G6>15 #UND#G6<=30;"2.Mahnung";@WENN(G6>30;"Mahnbescheid" ;""))); bis H14 kopieren.

Negative Zahlen in der G-Spalte zählen die Tage, die bis zum Fälligkeitstermin noch fehlen. Positive Tagesangaben geben an, um wieviel das Zahlungsziel von 30 Tagen bereits überschritten wurde.

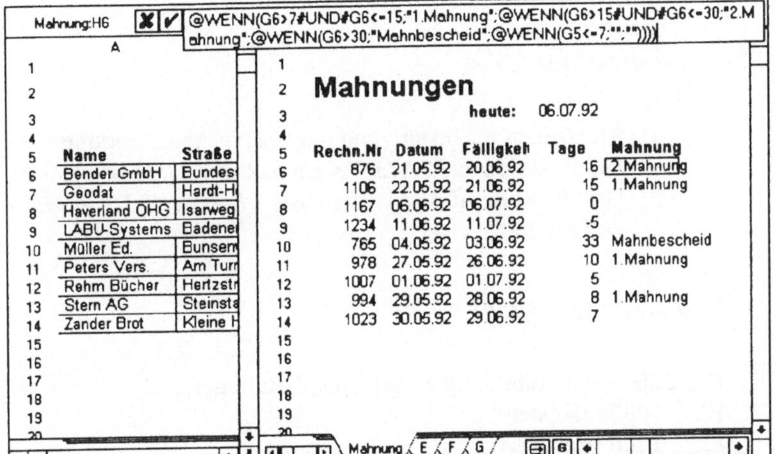

Name	Straße
Bender GmbH	Bundes
Geodat	Hardt-H
Haverland OHG	Isarweg
LABU-Systems	Badene
Müller Ed.	Bunsen
Peters Vers.	Am Tur
Rehm Bücher	Hertzstr
Stern AG	Steinst
Zander Brot	Kleine H

Rechn.Nr	Datum	Fälligkeit	Tage	Mahnung
876	21.05.92	20.06.92	16	2.Mahnung
1106	22.05.92	21.06.92	15	1.Mahnung
1167	06.06.92	06.07.92	0	
1234	11.06.92	11.07.92	-5	
765	04.05.92	03.06.92	33	Mahnbescheid
978	27.05.92	26.06.92	10	1.Mahnung
1007	01.06.92	01.07.92	5	
994	29.05.92	28.06.92	8	1.Mahnung
1023	30.05.92	29.06.92	7	

Die Mahn- Datei

Mit Abschreibungen sparen Sie Steuern. Sie können Computer, Drucker, Schreibtische- kurz, alle abnutzbaren, beweglichen Einrichtungsgegenstände über einen bestimmten Zeitraum, meist 4-10 Jahre, abschreiben. AfA bedeutet *Absetzung für Abnutzung*. Sie erfolgt nach einem bestimmten Abschreibungsplan. Quattro Pro stellt drei Abschreibungsfunktionen zur Verfügung.

Das brauchen Sie :

1. Richtlinien für lineare und degressive Abschreibung
2. Die Funktion @AFALIN(*Kosten;Restwert;Lebensdauer*)
3. Die Funktion @AFADEG(*Kosten;Restwert; Lebensdauer;Periode)*

So wird's gemacht:

1. Die Labels der Abbildung entsprechend eintragen
2. I1: 10000 (Kosten)
   I2: 1000 (Restwert)
   I3: 10 (Lebensdauer)
3. A7: BLOCK/FÜLLEN/Block *A:A7..A17*
   Start: 0; Schritt: 1; Stoppwert:[↵]
4. E7: +I$1; F7:+I$1;
5. B8: @AFALIN(I$1;I$2;I$3) -oder: (I$1-I$2)/I$3; bis B17 kopieren
   C8: @AFADEG(I$1;I$2;I$3;A8); bis C17 kopieren
6. E8: +E7-B8; bis E17 kopieren
7. F8: +F7-C8; bis F17 kopieren

Grafik:

8. GRAFIK/NEU auswählen; *Namen* eintragen
   X-Achsenschalter anklicken, im Arbeitsblatt A7..A17 markieren, [↵]
   1.Wertebereich anklicken, E7..E17 markieren, [↵]
   2.Wertebereich anklicken, F7..F17 markieren, [↵]
   GRAFIK/TYPE: *2-D XY-Grafik* anklicken. Mit dem A-Schalter der Grafik-Schalterleiste tragen Sie die Labels ein. Mit GRAFIK/BESCHRIFTUNG können Sie die Achsen beschriften. Wenn Sie die Beschriftungen rechtsklicken, so gelangen Sie in eine Dia-

logbox, in der Sie die Schriftart auswählen können. Mit einem Rechtsklick auf die X-Achse erreichen Sie die Option zum richtigen Plazieren der Strichmarken (oben).

Mit der Funktion @AFADIG(*Kosten;Restwert;Lebensdauer; Periode*) können Sie betriebsintern eine *digitale* Abschreibung vornehmen. Das Finanzamt wird die digitale Abschreibung nicht anerkennen. Oft setzt man als Restwert den sogenannten Erinnerungswert von 1 DM fest.

Abschreibungstafel

	A	B	C	D	E	F	G	H	I
1								Kosten:	10000
2		Abschreibungsvergleich						Restwert:	1000
3								Dauer:	10
4		Abschreibung			Buchwert				
5									
6		linear	degressiv		linear	degressiv			
7	0				10000	10000			
8	1	900,00	2000,00		9100,00	8000,00			
9	2	900,00	1600,00		8200,00	6400,00			
10	3	900,00	1280,00		7300,00	5120,00			
11	4	900,00	1024,00		6400,00	4096,00			
12	5	900,00	819,20		5500,00	3276,80			
13	6	900,00	655,36		4600,00	2621,44			
14	7	900,00	524,29		3700,00	2097,15			
15	8	900,00	419,43		2800,00	1677,72			
16	9	900,00	335,54		1900,00	1342,18			
17	10	900,00	268,44		1000,00	1073,74			
18									
19									

A B C D E F G H I J K L

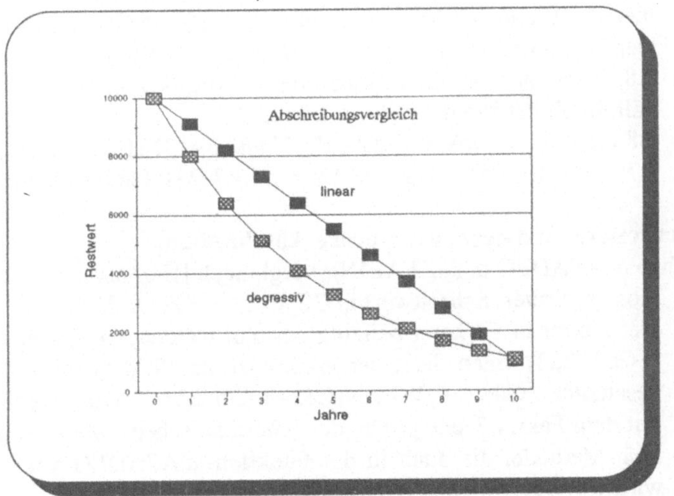

Vergleich von linear und degressiv

Bei der *linearen* Abschreibung werden entsprechend der Nutzungsdauer jährlich gleichbleibende Beträge abgeschrieben, z.B. 10% von den Anschaffungskosten. Die *degressive* Abschreibung darf das Dreifache der linearen AfA betragen, maximal jedoch 30%.
Um möglichst hohe Abschreibequoten zu erreichen, kann es sinnvoll sein, von der degressiven auf die lineare Abschreibung überzugehen. Das folgende Rezept sieht diese Möglichkeit vor. Die Zeitspalte wird automatisch die richtige Länge erhalten.

Das brauchen Sie:

1. Die Funktion @AFALIN(*Kosten;Restwert;Lebensdauer*)
2. Kriterium für den Wechsel von degressiver nach linearer Abschreibung

So wird's gemacht:

Nur lineare Abschreibung (mit @AFALIN)

1. Die Labels tragen Sie bitte so ein, wie es die 1.Abbildung zeigt
2. H1: 55000 (Kosten); H2: 10 (Lebensdauer); H3: 1 (Schrottwert)
   H5: 100/H$2 (Prozentsatz der Abschreibung)
3. A8: @WENN(H$2="";"";1) (Wenn keine Zeit angegeben ist, nichts eintragen, sonst eine 1 einsetzen.)
   A9: @WENN(A8<H$2#UND#A8<>"";A8+1;"") ; bis A36 kopieren. (Wenn A8 kleiner ist als die Nutzungsdauer -und nicht leer ist-, so ist in A9 ein um 1 größerer Wert einzusetzen als in A8, sonst aber ist nichts einzutragen. Mit dieser Maßnahme erhält die Zeitspalte die richtige Länge.)
   B8 bis B36: @WENN(A8="";"";@AFALIN(H$1;H$3;H$2))
4. E7: +H$1; E8: @WENN(A8="";"";E7-B8); bis E36 kopieren.

Automatische Berechnung der Spaltenlänge

Degressive und degressiv-lineare Abschreibung
(ohne @AFADEG u. @AFALIN); vergl. auch [HARTMANN 92;S218f]

5. Kosten, Dauer, Schrottwert in C2..C4; G2: 100/C$3
   Der Faktor in E3 kann beliebig gewählt werden. Liefert er in G3 (+G$2*E$3) einen Satz, der *größer* ist als 30, so wird auf 30% geschaltet: G4: @WENN(G$3>30;30;G$3). Die Rechnung mit dem Faktor 2 entspricht der amerikanischen *double- declining*-Methode, die auch in der Funktion @AFADEG verwendet wird. A11: @WENN(C$3="";"";1);

Die degressive Abschreibung wird mit einem freien Faktor berechnet

A12: @WENN(A11<C$3#UND#A11<>"";A11+1;"");
bis A36 kopieren.
B11 bis B36: @WENN(A11="";"";(D10-C$4)*G$4/100)
In D10 und G10 steht +C$2;
D11: @WENN(A11="";"";D10-B11); bis D36 kopieren
G11: @WENN(A11="";"";G10-F11); bis G36 kopieren

6. F11: @WENN(A11="";"";(G10-C$4)*G$4/100)
F12: @WENN(A12="";"";@WENN((G11-C$4)/(C$3-A11)> B12; (G11-C$4)/(C$3-A11);B12))

Das Wechsel-Kriterium

Wenn der durch die restliche Nutzungsdauer geteilte (Restwert-Schrottwert) größer geworden ist als der Abschreibungsbetrag bei degressiver Abschreibung, soll zur linearen Abschreibung übergegangen werden.

Lineare Abschreibung

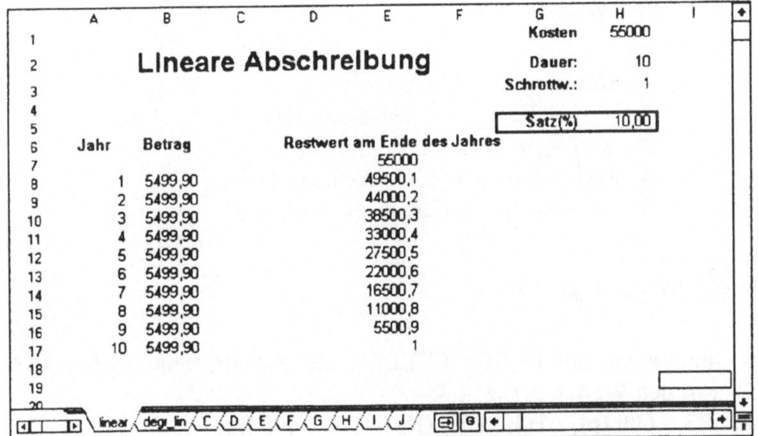

Lineare Abschreibung

Kosten	55000		
Dauer:	10		
Schrottw.:	1		
Satz(%)	10,00		

Jahr	Betrag	Restwert am Ende des Jahres
		55000
1	5499,90	49500,1
2	5499,90	44000,2
3	5499,90	38500,3
4	5499,90	33000,4
5	5499,90	27500,5
6	5499,90	22000,6
7	5499,90	16500,7
8	5499,90	11000,8
9	5499,90	5500,9
10	5499,90	1

Degressiv- lineare Abschreibung

Kosten	10000		lin.Satz(%)	10,00
Dauer:	10	Faktor: 2	lin.Satz*Fak	20,00
Schrottw.:	1		degr.Satz(%	20,00

Jahr	degressive Abschreibung Rate	Restwert	degressiv/lineare Abschreibung Rate	Restwert	
0		10000,00		10000,00	
1	1999,80	8000,20	1999,80	8000,20	
2	1600,04	6400,16	1600,04	6400,16	
3	1280,03	5120,13	1280,03	5120,13	
4	1024,03	4096,10	1024,03	4096,10	
5	819,22	3276,88	819,22	3276,88	
6	655,38	2621,51	655,38	2621,51	
7	524,30	2097,20	655,13	1966,38	
8	419,44	1677,76	655,13	1311,25	linear!
9	335,56	1342,21	655,13	656,13	
10	268,44	1073,77	655,13	1,00	

Der Gewinn *G* einer Produktion ist die Differenz aus Erlös *E* und Gesamtkosten *K*, also: $G=E-K$.
Die Gesamtkosten setzen sich zusammen aus Materialkosten, Löhnen, Kapitalkosten (Zinsen, Abschreibungen), Steuern usw. Die Gesamtkosten hängen von der Anzahl x der produzierten Objekte ab. Nimmt man ein *lineares Modell* an, so setzt man $K(x) = Ko+mx$.
Ko sind die Fixkosten, m sind die Proportionalkosten pro Objekt.

BEP und BEM

Am **Break-even-Point** (BEP) ist $G(x) = 0$. Der dazu gehörende x-Wert heißt *Break-even-Menge* (BEM).
Als Beispiel sei ein Betrieb gewählt, der Sessel herstellt zu einem Stückpreis von p = 600 DM. Die Fixkosten betragen pro Tag Ko = 800 DM. Die Proportionalkosten pro Stück belaufen sich auf 400 DM.

Das brauchen Sie :

1. Die Eingaben: Ko, p und m
2. $K(x) = Ko + mx$ (Gesamtkosten)
3. $E(x) = px$ (Erlös beim Stückpreis p)
4. $S(x) = Ko/x + m$ (Stückkosten: $K(x)/x$)
5. $Xo = Ko/(p-m)$ (Break-even-Menge)

So wird's gemacht:

1. Füllen Sie mit BLOCK/FÜLLEN die A-spalte von A5 bis A35 mit den Werten 0,1, 2,...,35
2. H3: 600 (p); H4: 800 (Ko); H6: 400 (m)
3. B5: +H$4+H$6*A5 (=K(x)); C5: +H$3*A5 (=E(x))
   D5: +C5-B5; mit BLOCK/KOPIEREN von B5..D5 bis B5..D35 kopieren.
4. E6: +H$4/A6+H$6 (S(x) = Stückkosten)
5. H9: +H$4/(H$3-H$6) (Break-even-Menge)

Man sieht, daß die Break-even-Menge bei 4 Stück liegt. Bei einer geringeren Produktion arbeitet der Betrieb mit Verlusten. Bei x > 4 setzt der Gewinn ein. Er steigt linear mit der Stückzahl x an.

Lohnt sich eine neue Maschine?

Durch Einstellung eines neuen Mitarbeiters bzw. durch Anschaffung einer weiteren Maschine hofft der Betrieb, rationeller zu arbeiten. Die Fixkosten steigen allerdings auf 1200 DM pro Tag an. Dagegen fallen die Proportionalkosten auf 350 DM pro Stück.

Quattro Pro rechnet Ihnen vor (WAS-WÄRE-WENN-Analyse), daß Sie dann täglich wenigstens 8 Sessel absetzen müßten, um einen höheren Gewinn zu erzielen als vorher. Die Break-even-Menge liegt hier bei 4,8 Stück.
Eine Gegenüberstellung des **Gesamtgewinns G** verdeutlicht dies im einzelnen:

Stückzahl x	Ko=800; m=400	Ko=1200;m=350
0	-800	-1200
1	-600	-950
2	-400	-700
3	-200	-450
4	0	-200
5	200	50
6	400	300
7	600	550
8	**800**	**800**
9	1000	1050
10	1200	1300

Der Gewinn hängt von den Fixkosten und von den Proportionalkosten pro Stück ab.

	A	B	C	D	E	F	G	H
1								
2	**Break-even-Analyse**							
3							**Stückpreis (p):**	600
4	x	K(x)	E(x)	G(x)	S(x)		**Fixkosten (Ko):**	800
5	0	800	0	-800	NA	600	**Prop.-Kosten**	
6	1	1200	600	-600	1200,00	600	**pro Stück (m):**	400
7	2	1600	1200	-400	800,00	600		
8	3	2000	1800	-200	666,67	600		
9	4	2400	2400	0	600,00	600	**BEM:**	4,0
10	5	2800	3000	200	560,00	600		
11	6	3200	3600	400	533,33	600	x=Stückzahl	
12	7	3600	4200	600	514,29	600	S(x)=Stückkosten	
13	8	4000	4800	800	500,00	600	p=Stückpreis	
14	9	4400	5400	1000	488,89	600	K(x)=Gesamtkosten	
15	10	4800	6000	1200	480,00	600	E(x)=Erlös	
16	11	5200	6600	1400	472,73	600	G(x)=Gewinn	
17	12	5600	7200	1600	466,67	600	BEP=Break-even-Punkt	
18	13	6000	7800	1800	461,54	600	BEM=Break-even-Menge	
19	14	6400	8400	2000	457,14	600		
20	15	6800	9000	2200	453,33	600		

A B C D E F G H I J K L

Break-even-Analyse für einen Kleinbetrieb.

Eine Grafik sagt mehr aus als eine Tabelle. Was liegt also näher, als eine grafische Veranschaulichung der vorigen Analyse zu entwerfen. Im ersten Graphen werden Erlös E(x) und Gesamtkosten K(x) gegen die Stückzahl x aufgetragen. Der zweite Graph stellt die Stückkosten S(x) in Funktion von x dar.

Das brauchen Sie :

1. Die Tabelle zur Break-even-Analyse aus 3.9

So wird's gemacht:

Der E-K-x-Graph

1. GRAFIK/NEU
   X-Achse: A5..A15
   1.Wertebereich: B5..B15; 2.Wertebereich: C5..C15 [↵]
   GRAFIK/TYP: 2-D XY
   Einen Graphen rechtsklicken; *Symboleigenschaften*: Gewicht 0
   Linienfarbe: z.B. rot; *Linienart*: durchgezogen od. gestrichelt. Klicken Sie nun den anderen Graphen rechts, und legen Sie auch für ihn Farbe und Stil fest.

   X-Y-Graph

2. Zur Skalierung müssen Sie die X-Achse -oder eine Zahl der X-Achse- rechtsklicken. In der Dialogbox setzen Sie rechts die maximalen und minimalen Werte sowie den Wertzuwachs ein.
   Klicken Sie den Punkt *Achsenskalierung* an, um die Gitterlinien zu definieren (*Linienart:* wählen Sie in der Dialogbox den Typ aus).

   Skalierung der X-Achse

   Gitterlinien

3. Skalieren Sie nun ebenso die Y-Achse. Auch hier können Sie den Gitterlinien-Typ festlegen. (Wenn Sie keine Gitterlinien haben wollen, so wählen Sie das leere Rechteck in der Dialogbox zu *Achsenskalierung/Linienart* aus.)

   Y-Achse

Der S-p-x-Graph

4. Füllen Sie zunächst E5 mit @NV, da dort kein Wert steht (Division durch Null). Um die p-Gerade zeichnen zu können, ist eine Werteserie mit dem p-Wert anzulegen; füllen Sie F5..F35 mit 600.

   @NV *in E5*

   p-Werte in F-Spalte

5. Verfahren Sie nun wie vorhin unter Punkt 1.
   X-Achse: A5..A35; 1.W.B.: E5..E35; 2.W.B.: F5..F35

6. Skalieren Sie die X-und die Y-Achse, und wählen Sie für *Achsenskalierung/Linienart*: leeres Rechteck.

Der E-K-x-Graph zeigt deutlich, daß der Break-even-Punkt identisch ist mit dem Schnittpunkt der beiden Geraden. Mit wachsendem Absatz steigt der Unterschied zwischen den y-Werten der beiden Geraden; das ist der Gewinn.

Mit wachsendem Absatz steigt der Gewinn

Die Hyperbel der Stückkosten S nähert sich bei großem Absatz x dem Wert m, d.h. den auf das Stück bezogenen Proportionalkosten. Der Schnittpunkt zwischen der S-Kurve und der p-Geraden ist erneut der Break-even-Punkt.

Am BEP gilt: Stückkosten = Stückpreis

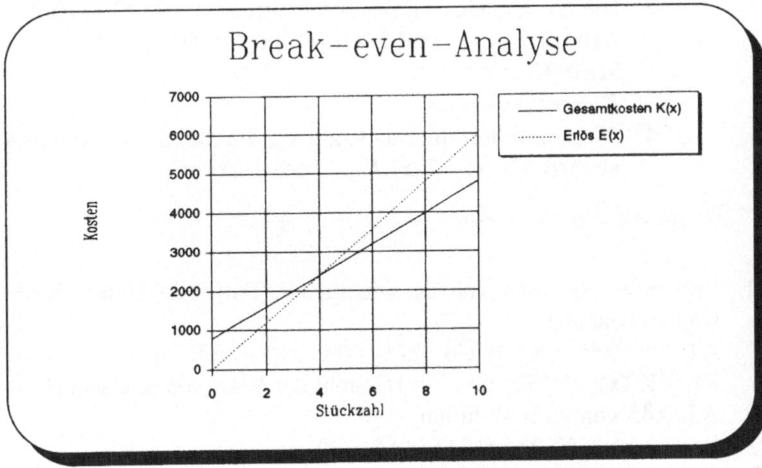

Der E-K-x-Graph

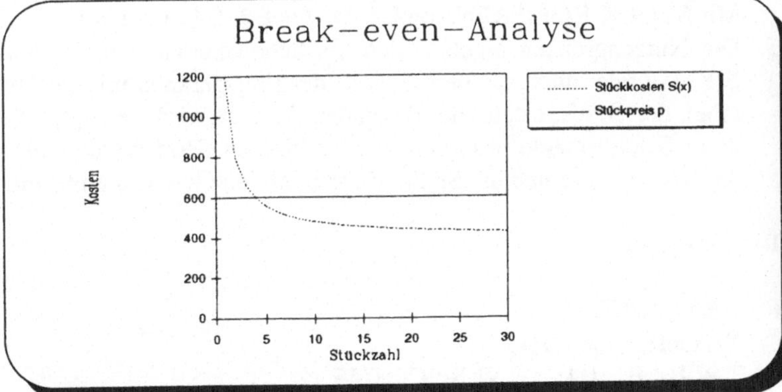

Die Stückkosten nähern sich asymptotisch dem m-Wert

In vielen praktischen Situationen steigt die Kostenkurve nicht linear, sondern progressiv. K ist häufig eine ganzrationale Funktion 2. oder 3. Grades. In diesen Fällen gibt es meist eine untere und eine obere Nutzengrenze mit einer Kostenkehre dazwischen. Bei der Kostenkehre haben die Stückkosten den kleinsten Wert.
Das Rezept betrachtet einen Betrieb, der Herrenmäntel zum Stückpreis von p = 110 DM liefert. Die Betriebsstatistik ergibt für die Kostenkurve folgende Funktion: $K(x) = 0,1x^3-2x^2+55x+200$

Das brauchen Sie :

1. Stückkostenfunktion: $S(x)=0,1x^2-2x+200/x+55$
2. Die Kostenkehre an der Stelle mit S´(x)=0, d.h. Schnittstelle von K´(x) und S(x). (Folgt aus der Ableitung von S(x):=K(x)/x.)
3. $K'(x)=0,3x^2-4x+55$
4. $K'(x)=p$ liefert die Stückzahl x_m, die maximalen Gewinn abwirft. ($G'(x)=E'(x)-K'(x)$ und $E'(x)=p$)

So wird's gemacht:

1. Entwerfen Sie eine Tabelle wie in 3.9. Folgende Unterschiede sind zu beachten:
   A4: x; B4: K(x); C4: E(x); D4: G(x); E4: S(x);
   F4: K´(x); G3: p= In H3 steht der Wert von p, also 110
2. A5..A45 von 0 bis 40 füllen;
3. B5: 0,1*A5^3-2*A5^2+55*A5+200
   C5: +A5*H$3; D5: +C5-B5; E5: @NV
   F5: 0,3*A5^2-4*A5+55; G5..G45 mit 110 füllen
   E6: 0,1*A6^2-2*A6+200/A6+55; bis E45 kopieren.
4. Mit BLOCK/KOPIEREN von B5..D5 bis B5..D45 kopieren.
5. Die Nutzengrenzen ergeben sich als Schnittpunkte von K- und E-Kurve oder auch aus dem Schnitt der Preisgeraden mit der Parabel der Stückkosten. Im folgenden Rezept wird gezeigt, wie diese Schnittpunkte bestimmt werden können. Dort werden auch die Kostenkehre und die Stelle des maximalen Gewinns ermittelt.

Es gibt zwei Break-even-Punkte. Sie werden erst später bestimmt.

Die Graphen

6. GRAFIK/NEU
   X-Achse: A5..A45
   1.W.B.: B5..B45; 2.W.B.: C5..C45

GRAFIK/TYP: 2-D XY
E-Graph rechtsklicken; *Symboleigenschaften:* Gewicht 0
Linienfarbe: z.B. rot; *Linienart*: punktiert
K-Graph rechtsklicken, usw. *Linienart*: durchgezogen

7. Klicken Sie die X-und die Y-Achse an (Rechtsklick), und skalieren Sie wie in der ersten Abbildung. Die durchgezogenen Rasterlinien erhalten Sie durch Anklicken des Punktes *Achsenskalierung* und Auswahl von *Linienart.*
8. In der *zweiten Abbildung* haben Sie 3 Wertebereiche: E5..E45; F5..F45 und G5..G45. (Wählen Sie in der Dialogbox bei *Achsenskalierung/Linienart* das leere Rechteck, um die Rasterlinien zu entfernen.)

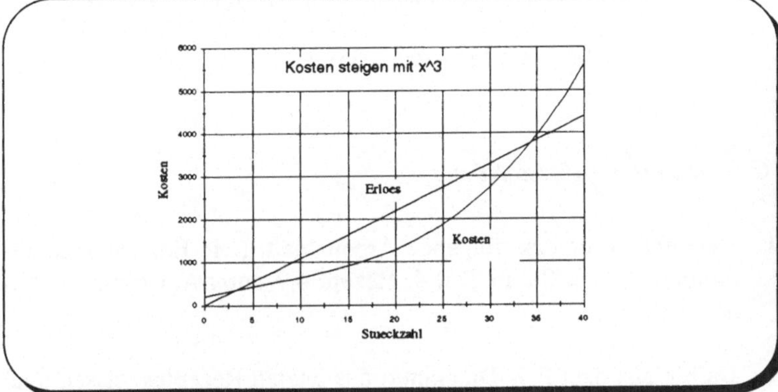

Das E-K-Diagramm mit den Nutzengrenzen als Schnittpunkten

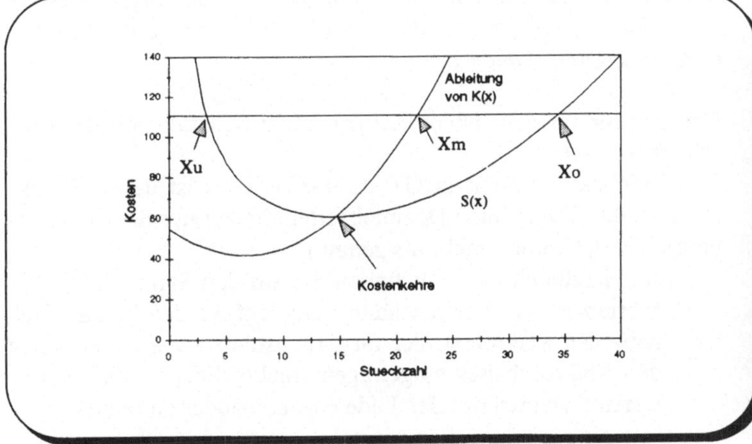

Die Kostenkehre ist das Minimum der S-Kurve. Sie liegt bei 14,6 Stück

Das vorige Rezept zeigte, daß es schwierig sein kann, bei nichtlinearer Kostenfunktion die Break-even-Punkte zu finden. Meist ist man mit einer zeichnerischen Bestimmung der Schnittpunkte der E-und K-Kurven zufrieden. Eine sehr viel genauere Lösung erhält man jedoch mit Hilfe der sogenannten NEWTONschen Näherungsmethode.

Das brauchen Sie :

1. Die Kostenfunktion: $K(x) = 0.1x^3 - 2x^2 + 55x + 200$
2. Die E-Funktion: $E(x) = px$
3. Den Stückpreis p; hier sei p=110
4. Die Differenzfunktion D(x):=K(x)-E(x), also

$$D(x) = 0,1x^3 - 2x^2 - 55x + 200$$

So wird's gemacht:

1. Verwenden Sie das folgende Arbeitsblatt. (Die Erklärung seines Aufbaus finden Sie in Teil 4, Rezept 4.7 unter *Newtonscher Näherung*.)

2. Da Sie aus dem E-K-Diagramm des letzten Rezeptes wissen, daß die Schnittpunkte bei 3 bzw. 35 Stück liegen müssen, wählen Sie zunächst als Startwert in G2 einfach 0. In B7 tragen Sie den Term der D-Funktion ein, also $0,1x^3 - 2x^2 - 55x + 200$ (*Die Zelle A7 trägt den Namen* ***x****.)*

Das Makro steckt im PowerButton

3. Drücken Sie im Arbeitsblatt auf den Makroschalter mit der Aufschrift *Newton*.
   Das Ergebnis erscheint in G7: 3,304831. Dies ist der 1. Break-even-Punkt. (Die vielen Dezimalstellen dienen nur dem Rechenvergleich; 3,3 ist hier mehr als genau.)

   Im Handbuch zu QPW finden Sie auf den Seiten 120ff beschrieben, wie Makroschalter angelegt werden können. Ich habe den Makrotext, der im Arbeitsblatt verzeichnet ist, in den Makroschalter eingetragen (rechtsklicken, *Makro*. Die Befehle werden mit der Tilde ~ voneinander getrennt).

4. Geben Sie in G2 eine Koordinate in der Nähe des zweiten Schnittpunkts ein, z.B. 30.

Drücken Sie den *Newton*-Knopf! Ergebnis: 34,32559
(So genau wollten Sie es sicher auch nicht wissen!)

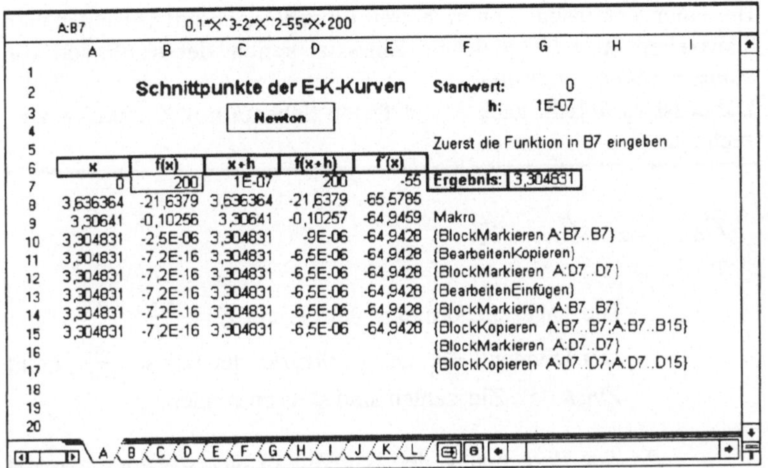

A:B7 0,1*X^3-2*X^2-55*X+200

	A	B	C	D	E	F	G	H	I
1									
2		Schnittpunkte der E-K-Kurven				Startwert:	0		
3			Newton			h:	1E-07		
4									
5						Zuerst die Funktion in B7 eingeben			
6	x	f(x)	x+h	f(x+h)	f'(x)				
7	0	200	1E-07	200	-55	Ergebnis:	3,304831		
8	3,636364	-21,6379	3,636364	-21,6379	-65,5785				
9	3,30641	-0,10256	3,30641	-0,10257	-64,9459	Makro			
10	3,304831	-2,5E-06	3,304831	-9E-06	-64,9428	{BlockMarkieren A:B7..B7}			
11	3,304831	-7,2E-16	3,304831	-6,5E-06	-64,9428	{BearbeitenKopieren}			
12	3,304831	-7,2E-16	3,304831	-6,5E-06	-64,9428	{BlockMarkieren A:D7..D7}			
13	3,304831	-7,2E-16	3,304831	-6,5E-06	-64,9428	{BearbeitenEinfügen}			
14	3,304831	-7,2E-16	3,304831	-6,5E-06	-64,9428	{BlockMarkieren A:B7..B7}			
15	3,304831	-7,2E-16	3,304831	-6,5E-06	-64,9428	{BlockKopieren A:B7..B7;A:B7..B15}			
16						{BlockMarkieren A:D7..D7}			
17						{BlockKopieren A:D7..D7;A:D7..D15}			
18									
19									
20									

Newtonsche Näherung bei der Break-even-Analyse.

Mit demselben Arbeitsblatt finden Sie ebenso leicht die *Kostenkehre* als Nullstelle der Differenzfunktion

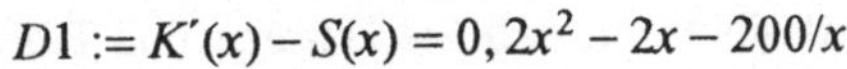

$$D1 := K'(x) - S(x) = 0,2x^2 - 2x - 200/x$$

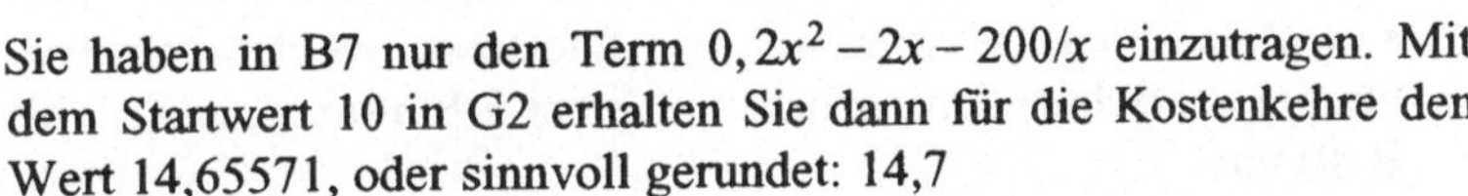

Sie haben in B7 nur den Term $0,2x^2 - 2x - 200/x$ einzutragen. Mit dem Startwert 10 in G2 erhalten Sie dann für die Kostenkehre den Wert 14,65571, oder sinnvoll gerundet: 14,7

Die *Stelle des maximalen Gewinns* finden Sie aus dem Schnitt von K´(x) und der p-Geraden.
Setzen Sie demnach den Term $0,3x^2 - 4x - 55$ in B7 ein mit dem Startwert 10 in G2, so erhalten Sie 21,75898, also ca. 21,8 Stück als Stückzahl für den maximalen Gewinn.

Sie zahlen am 4.2.1992 3450 DM auf Ihr Sparkonto ein. Dann am 18.3.92 nochmals 3100 usw. Natürlich möchten Sie wissen, auf welchen Betrag Ihr Sparkonto bei 5.5% Verzinsung bis zum 30.7.1992 (Stichtag) ansteigen wird.
Bei einer Verzinsung von mehreren Einzahlungen mit verschiedenen Laufzeiten -aber bei gleichem Zinssatz- spricht der Kaufmann von *summarischer Verzinsung*.
Dabei ist es üblich, nach einem festen Schema mit *Zinszahlen* zu rechnen.

Das brauchen Sie :

1. Die Tageszinsformel in der Gestalt $Z = \frac{K \cdot t}{100} : \frac{360}{p}$
   Der Dividend $\frac{K \cdot t}{100}$ heißt *Zinszahl*, der Divisor $\frac{360}{p}$ heißt *Zinsteiler*. Zinszahlen sind stets zu runden.

Jeder Monat wird mit 30 Tagen gezählt.

2. Zur Berechnung der Laufzeit (Tage) stehen Ihnen die Funktionen @TAG, @MONAT und @JAHR zur Verfügung (das Jahr wird mit 360 Tagen gerechnet).

So wird's gemacht:

1. Das Arbeitsblatt sieht vor, daß Sie Beträge und Fälligkeitsdatum (Einzahlungsdatum) sowie Stichtag und Zinssatz eingeben. Laufzeit, Zinszahlen, Gesamtzinsen und Endkapital werden vom Programm berechnet. Das Arbeitsblatt sieht 8 Eintragungen (A3 bis B10) vor.

Datums-Eingabe stets mit Strg+Shift+D einleiten.

2. Zur Eingabe des Datums formatieren Sie zunächst B3..B10 mit dem Datumsformat *Short-Date-Intl*. (B3 rechtsklicken oder F12 aktivieren.) Vor jeder Datum-Eingabe müssen Sie **Strg+⇧+D** drücken. In der Statuszeile erscheint der *Datum*- Indikator. Das Datum selbst geben Sie z.B. als 24.4.92 ein. Ins Arbeitsblatt wird es automatisch in der Form 24.04.1992 eingetragen.

Berechnung der Laufzeit in Tagen.

3. In C3 eintragen und bis C10 kopieren:

   @WENN(A3<>0;(@JAHR(F$3)-@JAHR(B3))*360+@(MONAT (F$3)-@MONAT(B3))*30+@TAG(F$3)-@TAG(B3);"")

4. D3: @WENN(A3<>0;@RUNDEN(A3*C3/100;0);"")
   Bis D10 kopieren!

Die Summe der Zinszahlen wird durch den Zinsteiler dividiert.

5. A12: @SUMME(A3..A10); D12: @SUMME(D3..D10)

6. G7: +D12*G3/360 (Gesamtzinsen)

7. G9: +A12+G7 (Gesamtkapital)

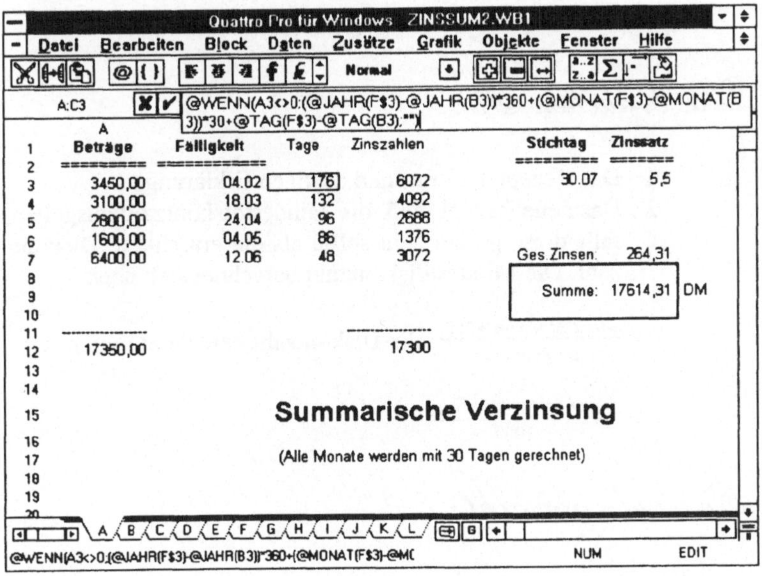

Summarische Verzinsung automatisiert.

Quattro Pro für Windows ZINSSUM2.WB1

Datei Bearbeiten Block Daten Zusätze Grafik Objekte Fenster Hilfe

Normal

A:C3 @WENN(A3<>0;(@JAHR(F$3)-@JAHR(B3))*360+(@MONAT(F$3)-@MONAT(B3))*30+@TAG(F$3)-@TAG(B3);"")

	A	B	C	D	E	F	G	
1	Beträge	Fälligkeit	Tage	Zinszahlen		Stichtag	Zinssatz	
2	=========	===========				=========	======	
3	3450,00	04.02	176	6072		30.07	5,5	
4	3100,00	18.03	132	4092				
5	2800,00	24.04	96	2688				
6	1600,00	04.05	86	1376				
7	6400,00	12.06	48	3072		Ges.Zinsen:	264,31	
8								
9						Summe:	17614,31	DM
10								
11	----------			----------				
12	17350,00			17300				

Summarische Verzinsung

(Alle Monate werden mit 30 Tagen gerechnet)

@WENN(A3<>0;(@JAHR(F$3)-@JAHR(B3))*360+(@MONAT(F$3)-@MC NUM EDIT

Die *Diskontrechnung* ist ein Spezialfall der summarischen Zinsrechnung für die Einzahlung von *Wechsel* [LAUDEL 90,S.304ff].
Sie übergeben Ihrer Bank zwecks Diskontierung einige Wechsel mit verschiedenen Fälligkeitstagen. Der Tag, an dem Sie die Wechsel einreichen, ist der *Diskonttag* (Stichtag). Die Zinszahlen heißen nun *Diskontzahlen*. Zu berechnen ist der *Barwert* der Wechsel (=Summe der Wechselbeträge - Diskont) am Stichtag, also dem Einreichungstag. Der Diskont entspricht dem Gesamtzins aus Rezept 3.13.
Zu beachten ist ferner, daß die Bank einen Mindestdiskont pro Wechsel verlangt, den sie abzieht, falls der Diskont für einen Wechsel unter dem Mindestdiskontwert liegt. Wir setzen einen Mindestdiskont von 8 DM an. Der Diskontsatz soll 5.5% betragen.

Das brauchen Sie :

Hier versteckt sich die Formel für die Tageszinsen.

1. Das Rezept 3.13 mit den dortigen Erklärungen
2. Das neue Rezept muß die Mindestdiskontzahl ausgeben, falls diese größer sein sollte als die errechnete Diskontzahl. Die Mindestdiskontzahl berechnet sich nach

$\frac{Mindestdiskont*360}{Diskontsatz}$; die Diskontzahl berechnet man mit

$\frac{Wechselsumme*Tage}{100}$

So wird's gemacht:

1. Stellen Sie das Gerüst des Arbeitsblattes der Abbildung entsprechend zusammen.
2. Tragen Sie Stichtag, Diskontsatz und Mindestdiskont (8DM) ein. Bei der Eingabe eines Datums müssen Sie zuvor **Strg+⇧+D** aktivieren.
3. Geben Sie die Beträge und die Fälligkeitstage ein.
4. In C3 werden die Zeitdifferenzen (Tage) berechnet. Da hier der Stichtag (Tag der Einreichung) immer vor den Fälligkeitstagen der Wechsel liegt, muß die Formel aus Rezept 3.13 mit einem Minuszeichen versehen werden:

Die alte Formel würde negative Tage ergeben.

```
@WENN(A3<>0;-((@JAHR(F$3)-@JAHR(B3)))*360+(@MON
AT(F$3)-@MONAT(B3))*30+@TAG(F$3)-@TAG(B3));"")
```

Diese Formel müssen Sie bis C10 kopieren.

5. In D3 muß die Untersuchung aufgenommen werden, die feststellt, ob die Diskontzahl kleiner oder größer ist als die Mindestdiskont.

Ist der Diskont für einen Wechsel niedriger als der Mindestdiskont?

   D3:
   @WENN(A3<>0;@WENN(A3*C3/100<H$3*360/G$3#UND#
   C3<>0;@RUNDEN(H$3*360/G$3;0);@RUNDEN(A3*C3/100;
   0));"")

Den Gesamtdiskont zahlen Sie an Ihre Bank.

6. Im Gegensatz zur summarischen Verzinsung muß der Diskontwert von der Summe der Beträge abgezogen werden:
   G7: +D12*G3/360; G9: **+A12-G7**

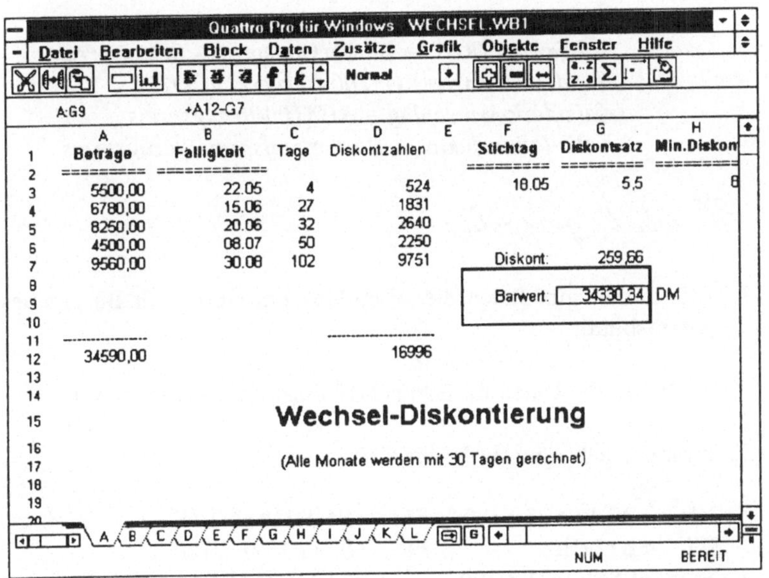

Quattro Pro hilft Ihnen bei der Wechsel-Diskontierung.

Steht eine *Vorwärtsberechnung* an, also die Bestimmung eines Verkaufspreises, so sehnt sich der Kaufmann nach einem Tabellenkalkulationsprogramm, das ihm die mühsamen -und fehlerträchtigen- Berechnungen abnimmt. Hier haben Sie das Rezept, das Ihnen gewiß einen Stein vom Herzen rollt:

Das brauchen Sie :

1. Lieferantenbedingungen
2. Ihre Kosten, Ihre Gewinnvorstellung
3. Kundenskonto und Kundenrabatt
4. Formeln für Handelsspanne, Kalkulationszuschlag und Kalkulationsfaktor. Ich habe die folgenden Formeln verwendet [LAUDEL 90, S.376]:

Mit diesen Formeln wurden die Verkaufskennziffern berechnet.

Rohgewinn (RG) := Barverkaufspreis - Bezugspreis
*Handelsspanne = RG*100/Barverkaufspreis*
*Kalkulationszuschlag = RG*100/Bezugspreis*
Kalkulationsfaktor = Barverkaufspreis/Bezugspreis

So wird's gemacht:

1. Wie immer gibt Ihnen die Abbildung ein Gerüst für Ihr eigenes Arbeitsblatt.

2. Sie haben die Daten für B9 bis B18 einzutragen (Eingaben).

3. Formeln stehen nur in E5 bis E19

Nur Summen, Differenzen und Prozente sind zu berechnen.

E5: +B9-B9*B10/100; E6: +E5-B11*E5/100
E7: +B12+E6; E8: +E7+B13*E7/100
E10: +E8+B14*E8/100; E11: +E10+B15*E10/(100-B15)
E13: +E11+B16*E11/100-B16); bei E11 und E13 wurde *im* Hundert gerechnet!
E14: +E13+B18*E13/100 (=Bruttoverkaufspreis)
E17: (E10-E7)*100/E10 (Handelsspanne)
E18: (E10-E7)*100/E7 (Kalkulationszuschlag)
E19: +E10/E7 (Kalkulationsfaktor)

4. Die Dateneingabe kann man selbstverständlich mit einem *Makro* elegant abwickeln:

```
H1:  {home}
H2:  {Zahleneintrag "Listeneinkaufspreis?";B9}
H3:  {Zahleneintrag "Lieferrabatt %?";B10}
H4:  {Zahleneintrag "Lieferskonto %?";B11}
H5:  {Zahleneintrag "Bezugskosten DM?";B12}
H6:  {Zahleneintrag "Selbstkosten %?";B13}
H7:  {Zahleneintrag "Gewinn %?";B14}
H8:  {Zahleneintrag "Kundenskonto %?";B15}
H9:  {Zahleneintrag "Kundenrabatt %?";B16}
```

Ein Makro für die Eingabe der Daten

Gehen Sie mit dem Zellzeiger auf H1, drücken Sie **Strg+F3**, und geben Sie dem Makro einen Namen, z.B. **\A**

	A	B	C	D	E	F
1						
2	**Vorwärtskalkulation**					
3	Verkaufspreis			**Berechnungen:**		
4						
5				Zieleinkaufspreis	3784.00	
6				Bareinkaufspreis	3746.16	
7	**Eingaben:**			Bezugspreis	4066.16	
8				Selbstkostenpreis	4960.72	
9	Listeneinkaufspreis	4300.00				
10	Lieferrabatt %	12.00		Barverkaufspreis	6200.89	
11	Lieferskonto %	1.00		Zielverkaufspreis	6327.44	
12	Bezugskosten DM	320.00				
13	Selbstkosten %	22.00		Verkaufspreis (netto)	6877.66	DM
14	Gewinn %	25.00		Verkaufspreis (brutto)	7840.53	DM
15	Kundenskonto %	2.00				
16	Kundenrabatt %	8.00				
17				Handelsspanne	34.426	
18	Umsatzsteuer %	14		Kalkulationszuschlag	52.500	
19				Kalkulationsfaktor	1.525	

Klarer Überblick über Ihre Verkaufspreisgestaltung.

	A	B	C	D	E
2	**Vorwärtskalkulation**				
3	Verkaufspreis			**Berechnungen:**	
4					
5				Zieleinkaufspreis	+B9-B9*B10/100
6				Bareinkaufspreis	+E5-B11*E5/100
7	**Eingaben:**			Bezugspreis	+B12+E6
8				Selbstkostenpreis	+E7+E7*B13/100
9	Listeneinkaufspreis	4300.00			
10	Lieferrabatt %	12.00		Barverkaufspreis	+E8+B14*E8/100
11	Lieferskonto %	1.00		Zielverkaufspreis	+E10+B15*E10/(100-B15)
12	Bezugskosten DM	320.00			
13	Selbstkosten %	22.00		Verkaufspreis (netto)	+E11+B16*E11/(100-B16) DM
14	Gewinn %	25.00		Verkaufspreis (brutto)	+E13+B18*E13/100 DM
15	Kundenskonto %	2.00			
16	Kundenrabatt %	8.00			
17				Handelsspanne	(E10-E7)*100/E10
18	Umsatzsteuer %	14		Kalkulationszuschlag	(E10-E7)*100/E7
19				Kalkulationsfaktor	+E10/E7
20					

Wollen Sie die Formeln sehen, die hinter den Daten stehen? Einfach markieren, rechtsklicken und FORMAT/TEXT *wählen.*

Ihre Konkurrenten verkaufen den Staubsauger *Staubex* für 165 DM. Auch Sie möchten den Wundersauger in Ihrem Sortiment führen. Aber werden Sie ihn zu einem Preis einkaufen können, der Sie nicht ruiniert?
Ihr Problem ist klar: Sie kennen den Verkaufspreis und benötigen jemand, der Ihnen den zugehörigen Einkaufspreis errechnet. Kalkulatorisch liegt das Problem einer *Rückwärtskalkulation* vor.

Das brauchen Sie :

1. Das Arbeitsblatt 3.15 zur Vorwärtskalkulation
2. Die Lieferantenbedingungen
3. Ihre Kosten- und Gewinn-Vorstellungen
4. Die Umkehr der Formeln aus Rezept 3.15

So wird's gemacht:

1. Verwenden Sie das Arbeitsblatt aus Rezept 3.15 mit den folgenden Änderungen:
2. In B9 muß jetzt der Verkaufspreis stehen.
   In E13 wird der Listeneinkaufspreis berechnet. E14 (Bruttoverkaufspreis entfällt)
3. Die Formeln sind folgendermaßen einzutragen:

Alle Formeln aus Rezept 3.15 müssen -richtig- umgekehrt werden

E5:	+E6+E6*B11/(100-B11)	(=Zieleinkaufspreis)
E6:	+E7-E12	(=Bareinkaufspreis)
E7:	+E8-B13*E8/(100+B13)	(=Bezugspreis)
E8:	+E10-E10*B14/(100+B14)	(=Selbstkostenpreis)
E10:	+E11-B15*E11/100	(=Barverkaufspreis)
E11:	+B9-B9*B16/100	(=Zielverkaufspreis)
E13:	+E5+B10*E5/(100-B10)	*(Listeneinkaufspreis)*

E17, E18 und E19 werden nicht verändert

Es war jeweils zu entscheiden, ob **auf** Hundert, **vom** Hundert oder **im** Hundert zu rechnen war. Um hier keine Fehler zu machen, ist es empfehlenswert, einmal eine volle Durchrechnung mit Papier und Bleistift auszuführen. Die Formeln unter 3. sollten jedoch richtig sein.
Wie in 3.15 müssen Sie wieder alle Eingabedaten für B10..B18 zur Verfügung haben und eintragen.

Wenn Sie im Rahmen einer *Nachkalkulation* überprüfen wollen, ob sich Ihre Gewinnvorstellungen verwirklichen lassen, so führen Sie eine *Differenzkalkulation* durch. Mit ihrer Hilfe werden Sie dann genaue Auskunft über den wirklich erzielten Gewinn erhalten.
Sie gehen davon aus, daß Ihnen Listeneinkaufspreis und Verkaufspreis bekannt sind. Auch kennen Sie natürlich Skonto und Rabatt des Lieferanten, Bezugskosten, Selbstkosten, -und Sie wissen, welches Skonto und welchen Rabatt Sie Ihren Kunden einräumen wollen.

Das brauchen Sie:

1. Das Gerüst des Arbeitsblattes aus Rezept 3.15/3.16
2. Führen Sie, ausgehend vom Listeneinkaufspreis, eine *Vorwärts*-Rechnung bis zum Selbstkostenpreis durch.
3. Starten Sie beim Listenverkaufspreis, und rechnen Sie *rückwärts* bis zum Barverkaufspreis.
4. Gewinn=Barverkaufspreis - Selbstkostenpreis

So wird's gemacht:

1. Übernehmen Sie bitte das dargestellte Arbeitsblatt. Sie werden einen Gewinn von 12% errechnen, d.h. 5208,53 DM

	A	B	C	D	E
2	**Differenzkalkulation**				
3	Gewinnberechnung				
4				**Berechnungen:**	
5					
6			vorwärts.	Zieleinkaufspreis	+B9-B9*B11/100
7	**Eingaben:**			Bareinkaufspreis	+E6-B12*E6/100
8				Bezugspreis	+E7+B13
9	Listeneinkaufspreis	42800.00		Selbstkostenpreis	+E8+E8*B14/100
10	Verkaufspreis	63438.49			
11	Lieferrabatt %	18.00	rückwärts:	Barverkaufspreis	+E12-B15*E12/100
12	Lieferskonto %	3.00		Zielverkaufspreis	+B10-B10*B16/100
13	Bezugskosten DM	1245.00			
14	Selbstkosten %	23.00		Gewinn in DM	+E11-E9
15	Kundenskonto %	3.00		Gewinn in %	+E14*100/E9
16	Kundenrabatt %	21.00			
17				Handelsspanne	(E11-E8)*100/E11
18				Kalkulationszuschlag	(E11-E8)*100/E8
19				Kalkulationsfaktor	+E11/E8
20					

Die Formeln im Arbeitsblatt werden sichtbar, wenn Sie nach dem Markieren rechtsklicken und Format/Text *wählen.*

Die Preisberechnungen der letzten Rezepte stützten sich auf die Auswertung der betrieblichen Kosten, wie sie in der *Kontenklasse 4* der Einzelhandelsbuchführung aufgelistet sind [KNORR-GÖNNER88,Teil2].

Das brauchen Sie :

1. Buchführung über Ihre Betriebskosten
2. Berechnung der Prozentanteile der einzelnen Kosten

So wird's gemacht:

1. Tragen Sie bitte die Daten der Abbildung gemäß ein. Damit die Beschriftung der >Kuchen-Stücke< nicht zu groß wird, ist es nötig, die Namen für die Kostentitel abzukürzen. Z.B. habe ich anstatt *Steuern und Abgaben* nur *Steuern* geschrieben.
2. C17: @SUMME(C7..C15);
   D7: +C7*100/C$17; bis D17 kopieren.
3. Die nötigen Schritte zur Anlage eines Kreisdiagramms sehen Sie bitte in Rezept 3.4 nach. Hier noch folgende Ergänzung: Mit GRAFIK/EINFÜGEN können Sie die Grafik in das Arbeitsblatt setzen. Wollen Sie das Diagramm im Kasten verschieben, so klicken Sie es zweimal an. Sie gelangen in den Grafikeditor, wo Sie durch Ziehen mit der Maus Lage und Größe festlegen können.

Die Schriftgröße beträgt in der Grafik 8 Punkt.

Mit Rechtsklick auf den "Reiter" des Arbeitsblattes finden Sie den Menüpunkt Rasterlinien. *Ich habe sie ausgeschaltet.*

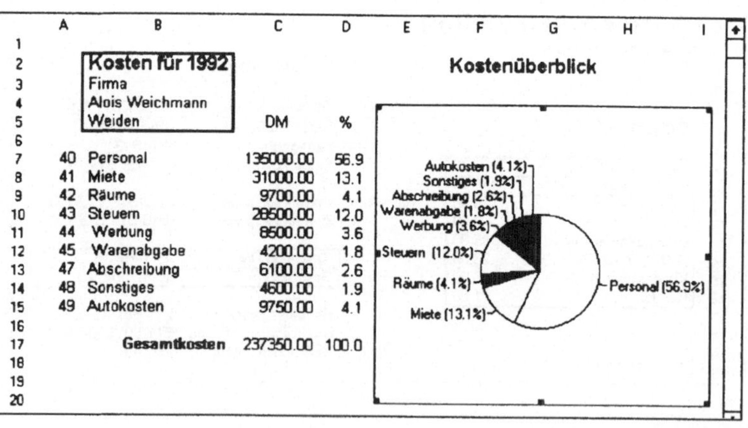

	A	B	C	D
1				
2		Kosten für 1992		
3		Firma		
4		Alois Weichmann		
5		Weiden	DM	%
6				
7	40	Personal	135000.00	56.9
8	41	Miete	31000.00	13.1
9	42	Räume	9700.00	4.1
10	43	Steuern	28500.00	12.0
11	44	Werbung	8500.00	3.6
12	45	Warenabgabe	4200.00	1.8
13	47	Abschreibung	6100.00	2.6
14	48	Sonstiges	4600.00	1.9
15	49	Autokosten	9750.00	4.1
16				
17		Gesamtkosten	237350.00	100.0
18				
19				
20				

3.19 Kostenvergleich im Einzelhandel

Wenn Sie Zweifel hegen, ob Ihre Kostenansätze vernünftig sind, so vergleichen Sie sie mit den Kostenaufstellungen, die der Einzelhandelsverband für einen durchschnittlichen Betrieb Ihrer Branche vorliegen hat. In diesem Falle dürfte ein Säulendiagramm für einen klaren Vergleich sorgen.

Das brauchen Sie:

1. Ihre prozentualen Kostenanteile
2. Die prozentualen Kostenanteile des Einzelhandelsverbandes

So wird's gemacht:

1. Legen Sie bitte drei Spalten an: A, B und C. Achten Sie auf eine Freizeile zwischen je zwei Datenzeilen.
2. In Spalte A sind die Kostenarten einzutragen. In Spalte B stehen die Dezimalwerte der Kosten, die der EHV (Einzelhandelsverband) vorschlägt. Daneben setzen Sie die Händlerkosten.
3. Markieren Sie A3..C15, und klicken Sie den Diagrammschalter der Schalterleiste an. (Wenn Sie *Labels* haben wollen, so ist A2.. C15 zu markieren.) Den Graphen mit der Maus aufziehen.
4. Klicken Sie den aufgezogenen Graphen zweimal an. Sie gelangen in den Grafikeditor, in dem Sie -durch Rechtsklick auf die Balken- die *Balkenbreite* auf 100% stellen können. Unter *Achseneinteilung* (X-Achse rechtsklicken) wählen Sie als Zahl der Zeilen 2; keine überlappenden Labels, Unterskalierung 1.

Nur wenn Sie 2 Linien wählen, passen die Bezeichnungen der Kostenarten auf die x-Achse.

	A	B	C
1			
2		EHV	Händler
3	Personal	0.39	0.57
4			
5	Miete	0.16	0.14
6			
7	Räume	0.11	0.06
8			
9	Steuern	0.15	0.12
10			
11	Werbung	0.09	0.06
12			
13	Abschreib.	0.07	0.03
14			
15	Sonstige	0.03	0.02
16			
17	Summe:	1	1
18			
19			
20			

Vergleich mit Normkosten des EHV

60% 40% 20% 0%

EHV Händler

Personal Miete Räume Steuern Werbung Abschreib. Sonstige

Sie müssen auch EHV *und* Händler *markieren, wenn Sie diese als Labels haben wollen. Position der Labels unter* LEGENDENPOSITION *(den Grafikhintergrund rechtsklicken)*

4 Ein wenig Mathematik

In der Menge der gemeinsamen Teiler der beiden natürlichen Zahlen a und b gibt es einen größten Teiler, eben den *ggT*. (Der *ggT* zweier natürlicher Zahlen a und b ist die größte natürliche Zahl, durch die a und b ohne Rest teilbar sind.)
In der Menge der gemeinsamen Vielfachen dieser beiden Zahlen gibt es ein kleinstes Element: das *kgV*.
Unser jetziges Rezept ermittelt gleichzeitig den *ggT* und das *kgV*.

Das brauchen Sie :

1. Die @MOD(a;b)-Funktion
2. Den *Euklidischen Algorithmus* in der Divisionsform für den *ggT*:

ggT(a,b)

$$n_0 = \max(|a|, |b|)$$
$$n_1 = \min(|a|, |b|)$$
$$n_k = n_{k-2} \bmod n_{k-1}$$
$$k = 2,3,...$$

kgV(a,b)

3. Für das *kgV* wird a mit i=1,2,... solange multipliziert, wie das Produkt $i \cdot a$ nur mit Rest durch b teilbar ist. Ist $i \cdot a \bmod b = 0$, so ist $kgV = i \cdot a$.

So wird's gemacht:

Der ggT

1. Legen Sie ein Arbeitsblatt so an, wie es die Abbildung zeigt.
2. A7: @MAX(@ABS($E$1);@ABS($E$2))
   B7: @MIN(@ABS($E$1);@ABS($E$2))
   C7: @WENN(B7>0;@MOD(A7;B7);"")
   D7: @WENN(C7=0;B7;"")
   B5: @MAX(D7..D50)

Ein Trick zur Auffindung des Minimums.

   (Eigentlich würde man den *ggT* als *Minimum* in der A-oder B-Spalte suchen. Da die Formeln in A7,B7,C7 aber bis zur Zeile 50 kopiert werden, würde die @MIN-Funktion fast immer 0 ergeben, da die Rechnung meist vor Erreichen der 50. Zeile abbricht. *Ausweg*: man sucht mit Hilfe der D-Spalte nach einer Null in der C-Spalte. Hat man sie entdeckt, so ist die Zahl links daneben der gesuchte *ggT*. Er ist dann das *Maximum* in der D-Spalte.)
3. A8: @WENN(B7>0;B7;"")

B8: @WENN(C7>0;C7;"")
C8: @WENN(B8>0;@MOD(A8;B8);"")

4. D8: @WENN(C8=0;B8;"")
5. Kopieren Sie die Inhalte der Zellen A8..D8 bis Zeile 50.

Das *kgV*

6. Die E-Spalte von E7 bis E140 mit den Zahlen von 1 bis 134 füllen: E7: 1; E2: @WENN(F7<>"";E7+1)
   F7: +$E$1*E7;
   F8: @WENN(G7<>0#UND#G7<>"";$E$1 *E8;"")
   G7: @MOD(F7;$E$2)
   G8: @WENN(F8<>"";@MOD(F8;$E$2;""")

Die WENN-Abfragen sorgen dafür, daß nicht zuviel geschrieben wird.

7. E8 ... G8 bis Zeile 140 kopieren.
8. In F5 steht das *kgV* : @MAX(F7..F140)
9. Zur *Kontrolle* werden in H2 und H3 die Produkte ab und ggT.kgV miteinander verglichen. Theoretisch sollten beide immer gleich sein. Oft aber reicht es nicht, bis Zeile 140 zu rechnen, um das *kgV* zu finden. Der Vergleich von H2 mit H3 wird zeigen, ob die Rechnung abgeschlossen wurde. (Man hätte das *kgV* natürlich direkt mit Hilfe von $ggT(a,b) \cdot kgV(a,b) = a \cdot b$ finden können. Aber ich wollte einen Algorithmus einsetzen, der sich nur auf die Definition des *kgV* stützt.)

	A	B	C	D	E	F	G	H	I
2	**ggT und kgV**			b=	36		a*b=	4464	
3							ggT*kgV=	4464	
4									
5	ggT=	4			kgV=	1116			
6	Nk-2	Nk-1	Nk						
7	124	36	16		1	124	16		
8	36	16	4		2	248	32		
9	16	4	0	4	3	372	12		
10	4				4	496	28		
11					5	620	8		
12					6	744	24		
13					7	868	4		
14					8	992	20		
15					9	1116	0		
16					10				
17									
18				0					
19				0					
20									

Berechnung des ggT und des kgV.

Die Berechnung ebener Dreiecke läßt sich auf fünf Grundtypen zurückführen- das sind fünf Blätter in einem Quattro Pro-Ordner. Sie erinnern sich gewiß (?) der magischen Kürzel *SSS, SWS, WSW, WS/W* und des unangenehmen *SSW*, das oft zwei Lösungen -oder auch keine- hat. S steht für Seite, W für Winkel.
Ich habe für jedes der fünf Rezepte eine eigene Seite verwendet. Gedacht ist dieses Rezeptbündel für Schüler, die Dreiecksmeister werden möchten. Für Lehrer ist es eine echte Aufgabenmaschine.

Das brauchen Sie :

1. Sinussatz und Kosinussatz. Den Satz über die Winkelsumme im Dreieck
2. Die Flächenformel

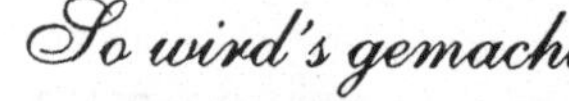

1. Im **SSS**-Blatt wurden die Seiten mit a,b,c benannt. (Dies konnte bei den späteren Rezepten nicht gemacht werden, da die Namen a,b,c für den ganzen Ordner gelten.)
   F9: @ACOS((B^2+C^2-A^2)/(2*B*C))*180/@PI, vergl. Abb.
2. **SWS**: *zwei Seiten und der eingeschlossene Winkel.* In E9 steht:
   @WURZEL(B9^2+B10^2-2*B9*B10*@COS(B11*@PI/180))
   E10: @ASIN(B9*@SIN(B11*@PI/180)/E9)*180/@PI
   B9: Seite1, B10: Seite2 und B11 eingeschl. Winkel; E10:Seite3

Der Winkel in E10 ist Gegenwinkel zu Seite1.

3. **WSW**: *eine Seite und die beiden anliegenden Winkel.*
   Seite in B9, linker Winkel in B10, rechter Winkel in B11
   Der dritte Winkel wird in E9 berechnet: 180-(B10+B11)
   E10: +B9*@SIN(B10*@PI/180)/@SIN(E9*@PI/180)
   E11: +B9*@SIN(B11*@PI/180)/@SIN(E9*@PI/180)

In E10 wird die rechte Seite *berechnet, in* E11 *die* linke Seite.

4. **WS_W**: *eine Seite mit anliegendem Winkel und Gegenwinkel*
   B10: Seite1, B11: An-Winkel, B12: Gegen-Winkel
   E11: +B10*@SIN(E10*@PI/180)/@SIN(B12*@PI/180) (Seite2)
   E12: +B10*@SIN(B11*@PI/180)/@SIN(B12*@PI/180) (Seite3)

E11: Seite2 *ist die eingeschlossene Seite; in* E10 *erscheint der 3.Winkel.*

5. **SS_Wk**: *zwei Seiten und der Gegenwinkel der kleineren Seite*
   A16: @WENN(@BETRAG(B8*@SIN(B9*@PI/180)-B7)<0,01; "es gibt genau eine Lösung";"") Umschreibung der Bedingung: *Höhe auf die Gegenseite = kleinere Seite*
   A18: @WENN(B8*@SIN(B9*@PI/180)>B7;"es gibt keine Lösung !!";""); z.B.: b=8cm,c=10cm, Gamma=60°
6. **SS_Wg**: *zwei Seiten und der Gegenwinkel der größeren Seite*
   Eingabe: B7: größere Seite; B8: kleinere Seite; B9: Winkel
   Ausgabe: E7: Gegenwinkel zur kleineren Seite:
   @ASIN(B8*@SIN(B9*@PI/180)/B7)*180/@PI

Die dritte Seite *erscheint in* E9.

E9: +B7*@SIN(E8*@PI/180)/@SIN(B9*@PI/180)

Die Flächen wurden meist mit Hilfe des Sinus berechnet, z.B. $F = ac\sin(\beta)/2$. In SSS jedoch mit $F = \sqrt{s(s-a)(s-b)(s-c)}$, worin $s = (a+b+c)/2$ bedeutet.

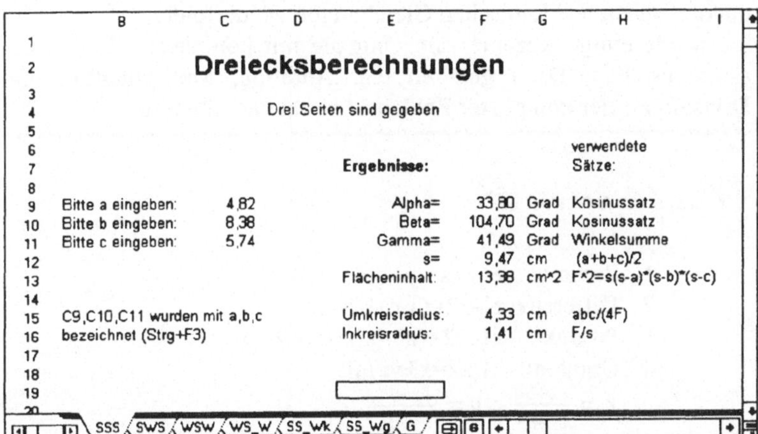

	B	C	D	E	F	G	H
1							
2		Dreiecksberechnungen					
3							
4			Drei Seiten sind gegeben				
5							
6							verwendete
7				Ergebnisse:			Sätze:
8							
9	Bitte a eingeben:	4,82		Alpha=	33,80	Grad	Kosinussatz
10	Bitte b eingeben:	8,38		Beta=	104,70	Grad	Kosinussatz
11	Bitte c eingeben:	5,74		Gamma=	41,49	Grad	Winkelsumme
12				s=	9,47	cm	(a+b+c)/2
13				Flächeninhalt:	13,38	cm^2	F^2=s(s-a)*(s-b)*(s-c)
14							
15	C9,C10,C11 wurden mit a,b,c			Umkreisradius:	4,33	cm	abc/(4F)
16	bezeichnet (Strg+F3)			Inkreisradius:	1,41	cm	F/s

SSS / SWS / WSW / WS_W / SS_Wk / SS_Wg / G

Der Fall SSS : drei Seiten sind gegeben, drei Winkel werden gesucht .

	A	B	C	D	E	F	G
1	**Gegeben sind zwei Seiten und der Gegenwinkel der kleineren Seite**						
2							
3							
4							verwendeter
5	**Eingabe:**			**1.Lösung:**			Satz:
6							
7	Bitte kleinere Seite:	6,4	cm	Gegenw. z. gr.Seite:	89,97	Grad	Sinussatz
8	Bitte größere Seite:	12,8	cm	Dritter Winkel:	60,03	Grad	Winkelsumme
9	Den Winkel bitte:	30	Grad	Dritte Seite:	11,09	cm	Sinussatz
10				Flächeninhalt:	35,48	cm^2	a*c*sin(ß)/2
11				ri=	1,17		
12	Zuerst die kleinere Seite			ra=	6,40		
13	eingeben.						
14				**2.Lösung:**			
15							
16	**es gibt genau eine Lösung**			Gegenw. z. gr.Seite:	90,03	Grad	180°-ß
17				Dritter Winkel:	59,97	Grad	180°-(Alpha+ß1
18				Dritte Seite:	11,08	cm	Sinussatz
19				Flächeninhalt1:	35,46	cm^2	a*c*sin(ß1)/2
20							

SSS / SWS / WSW / WS_W / SS_Wk / SS_Wg / G

Zwei Seiten und der Gegenwinkel der kleineren Seite. Es gibt zwei Lösungen, eine oder keine.

(Hier wurde 6,40001 eingegeben.)

Nicht nur bei der Erzeugung der hübschen Mandelbrötchen und Feigenbäumchen (*Fraktale*) haben komplexe Zahlen die Hand im Spiel; sie treten bei technischen Anwendungen überall dort auf, wo das Rechnen mit Additionstheoremen zu umständlich wird, z.B. in der Wechselstromtechnik. Daß sie auch aus sich heraus ein Daseinsrecht haben, ist selbstverständlich. Wir werden sie z.B. bei der Lösung von quadratischen und kubischen Gleichungen wiederfinden.
Ich werde einige Rezepte zum Umgang mit komplexen Zahlen zusammenstellen. Dazu gehören u.a. Addition, Multiplikation und Division zweier komplexer Zahlen z1=a+bi und z2=c+di.

Das brauchen Sie :

1. Summe: z1+z2=(a+c)+(b+d)i
2. Differenz: z1-z2=(a-c)+(b-d)i
3. Produkt: z1*z2=(ac-bd)+(ad+bc)i
4. Quotient: z1/z2=x+yi mit:
   $x = \frac{ac+bd}{c^2+d^2}$; $y = \frac{bc-ad}{c^2+d^2}$
5. Für die trigonometrische Form $z = r(\cos\varphi + i\sin\varphi)$ brauchen Sie $r = \sqrt{a^2+b^2}$; $\varphi = \tan^{-1}(\frac{b}{a})$

So wird's gemacht:

1. Gestalten Sie ein Arbeitsblatt ähnlich wie in der Abbildung.
2. B6: @WURZEL(A2^2+B2^2)
   B8: @ATAN2(A2;B2); D8: +B8*180/@PI
3. B11: +A2+C2; B13: +A2*C2-B2*D2
   B14: (A2*C2+B2*D2)/(C2^2+D2^2)
   C14: (B2*C2-A2*D2)/(C2^2+D2^2)

Das zweite Bild zeigt eine *Anwendung*: die Berechnung von Gesamtwiderstand und Phasenverschiebung bei einer Serienschaltung von Widerstand R, Kapazität C und Induktivität L.
Der gesamte Widerstand der Serienschaltung wurde mit der Formel $Z = \sqrt{R^2 + (\omega L - \frac{1}{\omega C})^2}$ berechnet. Der Phasenwinkel folgt aus der Beziehung $\tan\varphi = \frac{\omega L - \frac{1}{\omega C}}{R}$.

A4: +G2; B4: +G6*G3; C4: 1/(G6*G4) ; D4: +B4-C4
B7: @WURZEL(A4^2+D4^2); G6: 2*@PI*G5
B8: @ATAN(A4;D4); B9: 1/(2*@PI*@WURZEL(G3*G4)

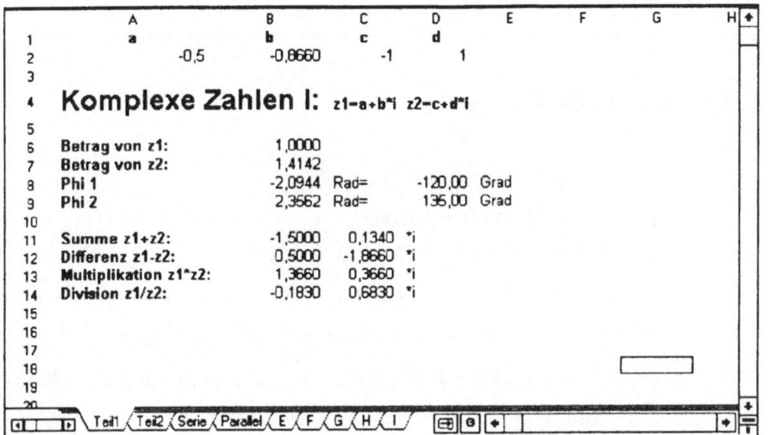

	A	B	C	D	E	F	G	H
1	a	b	c	d				
2	-0,5	-0,8660	-1	1				
3								
4	Komplexe Zahlen I: z1=a+b*i z2=c+d*i							
5								
6	Betrag von z1:	1,0000						
7	Betrag von z2:	1,4142						
8	Phi 1	-2,0944	Rad=	-120,00	Grad			
9	Phi 2	2,3562	Rad=	135,00	Grad			
10								
11	Summe z1+z2:	-1,5000	0,1340	*i				
12	Differenz z1-z2:	0,5000	-1,8660	*i				
13	Multiplikation z1*z2:	1,3660	0,3660	*i				
14	Division z1/z2:	-0,1830	0,6830	*i				

Teil1 Teil2 Serie Parallel E F G H I

Arithmetik der komplexen Zahlen.

	A	B	C	D	E	F	G
1			Z=R+(Rl-RC)*i				
2						R=	150
3	R	RL	RC	(RL-RC)		L=	0,8
4	150	251,33	636,62	-385,29		C=	5E-06
5						f=	50
6						w=	314,16
7	|Z|=	413,46	Ohm				
8	Phi=	-1,199535	Rad=	-68,73	Grad		
9	Resonanz:	79,58	Hertz				
10							
11							
12							
13			Serienschaltung von R,L,C				
14							

Anwendung der komplexen Zahlen in der Elektrotechnik: ein R-C-L-Serienkreis.

Mit dem vorigen Rezept kochten wir die elementare Arithmetik komplexer Zahlen. Dieses Mal ist die Rede von *Funktionen* komplexer Zahlen. Das sind z.B. die Potenzfunktion $f(z) = z^n$, die Exponentialfunktion $f(z) = e^z$, trigonometrische Funktionen und die allgemeine Potenzfunktion, bei der sowohl Basis als auch Exponent komplex sind. Für z schreiben wir: z=a+ib.

Das brauchen Sie :

1. $z^n = r^n(\cos n\varphi + i \sin n\varphi)$
2. $e^z = e^a(\cos b + i \sin b)$
3. $\ln z = \ln r + i\varphi;\ (-\pi < \varphi \leq +\pi)$
4. $\sin z = \frac{1}{2}(e^b + e^{-b}) \sin a + \frac{1}{2}(e^b - e^{-b}) \cos a \cdot i$
5. $\cos z = \frac{1}{2}(e^b + e^{-b}) \cos a - \frac{1}{2}(e^b - e^{-b}) \sin a \cdot i$
6. $z^{z1} = h \cos k + h \sin k \cdot i$; mit z1=c+id und den Konstanten: $h = r^c e^{-d\varphi}$ und $k = d \ln r + c\varphi$

So wird's gemacht:

1. B6: @WURZEL(A2^2+B2^2); B7: @ATAN2(A2;B2)
   B9: +B6^C2*@COS(C2*B7); C9: +B6^C2*@SIN(C2*B7)
2. B10: @EXP(A2)*@COS(B2); C10: @EXP(A2)*@SIN(B2)
3. *ln(z)* B11: @LN(B6); C11: +B7
4. *sin(z)* B12: 0,5*(@EXP(B2)+@EXP(-B2))*@SIN(A2)
   C12: 0,5*(@EXP(B2)-@EXP(-B2))*@COS(A2)
5. *cos(z)* B13: 0,5*(@EXP(B2)+@EXP(-B2))*@COS(A2)
   C13: -0,5*(@EXP(B2)-@EXP(-B2))*@SIN(A2)
6. *Die allgemeine Potenz z^z1* B14: +F5*@COS(F4); C14: +F5*@SIN(F4)
   mit: F4: +G2*@LN(B6)+F2*B7
   F5: +B6^F2*@EXP(-G2*B7)

Wenn Sie in der Potenzfunktion n=1/2 setzen, so wird die Quadratwurzel aus z berechnet. Mit 1/3,1/4,1/5... ergibt sich die 3., 4., 5. Wurzel...

Den Hauptwert von i^i können Sie mit der allgemeinen Potenzfunktion berechnen. Sie haben nur a=c=0 und b=d=1 zu setzen.

Ergebnis: $i^i \approx 0,2079$; allgemein: $i^i = e^{-\pi/2-2n\pi}$

	A	B	C	D	E	F	G	H
1	a	b	n			c	d	
2	0	1	6		z1:	0	1	
3								
4	Komplexe Zahlen II:		z=a+b*i		Hilfsgröße:	0	(:=h)	
5						0,20788	(:=k)	
6	Betrag von z:	1,0000						
7	Phi	1,5708	Rad=	90,00	Grad			
8								
9	z^ n:	-1,0000	0,0000	*i				
10	e^ z:	0,5403	0,8415	*i				
11	ln(z):	0,0000	1,5708	*i				
12	sin(z):	0,0000	1,1752	*i				
13	cos(z):	1,5431	0,0000	*i				
14	z^ z1:	0,2079	0,0000	*i				
15								
16								
17								
18								
19								
20								

Teil1 Teil2 Serie Parallel E F G H I

Berechnung einiger Funktionen komplexer Argumente

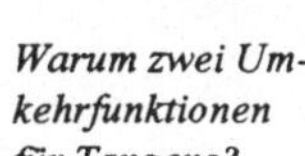

In den beiden letzten Rezepten benutzten wir zur Winkelberechnung die Funktion @ATAN2(x,y), und nicht etwa @ATAN(x). Das mußte so sein, um den *richtigen* Winkel zu erhalten! Wieso? Nun, die ATAN-Funktion liefert nur Winkel im Bereich $[0; \pi]$. Da sich aber auch Winkel im Bereich $[-\pi; +\pi]$ ergeben können, benötigen wir eine Funktion, die auch diesen erweiterten Bereich umfaßt. Bei den meisten Spreadsheet-Programmen findet sich daher eine zweite Winkel-Berechnungs-Funktion, eben ATAN2.

Warum zwei Umkehrfunktionen für Tangens?

Den komplexen Zahlen z1=1+i1 und z2=-1-i1 wird von ATAN der Wert 0,785398 Rad (=45°) zugeordnet, obgleich zu z2 ein Winkel von -135° (=225°) gehört. Tatsächlich liefert ATAN2(-1;-1) richtig -2,35619 Rad, was eben einem Winkel von -135° entspricht.

Quadratische Gleichungen werden entweder in der a-b-c-Form $ax^2 + bx + c = 0$ oder in der p-q-Form $x^2 + px + q = 0$ serviert. Ich schreibe das Quattro Pro-Rezept für die a-b-c-Form.

Das brauchen Sie :

1. $x_1, x_2 = \frac{-b \pm \sqrt{b^2 - 4ac}}{2a}$, darin wird $D := b^2 - 4ac$ als Determinante bezeichnet.

2. Ist D<0, so lauten die Lösungen:

$$x_1, x_2 = \frac{-b}{2a} \pm i \frac{\sqrt{-D}}{2a}$$

So wird's gemacht:

1. Die erste Abbildung gibt Ihnen eine Vorlage für Ihr eigenes Arbeitsblatt.
   Um die Bezeichnungen der Variablen so beizubehalten, wie sie in den Formeln auftreten, fahren wir mit dem Zellzeiger auf D3 und geben dieser Zelle mit **Strg+F3** den Namen **\A** . F3 wird B und H3 wird C genannt. Die Zelle A6 bezeichnen wir mit D.
   Dem Eingabe-Makro geben wir den Namen **\E** . (Zellzeiger auf D9, mit **Strg+F3** den Namen **\E** einsetzen.)
   Sie können a,b,c natürlich direkt eingeben. Verwenden Sie aber mit **Strg+E** das *Makro*, so erhalten Sie für jede Variable eine Eingabemaske, vergl. die untere Abbildung.

Mit benannten Zellen kann man besser arbeiten

2. A6: +B^2-4*A*C (Diskriminante)
   E5: @WENN(D>0;(-B+@WURZEL(D))/(2*A);-B/(2*A))
   F5: @WENN(D<0;"+i*";"")
   G5: @WENN(D<0;@WURZEL((-D)/(2*A);"")
   E6: @WENN(D>0;(-B-@WURZEL(D))/(2*A);-B/(2*A))
   F6: @WENN(D<0;"-i*";"")
   G6: @WENN(D<0;@WURZEL(-D)/(2*A);"")

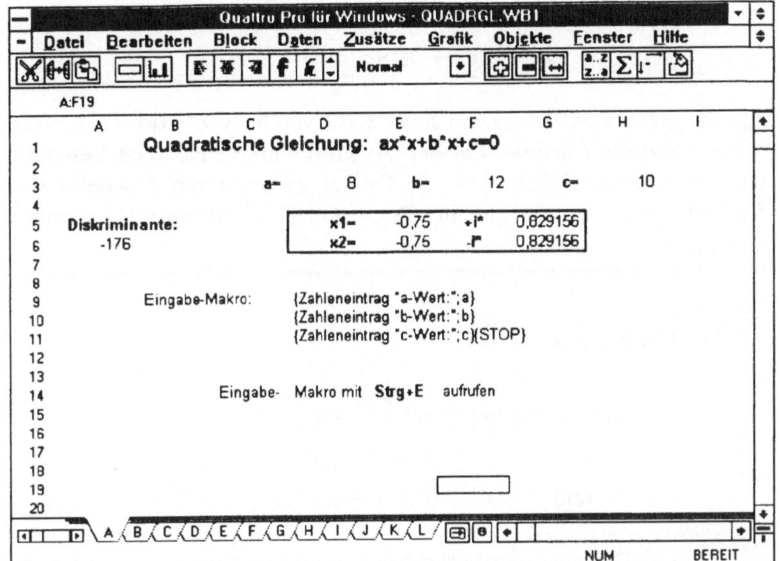

Quadratische Gleichungen werden kalt serviert und eventuell mit einem Makro garniert.

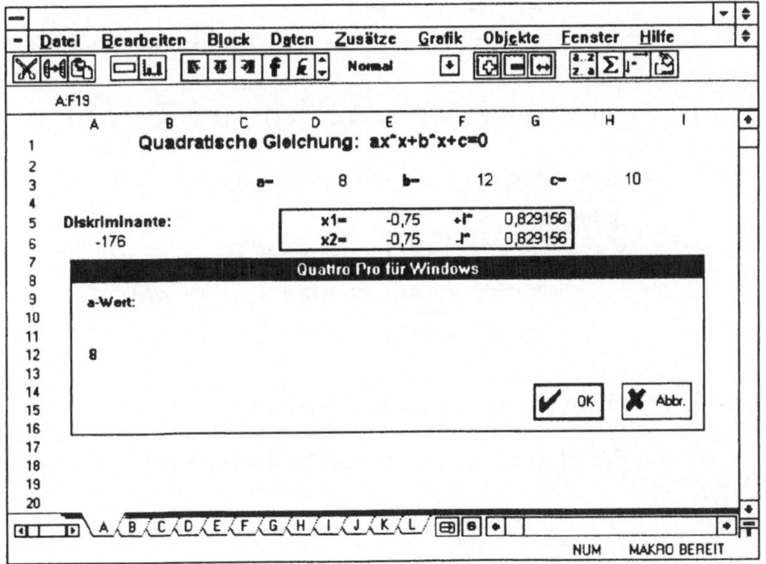

Der Makroeinsatz beschert Ihnen eine breite Eingabemaske.

Das Rezept zur Lösung einer Gleichung dritten Grades

$$x^3 + ax^2 + bx + c = 0$$

erhielt GERONIMO CARDANO im Jahre 1539 von NICOLO TARTAGLIA. Von vielen wird die *Cardano-Formel* als größte mathematische Leistung der Neuzeit angesehen. Für den Fall eines negativen a scheint die Formel schon von SCIPIONE DEL FERRO (1465-1526) entdeckt worden zu sein.

Das brauchen Sie :

1. Diskriminante: $\Delta = (\frac{B}{2})^2 + (\frac{A}{3})^3$
   mit $A := b - a^2/3$
   und $B := c + 2a^3/27 - ab/3$

Hat eine algebraische Gleichung mit reellen Koeffizienten komplexe Wurzeln, so können diese nur konjugiert komplex sein.

2. Bei *positiver* Diskriminante gibt es eine *reelle* und zwei konjugiert *komplexe* Lösungen:

$$x_1 = \alpha + \beta - a/3$$
$$x_{2,3} = -(\alpha + \beta)/2 - a/3 \pm i\sqrt{3}\,(\alpha - \beta)/2$$

mit: $\alpha = (-B/2 + \sqrt{\Delta})^{1/3}$; $\beta = (-B/2 - \sqrt{\Delta})^{1/3}$

3. Falls $\Delta \leq 0$ ist, so gibt es folgende drei *reellen* Lösungungen:

$$x_1 = 2\sqrt{-A/3}\,\cos\varphi - a/3$$
$$x_2 = 2\sqrt{-A/3}\,\cos(\varphi + 120°) - a/3$$
$$x_3 = 2\sqrt{-A/3}\,\cos(\varphi + 240°) - a/3$$

darin ist $\varphi = \frac{1}{3}\arccos\frac{-B}{2\sqrt{-(A/3)^3}}$

Vergl. [M.ABRAMOWITZ-I.A.STEGUN 64, p.17]

So wird 's gemacht:

1. Gestalten Sie Ihr Arbeitsblatt so wie es die Abbildung zeigt.
2. A11: +E6-D6^2/3; B11: +F6+2*D6^3/27-D6*E6/3

3. C11: (B11/2)^2+(A11/3)^3

   H1 und H2 sind Hilfsgrößen, mit denen sich die 3.Wurzeln auch bei negativen Radikanden berechnen lassen:

   Quattro Pro berechnet keine 3.Wurzeln aus negativen Zahlen.

   D11: @WENN(C11>0;-B11/2+@WURZEL(C11);"")
   E11: @WENN(C11>0;-B11/2-@WURZEL(C11);"")
   F11: @WENN(D11<0;-(-D11)^(1/3);D11^(1/3))
   G11: @WENN(E11<0;-(-E11)^(1/3);E11^(1/3))

4. H11: @WENN(C11<=0;@ACOS((-B11)/
   (2*@WURZEL(-A11^3/27)))/3;"")

5. E15: @WENN(C11>0;+F11+G11-D6/3;2*@WURZEL(
   -A11/3)*@COS(H11)-D6/3)
   F15 und G15 sind unbesetzt
   E16: @WENN(C11>0;-(F11+G11)/2-D6/3;2*@WURZEL(
   -A11/3)*@COS(H11+2*@PI/3)-D6/3)
   F16: @WENN(C11>0;"+i*";"")
   G16: @WENN(C11>0;@WURZEL(3)*(F11-G11)/2;"")
   E17: @WENN(C11>0;-(F11+G11)/2-D6/3;2*@WURZEL(
   -A11/3)*@COS(H11+4*@PI/3)-D6/3)
   F17: @WENN(C11>0;"-i*";"");
   G17: @WENN(C11>0;@WURZEL(3)*(F11-G11)/2;"")

   Hier folgen die Lösungen x1, x2 und x3

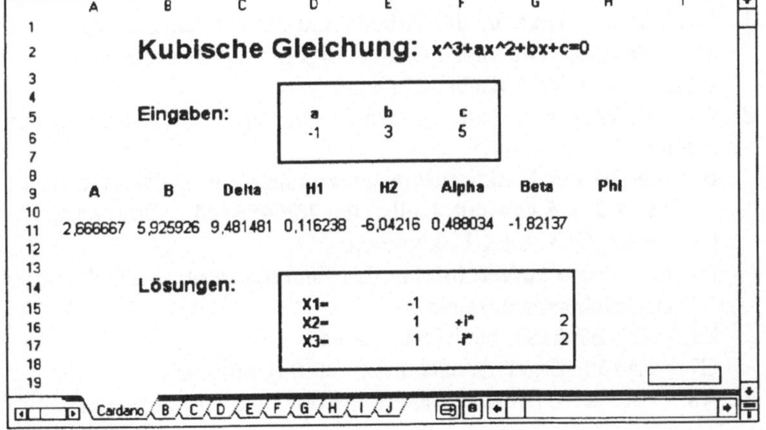

Die Mathematiker des Mittelalters konnten den casus irreducibilis nicht lösen; z.B.:a=0;b=-21; c=20

Unser Rezept liefert aber x1=4; x2=-5 und x3=1. Phi ist 0,713724

Bei der Break-even-Analyse trafen wir auf das NEWTONsche Näherungsverfahren zur Bestimmung der Break-even-Punkte. Wenn Sie *die Nullstelle einer Funktion* suchen, so ist NEWTON meist die Adresse, unter der Sie Hilfe finden. Sie wählen einen vernünftigen Schätzwert, um die Methode in Gang zu setzen, -den Rest erledigt unser Rezept.

Das brauchen Sie :

1. Ist x_n ein Näherungswert für die gesuchte Nullstelle der Funktion f, so berechnen Sie eine weitere Näherung x_{n+1} mit

$$x_{n+1} = x_n - \frac{f(x_n)}{f'(x_n)}$$

Die Ableitung wird in einem Aufwasch mit berechnet

Die Ableitung $f'(x_n)$ wird im Arbeitsblatt numerisch berechnet mit Hilfe des Differenzenquotienten:

$$f'(x) \approx \frac{f(x+h)-f(x)}{h}$$

Das Inkrement h wählt man hinreichend klein, z.B. h=1E-06, oder vielleicht besser: $h = 10^{-4}x_n$.

So wird's gemacht:

Den Funktionsterm in B7 eingeben

Die B-und die D-Spalte werden vom Makro bearbeitet

1. Struktur und Text für das Arbeitsblatt entnehmen Sie am besten der Abbildung. Die kleine Grafik zeigt den Inhalt des Makroschalters mit der Aufschrift *Newton*.
2. A7: +G$2; dieser Zelle geben Sie mit Hilfe von **Strg+F3** den Namen x.
   B7: hier ist der Funktionsterm einzutragen. Im Beispiel wurde **+x^3-2*x-5** gewählt. Nullstelle: **2,09455148...** ;Startwert: 1
   C7: +A7+G$3, bis C15 kopieren
   D7: das Makro kopiert hierhin den Funktionsterm. Sie haben hier also nichts einzutragen.
   E7: (D7-B7)/G$3, bis E15 kopieren
   G7: +A15 (=Ergebnis nach maximal 8 Iterationen)
3. A8: +A7-B7/E7 (neuer Näherungswert), bis A15 kopieren

Das Makro nimmt Ihnen langweilige Kopierarbeit ab

4. Das **Kopiermakro**, mit dem Sie die Rechnung starten, können Sie einfach abschreiben und irgendwo plazieren, wo es nicht stört, z.B. in den Block von F10 bis F17. Es kopiert zuerst den Funktionsterm nach D7. Anschließend werden B7 und D7 bis Zeile 15 kopiert. Zum Start stellen Sie den Zellzeiger auf F10 und betätigen die ALT-F2-Tasten. Einfacher ist es, das Makro mit \N zu benennen (Strg+F3) und dann mit Strg+N zu starten.
   Sie können aber auch einen **Makroschalter** anlegen, den Sie mit dem Makrotext belegen, vergl. Bildeinschub nach Rechtsklick des Schalters.

Mit 4 Schritten finden Sie die Nullstelle

5. So führen Sie eine Rechnung (Iteration) durch:

   a. In B7 den Funktionsterm einschreiben, z.B. @SIN(X)-X^2 oder +x^2-2 (das würde Ihnen die Wurzel aus 2 berechnen).
   b. Setzen Sie einen Startwert in G2 ein.
   c. Starten Sie das Makro.
   d. Verändern Sie den Startwert, falls Sie keine Konvergenz erhalten. *Das Makro braucht nicht wieder gestartet zu werden!*

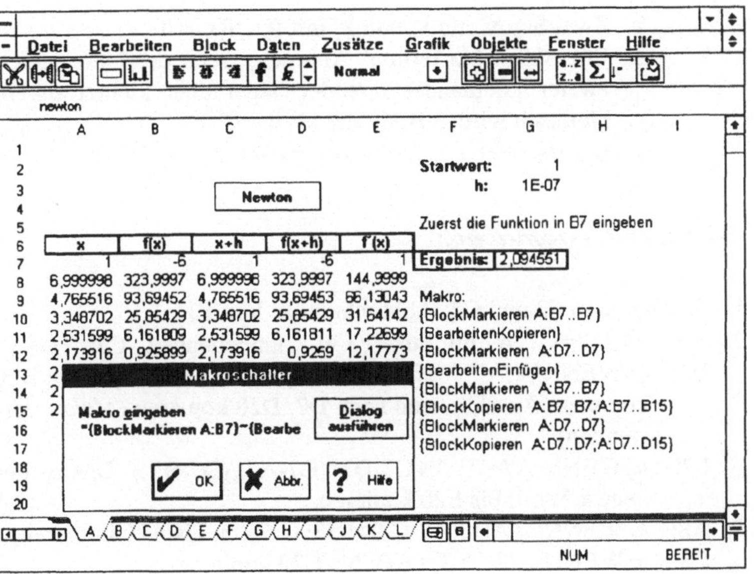

Arbeitsblatt zur Newton-Näherung

Hier haben Sie eine weitere, uralte Methode zur Bestimmung der Nullstelle einer Funktion.
Im Gegensatz zur NEWTON-Methode braucht man jetzt *zwei Startwerte*, aber man hat bei jedem Iterationsschritt nur einmal einen Funktionswert zu berechnen. Man geht also von **zwei** *falschen* x-Werten, x_1 und x_2, aus und berechnet sich mit Hilfe einer Iterationsformel eine Folge weiterer Werte x_3, x_4, ..., die sich i.a. der gesuchten Nullstelle schnell nähern. Die Startwerte müssen so gewählt werden, daß die gesuchte Nullstelle dazwischen liegt. Das kann man mit Hilfe einer Wertetabelle feststellen - oder noch besser durch Aufzeichnen des Graphen der Funktion (Grafikeditor von Quattro Pro verwenden!)

Das brauchen Sie :

1. Die Iterationsformel für die Regula falsi (Sekanten-Methode):

$$x_{n+2} = x_n - f(x_n)\frac{x_{n+1}-x_n}{f(x_{n+1})-f(x_n)}$$

2. Zwei Startwerte x_1 und x_2 mit $f(x_1)f(x_2)<0$
3. Ein Abbruchkriterium: Abbruch, wenn der Unterschied zweier aufeinanderfolgender Näherungen kleiner als ein kleines h wird, z.B.kleiner als h= 1E-06
4. Ein Beispiel: $e^{-x} - \sin(\pi x/2) = 0$

So wird's gemacht:

1. Startwerte in F2 und G2; Abbruchgrenze h in F3
2. A7: +F$2 (=$x_1$); A7 mit Strg+F3 in X umbenennen. C7: +G$2
   B7: @WENN(A7="";"";@EXP(-X)-@SIN(@PI*X/2)) , bis B20 kopieren. Anschließend nach D7..D20 kopieren (*Makro* verwenden).
   F7: @WENN(A7="";"";+C7-D7*(C7-A7)/(D7-B7)). Das ist der neue x-Wert; bis E20 kopieren.
3. A8: @WENN(@ABS(A7-C7)>F$3;+C7;""); bis A20 kopieren.
   C8: @WENN(A8="";"";+E7); bis C20 kopieren.

Gibt man A7 den Namen X, so kann man auch in B7 X verwenden.. Unbedingt ein Kopiermakro einsetzen!

Für unser Beispiel erscheint in E14 die Nullstelle: 0,443573534

Von HORNER (1774-1834) stammt das bekannte Verfahren zur Bestimmung des Polynomwertes an der Stelle x_0.
Das Verfahren beruht auf der Tatsache, daß jedes Polynom P(x) in Klammerform geschrieben werden kann. Z.B.: $P(x)=4x^3-2x^2+3x-6$ kann auch so geschrieben werden: $P(x)=((4x-2)x+3)x-6$
Die Klammern haben alle die gleiche Struktur: $p=px+a$.
Auch lassen sich gleichzeitig die Werte der *Ableitungen* an der fraglichen Stelle berechnen, denn diese folgen der Struktur $q=qx+p$.
Diese beiden einfachen Formeln lassen sich sofort in einem Arbeitsblatt auswerten.

Das brauchen Sie:

1. Polynom P(x) und die Stelle x_0, an der P(x) ausgewertet werden soll.
2. Die Zusammenhänge p=px+a und q=qx+p
3. Ein Beispiel:

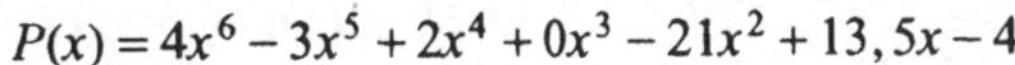

$$P(x) = 4x^6 - 3x^5 + 2x^4 + 0x^3 - 21x^2 + 13{,}5x - 4$$

Hier ist ein Beispiel; fehlende Terme haben den Faktor 0

So wird's gemacht:

1. Speichern Sie den Wert von x_0 =2,1 -oder irgendeinen anderen Wert- in F1, und reservieren Sie einen Block für die Rechnungen, z.B. B10 bis I17 für unser Polynom 6. Grades.
2. Füllen Sie B10..B16 mit den Werten 4, -3, 2, 0, -21, 13,5, -4
3. C9 bis I9 mit Null besetzen; die C-Spalte dient der Berechnnung von P(x). In den Spalten D bis I werden die 6 Ableitungen berechnet.
4. C10: **+C9*$F$1+B10** (das ist die Formel p=px+a)
   Kopieren Sie diesen Ausdruck bis C16.
5. D10: **+D9*$F$1+C10** (das ist die Formel q=qx+p)
   Kopieren Sie diese Formel bis I16.
6. In C16 haben Sie den Wert (191,1777) des Polynoms an der Stelle x_0=2,1
7. Mit +D15 in D17 erhalten Sie den Wert der 1.Ableitung: 687,8507
8. E17: +E14*2 (2.Ableitung); F17: +F13*6 (3.Ableitung)
   G17: +G12*24 (4.Ableitung); H17: +H11*120 (5.Ableitung)
   I17: +I10*720 (6.Ableitung) mit dem Wert 2880

Mit nur 2 Formeln erhält man Funktionswert und Ableitungen.

*Die Faktoren 2,6 24,120 ... folgen aus der Ableitungsregel: 6=2*3, 24=6*4, 120= 24*5 usw.*

Wie sich ein Differenzenquotient mit kleiner werdendem Inkrement der Ableitung einer Funktion nähert, läßt sich sehr schön mit Hilfe des WAS-WENN-Befehls studieren, den Quattro Pro für Sie bereit hält.

Das brauchen Sie :

1. WAS-WENN-Befehl aus dem Menü DATEN
2. Eine Tafel von h-Werten (Einwegtabelle; 1 freie Variable) für die Berechnung des Differenzenquotienten.

So wird's gemacht:

1. Füllen Sie zunächst die A- und die B-Spalten aus (Funktionsbeispiel $f(x)=5x^2$). B5: +B3+B4; B7: 5*B4*B4; B8: 5*B5*B5 B10: **(B8-B7)/B3** (Differenzenquotient); E3: **+B10**
2. Geben Sie in D4 bis D11 eine Reihe kleiner werdender h-Werte.
3. Rufen Sie DATEN/WAS-WENN auf, und beantworten Sie die Fragen mit: *Datentabelle:* D3..D11, *Eingabezelle:* B3, Einweg (*1 freie Variable*) anklicken.
4. Quattro Pro setzt jetzt der Reihe nach alle h-Werte in B3 ein und trägt die jeweiligen Inhalte von B10 in die Zellen E3 bis E11 ein.

Wollen Sie diese Untersuchung an den Stellen x0=1, 2, 3 und 4 (in E3, F3, G3 und H3) durchführen, so tragen Sie in D3 **+B10** *ein. Dann:* DATEN/ WAS-WENN

2 freie Variablen Datentabelle: D3 ..H11, Spaltenwert: B3, Zeilenwert: B4,

vergl. Arbeitsblatt NR4_10_1

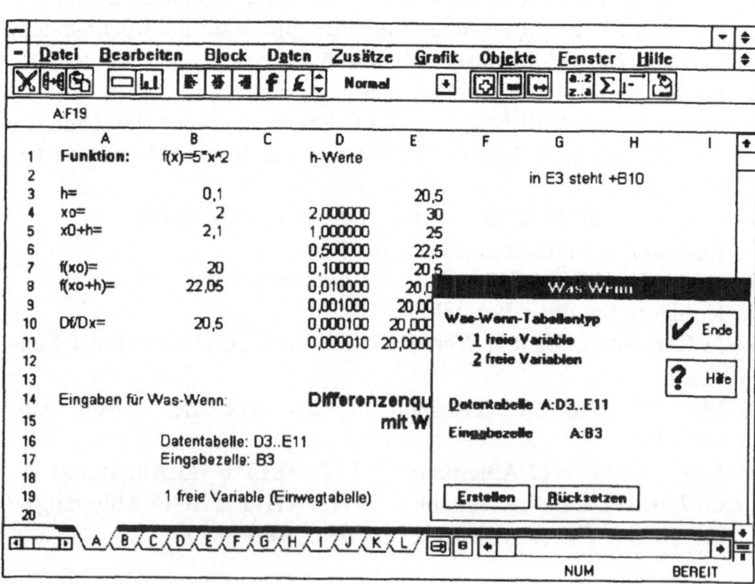

Die Fläche unter dem Graphen einer monoton steigenden oder monoton fallenden Funktion y=f(x) läßt sich meist mit guter Näherung dadurch berechnen, daß man sie durch Sehnen-*Trapeze* annähert. Die dabei zu verwendende Formel ist das Mittel aus Unter- und Obersumme.

Das brauchen Sie:

1. Die Trapezformel: $T=h(y_0+y_1+y_2+...+y_{m-1}-(y_0+y_m)/2)$
2. Intervallgrenzen a und b, Anzahl der Teilintervalle n Schrittweite h=(b-a)/n; ich wähle 20 Teilintervalle.

So wird's gemacht:

1. Die globale Struktur des Arbeitsblattes sollten Sie der Abbildung entnehmen.
2. A10: +E$1; A11: +A10+I$2, bitte bis A30 kopieren. Mit **Strg+F3** A10 mit **X** bezeichnen.
3. Funktionsterm als f(x) in B10 geben, z.B. 1/(1+X*X). Bis B30 kopieren. Verwenden Sie einfach das Makro \K.
4. **Ergebnis in D10: +I2*(@SUMME(B10..B30)-(B10+B20)/2)**
5. *Verbesserungen* erhalten Sie, wenn auch die ungeraden Funktionswerte verwendet werden: I10: 2*I2*@SUMME(F10..F30)

Nach SIMPSON *berechnet man das Integral mit* (2*D10+I10)/3

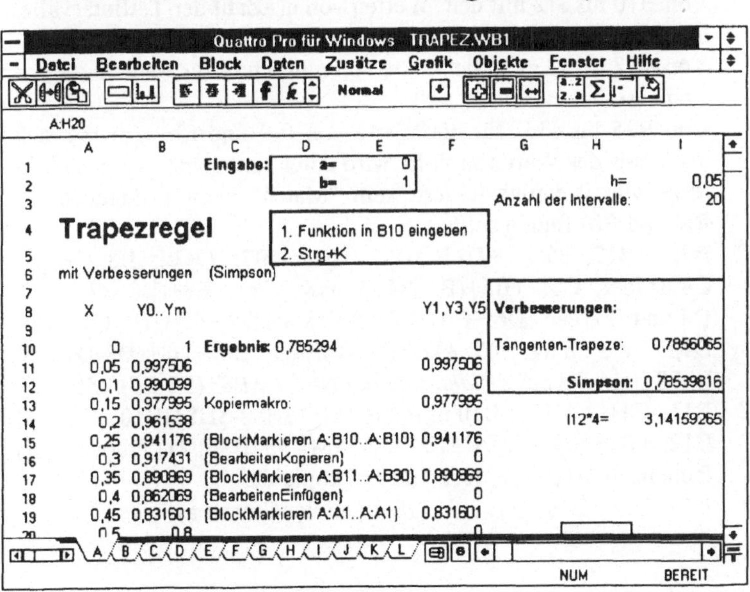

Die ungeraden Funktionswerte erhalten Sie so:

F10: 0;
F11: +B11;
BLOCK-KOPIEREN von F10..F28 bis F12

-das ist ein Trick!

Der vierfache Integralwert sollte 3,14159265.... sein, also Pi

Der *Romberg*-Algorithmus zur Berechnung des bestimmten Integrals $I = \int_a^b f(x)dx$ ist schnell und sehr genau. Man berechnet mit Hilfe der *Trapezregel* die Näherungen T(1,1), T(2,1), T(3,1),..., T(N,1), indem man die Zahl n der Teilintervalle fortwährend verdoppelt: 1, 2, 4, 8, 16 usw. -wir gehen nur bis $n=2^{N-1}=16$. Schließlich produziert man mit einem geeigneten Extrapolationsverfahren ein dreieckiges Array von Zahlen, die alle Näherungen von *I* sind. Der Wert an der Spitze, also T(1,N), ist die beste Näherung für *I*.

Das brauchen Sie :

1. Die Trapezregel, vergl. Rezept 4.11
2. Die Extrapolationsformel für die Elemente in der 2., 3., ... j-ten Spalte:

   $T(i,j)=T(i+1,j-1)+(T(i+1,j-1)-T(i,j-1))/(4^{i-1}-1)$

So wird's gemacht:

Das Arbeitsblatt hat 4 Hauptbereiche.

1. Das Arbeitsblatt sollten Sie in 4 Hauptbereiche teilen:
   Von B4 bis F8 für das Romberg-Dreieck mit den 15 T(i,j)-Werten T(1,1) bis T(1,5)
   Von B10 bis J12 mit den Werten von n(=Zahl der Teilintervalle), h(=Breite der Teilintervalle) und T(i,1) (= Trapezsumme)
   Von A17 bis J33 für die Werte von x und f(x) zur Berechnung der Trapezsummen.
   Von B35 bis J36 für die Werte von f(a) und f(b). (In I34 steht nochmals der Wert von b. Er wird dann verwendet, wenn sich infolge von Rundungsfehlern kein "Match" beim Aufsuchen von f(a) und f(b) finden sollte.)

Hier entsteht das Romberg-Dreieck.

2. B4: +B12; B5: +D12 ; B6: +F12; B7: +H12; B8: +J12
   C4 ist leer; C5: +B5+(B5-B4)/3; usw. C8: +B8+(B8-B7)/3
   D4 und D5 leer; D6:+C6+(C6-C5)/15 bis D8:+C8+(C8-C7)/ 15
   E4,E5 und E6 leer; E7: +D7+(D7-D6)/63; E8: +D8+(D8-D7)/63
   In F8 steht *die beste Näherung* bei N=5 : +E8+(E8-E7)/255
3. B11: ($H$2-$H$1)/B10 usw. bis J11: ($H$2-$H$1)/J10

Trapezregel

4. B12: **+B11*(@SUMME(B17..B34)-(B35+B36)/2)** (Trapezregel)
   Bitte nach D12, F12, H12 und J12 kopieren.
5. A17, C17, E17, G17, I17: $H$1 (=linke Grenze a)

6. A18:
@WENN(A17+B$11<=$H$2#UND#A17<>"";+A17+B$11;"")
Diesen Ausdruck zuerst bis A34 kopieren. Anschließend ist der Block A18..A34 nach C18..C34; E18..E34; G18..G34; I18..I34 zu kopieren. In I34 schreiben Sie: @WENN(J33="";$H$2;"")

Mit der Wenn-Abfrage werden die richtigen x-Werte ausgefiltert

7. Geben Sie A18 mit **Strg+F3** den Namen **X**.
8. Die Funktion wird in B17 in der Form @WENN(A17<>""; f(X);"") eingegeben. Im Beispiel habe ich **f(X)=1/(1+@SIN(X))** verwandt.

In B17 wird der Funktionsterm eingetragen

9. @WENN(A17<>"";1/(1+@SIN(X));"") muß jetzt- am besten mit einem *Makro* - bis B34 kopiert werden. Anschließend B17..B34 nach D17..D34 usw. bis J17..J34 kopieren.

Aufsuchen der Werte für f(a) *und* f(b)

10. B35: @VVERWEIS($H$1;A17..B34;1) sucht f(a)
B36: @VVERWEIS($H$2;A17..B34;1) sucht f(b)
entsprechend in D36: @VVERWEIS($H$2;C17..D34;1) usw.

11. Geben Sie in B39..B50 ein *Kopiermakro* ein:

Das ist das Kopier-Makro

Geben Sie ihm mit Strg+F3 *den Namen* \R

B39: {BlockMarkieren A:B17..A:B17}; B40: {BearbeitenKopieren}
B41: {BlockMarkieren A:B18..A:B34}; B42: {Bearbeiten-Einfügen}
B43: {BlockKopieren A: D17..A:D34}; B44: {Bearb.Einf.}
B45: {BlockKopieren A: F17..A:F34}; B46: {Bearb.Einf.}
B47: {BlockKopieren A: H17..A:H34}; B48: {Bearb.Einf.}
B49: {BlockKopieren A: J17..A:J34}; B50: {Bearb.Einf.}

	A	B	C	D	E	F	G	H
1		**Rombergverfahren**					a=	0,000000
2		**Funktion in B17 eingeben**			**(Makro:STRG+R)**		b=	3,141593
3		T(1,1)..T(5,1)	T(1,2)..T(4,2)	T(1,3)..T(3,3)	T(1,4)..T(2,4)	T(1,5)		
4		3,141593						
5		2,356194	2,094395					
6		2,098248	2,012266	2,006791				
7		2,025385	2,001098	2,000353	2,000251			
8		2,006405	2,000078	2,000010	2,000005	2,000004		
9								
10	n=	1		2		4		8
11	h=	3,141593		1,570796		0,785398		0,392699
12	T(i,1)=	3,141593		2,356194		2,098248		2,025385
13								
14								
15	x	f(x)	x	f(x)	x	f(x)	x	f(x)
16								
17	******	1,00000	0,00000	1,00000	0,00000	1,00000	0,00000	1,00000
18	3,14	1,00000	1,57080	0,50000	0,78540	0,58579	0,39270	0,72323
19			3,14159	1,00000	1,57080	0,50000	0,78540	0,58579
20					2,35619	0,58579	1,17810	0,51978

A / B / C / D / E / F / G / H / I / J / K / L

Hier ist a=1E-10

Teilbild des Arbeitsblattes zum Romberg-Algorithmus

Die *Simpsonsche Regel* liefert in den meisten Fällen eine völlig ausreichende Genauigkeit bei der Berechnung bestimmter Integrale. Sie wurde bereits in 4.11 als eine *Verbesserung* erwähnt. Die S.R. ersetzt die Funktion f(x) im Intervall [x-h,x] durch eine exakt integrierbare quadratische Funktion (Parabel). Die Fläche unter einem derartigen Parabelstück ist gegeben durch

Ist der Integrand konstant, linear oder eine quadratische bzw. kubische Funktion, so liefert die S.R. den exakten Integralwert

$$\Delta A = \tfrac{h}{6}[f(x-h) + 4f(x-h/2) + f(x)]$$

Berechnet werden soll die sogenannte *statistische Sicherheit* S(x) .

$$S(x) = \int_{-x}^{+x} f(t)dt \quad \text{mit} \quad f(t) = \frac{1}{\sqrt{2\pi}} e^{-\frac{t^2}{2}}$$

Das brauchen Sie :

1. Formel für die Parabelflächen, s. oben

So wird's gemacht:

1. Halten Sie sich bitte an das in der Abbildung gezeigte Schema.
2. Linke Grenze a in E2, rechte Grenze b in E3; n=20 in H2 und h=(E3-E2)/H2 in H3. In H4 steht h/2, also +H3/2
3. Funktionsterm in C10: 1/@WURZEL(2*@PI)*@EXP(-X*X/2); nach D10 kopieren (Makro!). **E11: +H$3*(C10+4*D11+C11)/6**

A10: +E2

A11: +A10+H$3 *bis A30 kopieren*

C10,D10 bis C30,D30 kopieren (Makro!)

Das Ergebnis steht in G10:

@SUMME(E11.. E30)

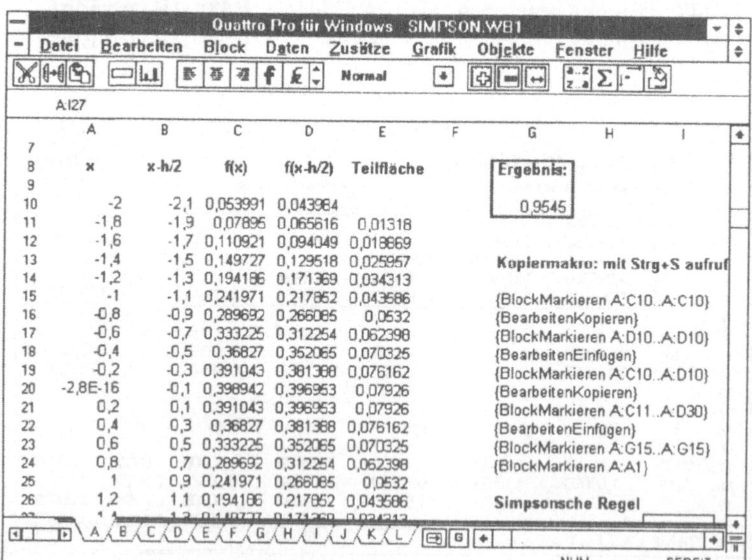

	A	B	C	D	E
7					
8	x	x-h/2	f(x)	f(x-h/2)	Teilfläche
9					
10	-2	-2,1	0,053991	0,043984	
11	-1,8	-1,9	0,07895	0,065616	0,01318
12	-1,6	-1,7	0,110921	0,094049	0,018869
13	-1,4	-1,5	0,149727	0,129518	0,025957
14	-1,2	-1,3	0,194186	0,171369	0,034313
15	-1	-1,1	0,241971	0,217852	0,043586
16	-0,8	-0,9	0,289692	0,266085	0,0532
17	-0,6	-0,7	0,333225	0,312254	0,062398
18	-0,4	-0,5	0,36827	0,352065	0,070325
19	-0,2	-0,3	0,391043	0,381388	0,076162
20	-2,8E-16	-0,1	0,398942	0,396953	0,07926
21	0,2	0,1	0,391043	0,396953	0,07926
22	0,4	0,3	0,36827	0,381388	0,076162
23	0,6	0,5	0,333225	0,352065	0,070325
24	0,8	0,7	0,289692	0,312254	0,062398
25	1	0,9	0,241971	0,266085	0,0532
26	1,2	1,1	0,194186	0,217852	0,043586

Das Interpolationsschema von NEWTON (1643-1727) scheint geradezu für ein Tabellenkalkulationsprogramm entworfen zu sein: die linke Hälfte des Schemas besteht nur aus Differenzen von x-Werten benachbarter Zellen. Für die rechte Seite sind noch Divisionen mit Werten durchzuführen, die auf der linken Seite bereits stehen.
Dies erkläre ich am besten anhand eines *Beispiels*: durch die Stützpunkte $(x_0,y_0),(x_1,y_1),\dots,(x_n,y_n)$ soll ein Polynom der Form

$$p(x) = a_0 + a_1(x-x_0) + a_2(x-x_0)(x-x_1) + \dots \\ +a_n(x-x_0)(x-x_1)\dots(x-x_{n-1})$$

gelegt werden. Die Koeffizienten a_i sind zu bestimmen.

Das brauchen Sie:

1. n+1 Stützpunkte, z.B.: (1;3), (3;1), (4;6)

So wird's gemacht:

1. Legen Sie folgende Tabelle an:

		x_0	$f_0 := a_0$			(=3)
	x_1-x_0			a_1		(= -1)
x_2-x_0		x_1	f_1		a_2	(=2)
	x_2-x_1			b_1		
		x_2	f_2			

Links stehen einfache x-Differenzen, rechts stehen dividierte Funktionsdifferenzen.

2. Setzen Sie x_0=1 in F4 und f_0=3 in G4; x_1=3 in F6 und f_1=1 in G6; ferner x_2=4 in F8 und f_2=6 in G8 (in p(x) kommt (4;6) nicht vor).
3. *Linke Seite*: E5: +F6-F4; E7: +F8-F6; D6: +F8-F4
4. *Rechte Seite* (dividierte Differenzen):
   H5: (G6-G4)/E5 (=a_1); H7: (G8-G6)/E7 (=b_1)
   I6: (H7-H5)/D6 (=a_2)

5. **Ergebnis:** p(x)= **3**-**1**(x-1)+**2**(x-1)(x-3)= $2x^2$-9x+10

Liegen mehr Stützpunkte vor, so ist das obige Schema weiter auszubauen. Für die Punkte (-2;3), (-1;0), (0;-2), (1;6), (2;1) erhalten Sie a_0=3; a_1=-3; a_2=0,5; a_3=1,5 und a_4=-4/3

Zu einem der menschlichen Grundbedürfnisse ist das Zeichnen von Dreiecken zu zählen, so jedenfalls erzählt es die Mathematikgeschichte. Und was sagt die Tiefenpsychologie...? Wir haben also allen Grund, ein Rezept anzubieten, das uns hilft, geometrische Gebilde wie Dreiecke, Vielecke -und auch Parabeln usw. zu verschieben, zu strecken oder zu drehen. Das erste Rezept soll für ein *Dreieck* entwickelt werden.

Das brauchen Sie :

1. Verschiebung: $x' = x + u; y' = y + v$, oder eingesetzt:
   $y' = f(x-u) + v$
2. Streckung: $x' = a(x - x_0) + x_0$
   $y' = b(y - y_0) + y_0$

   a,b sind die Streckfaktoren, und x_0, y_0 sind die Koordinaten des Streckzentrums, das in diesem Rezept der verschobene Punkt A sein wird.

   Also: $x_0 = A_x + u$; $y_0 = A_y + v$
3. Drehung mit dem Winkel φ um den Drehpunkt (x_0, y_0):
   $x' = (x - x_0)\cos(\varphi) - (y - y_0)\sin(\varphi) + x_0$
   $y' = (x - x_0)\sin(\varphi) + (y - y_0)\cos(\varphi) + y_0$

   x,y sind die ursprünglichen Koordinaten. x′,y′ sind die neuen Koordinaten des >gedrehten< Punktes.

Die Drehung ist bei positivem Phi linksherum, d.h. im mathematisch positiven Sinn

So wird's gemacht:

1. Halten Sie sich an das abgebildete Arbeitsblatt, um die drei Punkte A,B,C, den Winkel φ, den Drehpunkt (x_0, y_0) usw. einzutragen. Die Grenzen der Koordinatenachsen können Sie automatisch steuern, wenn Sie zwei Hilfspunkte mit den Koordinaten (Xmin,Ymin) und (Xmax,Ymax) mit aufnehmen.
2. A1: +F9; B1: +H9; A1..A3 zur Festlegung der Achseneinteilung
   A2: @NV
   A3: +F10; B3: +H10
   A4: @NV
   A5: +F1; B5: +G1; Punkt A
   A6: +F2; B6: +G2 Punkt B
   A7: +F3; B7: +G3 Punkt C
   A8: +A5; B8: +B5 erneut Punkt A; A9: @NV

3. A10: +A5+F13; das Dreieck wird verschoben und in Bezug
   B10: +B5+H13 auf A gestreckt
   A11: +F16*(F2-F1)+A10; B11: +H16*(G2-G1)+B10
   A12: +F16*(F3-F1)+A10; B12: +H16*(G3-G1)+B10
   A13: +A10; B13: +B10; A14: @NV

Streckung des Dreiecks mit A als Bezugspunkt

4. A15: (A10-F$6)*COS(H$7)-(B10-F$7)*SIN(H$7)+F$6
   B15: (A10-F$6)*SIN(H$7)+(B10-F$7)*COS(H$7)+F$7
   Beide Dreh-Formeln bis Zeile 18 kopieren.

Drehung um den Punkt (F6,F7)

5. GRAFIK/NEU: XY-Grafik; x-Achse: A1..A18
   1.W.B.: B1..B18

	A	B	C	D	E	F	G	H
1	-120	-40			**A=**	28	-24	
2	NA				**B=**	70	10	
3	200	120			**C=**	20	30	
4	NA							
5	28	-24			**Drehpunkt:**		**Winkel:**	
6	70	10			X1=	92	Alpha=	90
7	20	30			Y1=	77	in Radiant:	1,5707963
8	28	-24			**Achsengrenzen:**			
9	NA				Xmin=	-120	Ymin=	-40
10	8	26			Xmax=	200	Ymax=	120
11	92	77						
12	-8	107			**Verschiebung:**			
13	8	26			Vx=	-20	Vy=	50
14	NA							
15	143	-7			**Streckung:**			
16	92	77			a=	2	b=	1,5
17	62	-23						
18	143	-7		**Operationen an einem Dreieck**				
19								

Operationen an einem Dreieck

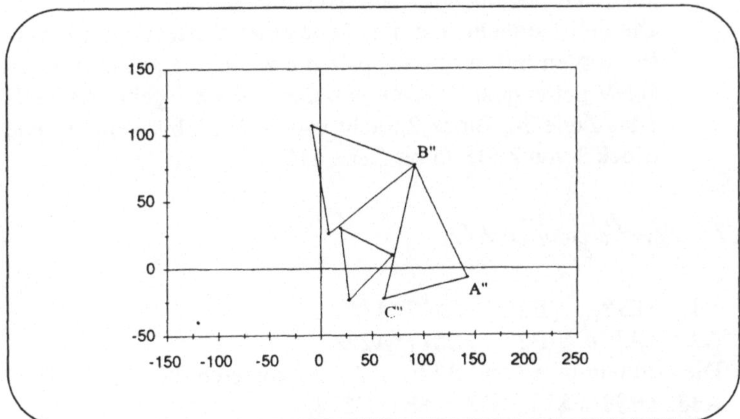

Das kleine Dreieck ist das Original:ABC. Darüber ist das gestreckte und verschobene Dreieck:A'B'C', das dann mit 90° um den Punkt B'gedreht wurde. Ergebnis:A"B"C"

Am Beispiel der Parabel $y = f(x) = b\,x^2$ soll gezeigt werden, wie Sie den Graphen *einer beliebigen Funktion* strecken, verschieben oder drehen können. Das Rezept gestattet Ihnen, die Parabel mit dem Faktor b zu strecken (oder zu stauchen, falls b<1), sie anschließend um u Einheiten horizontal und v Einheiten vertikal zu verschieben- und dann noch mit dem Winkel φ um den Punkt D= $(x_0; y_0)$ zu drehen.

Das brauchen Sie :

1. *Verschiebung*: $x = x + u;\ y = y + v$; x und y sind die alten Koordinaten, u und v sind die Koordinaten des Verschiebungsvektors.
2. *Drehung*: $x = (x - x_0)\cos(\varphi) - (y - y_0)\sin(\varphi) + x_0$
   $y = (x - x_0)\sin(\varphi) + (y - y_0)\cos(\varphi) + y_0$

Bei der Drehung der verschobenen Parabel um den Punkt D sind für x und y die «verschobenen» Koordinaten einzusetzen. Die Scheitel der verschobenen und der gedrehten Parabel liegen auf einem Kreis um den Punkt D.

Wichtig: Achten Sie darauf, daß n Einheiten auf der x-Achse dieselbe Strecke darstellen wie n Einheiten auf der y-Achse. Z.B.: wenn 10 Einheiten auf der x-Achse 5cm belegen, so müssen 10 Einheiten auf der y-Achse ebenfalls 5cm aufspannen. Man erreicht dies meist leicht durch manuelle Festlegung der Achseneinteilungen.
Die drei Parabeln sind drei Teile einer einzigen Grafik, d.h. sie werden mit nur zwei Spalten erzeugt, die aus drei durch @NV getrennten Blöcken bestehen. Block 1 geht von Zeile 1 bis Zeile 36, Block 2 reicht von Zeile 38 bis Zeile 73 und Block 3 von Zeile 75 bis Zeile 110.

So wird's gemacht:

1. A1: +E$8; B1: +G$17*A1^2
   A2: +A1+0,2; B2: +G$17*A2^2
   Die Formeln in A2 und B2 bis A2..B36 kopieren. In A37: @NV
2. A38: +E$8+E$14; B38: +B1+G$14
   A39: +A38+0,2; B39: +B2+G$14

Beide Formeln bis Zeile 73 kopieren. In A74: @NV

3. A75: (A38-E$10)*COS(G$11)-(B38-E$11)*SIN(G$11)+E$10
   B75: (A38-E$10)*SIN(G$11)+(B38-E$11)*COS(G$11)+E$11
   Beide Formeln von A75..B75 bis A75..B110 kopieren.
4. GRAFIK/NEU auswählen. X-Achsenbereich: A1..A110;
   1.Wertebereich: B1..B110; GRAFIK/TYP: XY-Grafik aussuchen.

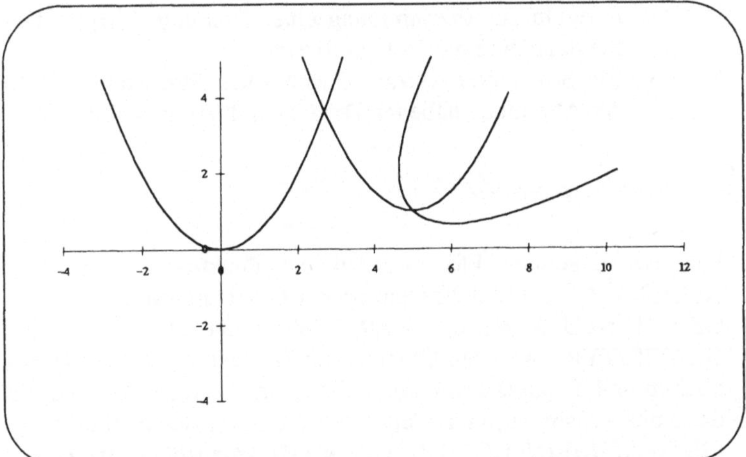

Drehung mit -45° um den Scheitel der verschobenen Parabel. Streckfaktor b=0.5

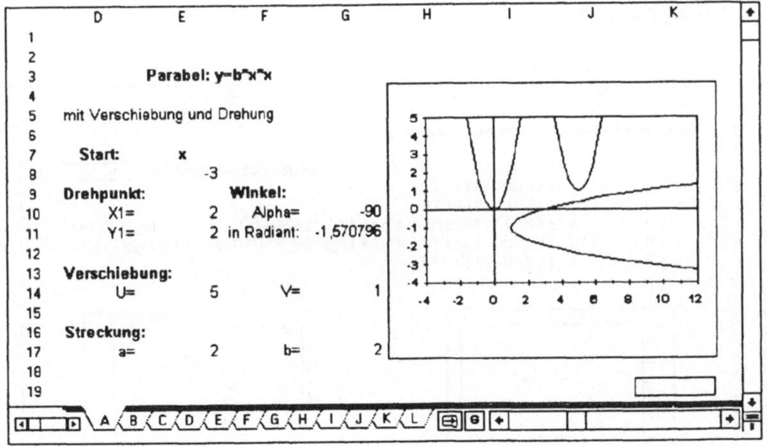

Drehung mit -90°um den Punkt (2;2)

Als Vorbereitung auf das Rezept zur Darstellung mehrerer Vektoren zeige ich Ihnen jetzt, wie man einen Pfeil zeichnet, und wie man ihn dreht und streckt.

Das brauchen Sie:

1. 6 Punkte zum Zeichnen eines liegenden Pfeiles
2. Formeln zur Beschreibung einer Drehung. Vergleichen Sie dazu bitte die vorigen Rezepte
3. Ein Streck/drehzentrum D und einen Streckfaktor b. In der Abbildung habe ich D=(1;1) und b=4 gewählt

So wird's gemacht:

1. Für den liegenden Pfeil wurden die Punkte (1;1); (1,9;1); (1,9;1,05) ; (2;1); (1,9;0,95) und wieder (1,9;1) gewählt.
2. GRAFIK/NEU: X-Werte: A4..A9; Y-Werte: B4..B9; OK GRAFIK/TYP: XY; den Graphen mit der rechten Maustaste anklicken und *Symboleigenschaften* Gewicht: 0 setzen. Klicken Sie dann die Achsen an, und wählen Sie die gewünschte Einteilung. Mit GRAFIK/EINFÜGEN die Grafik aufs Arbeitsblatt setzen.
3. Tragen Sie nun die in E7 stehende Formel für die Drehstreckung in die Zelle C4 ein. Kopieren Sie sie bis C9. Die zweite Formel gehört in D4 und muß bis D9 kopiert werden. Wieder GRAFIK/NEU usw.

Die Pfeilköpfe werden spitzer, wenn Sie 1,05 durch 1,025 ersetzen

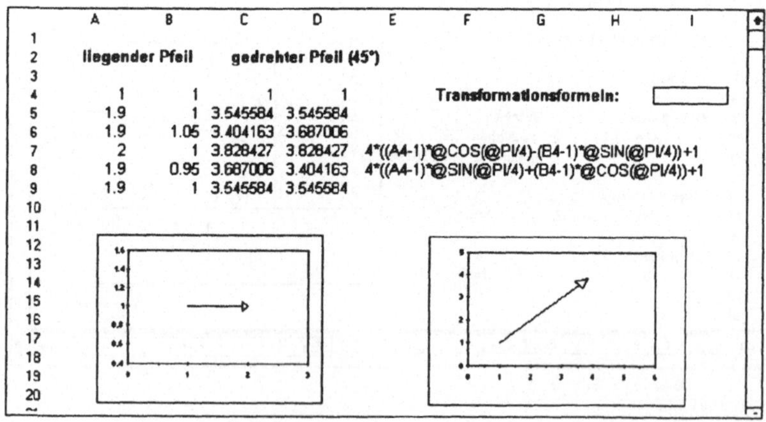

	A	B	C	D	E	F	G	H	I
1									
2	liegender Pfeil		gedrehter Pfeil (45°)						
3									
4	1	1	1	1		Transformationsformeln:			
5	1.9	1	3.545584	3.545584					
6	1.9	1.05	3.404163	3.687006					
7	2	1	3.828427	3.828427	4*((A4-1)*@COS(@PI/4)-(B4-1)*@SIN(@PI/4))+1				
8	1.9	0.95	3.687006	3.404163	4*((A4-1)*@SIN(@PI/4)+(B4-1)*@COS(@PI/4))+1				
9	1.9	1	3.545584	3.545584					
10									
11									
12									
13									
14									
15									
16									
17									
18									
19									
20									

Nun sollen die x-y-Koordinaten *mehrerer Vektoren* -bis zu 5- eingelesen und addiert werden. Zu jedem Vektor sollen außerdem Länge und Winkel ausgegeben werden. (Der zweidimensionale Vektor $\vec{a}$ kann entweder als Summe $\vec{a} = a_x \hat{i} + a_y \hat{j}$ geschrieben werden oder aber mit Hilfe von Betrag $|\vec{a}|$ und Winkel φ.)
Für die Summe zweier zweidimensionaler Vektoren haben wir die Formel: $\vec{a} + \vec{b} = (a_x + b_x)\hat{i} + (a_y + b_y)\hat{j}$

Das brauchen Sie:

1. Formel für den Betrag: $|\vec{a}| = +\sqrt{a_x^2 + a_y^2}$
2. und für den Winkel: $\varphi = \arctan \frac{a_y}{a_x}$ mit $-\pi < \varphi \le \pi$

So wird's gemacht:

1. B13: @WURZEL(B9^2+B10^2); B14: +B15/@PI*180
   B15: @ATAN2(B9;B10); B13..B15 kopieren bis B13..F15
2. H9: +B9+C9+D9+E9+F9; H10:+B10+C10+D10+E10+F10
   H13: @WURZEL(H9^2+H10^2); H14:+H15/@PI*180
   H15: @ATAN2(H9;H10)

	A	B	C	D	E	F	G	H
3			Vektoraddition					
4								
5				Vektoren				
6								
7		Nr.1	Nr.2	Nr.3	Nr.4	Nr.5	Summenvektor	
8								
9	x-Koordinaten:	-20	-25	35	40	40	Rx:	70
10	y-Koordinaten:	40	-60	45	-70	15	Ry:	-30
11								
12								
13	Betrag:	44.72	65.00	57.01	80.62	42.72	Betrag:	76.16
14	Winkel(Grad):	116.57	-112.62	52.13	-60.26	20.56	Grad:	-23.20
15	Winkel(Rad.):	2.03	-1.97	0.91	-1.05	0.36	Rad.:	-0.40
16								
17					"Grenzwert:"		80	
18					Korrekturwert:		1.2	

Die Summe von bis zu 5 Vektoren

In @ATAN2(x,y) ist zuerst die x-Koordinate einzugeben. Der Winkelbereich ist -180° bis +180°

Die beiden Einträge *Grenzwert* und *Korrekturwert* werden später in 4.19 benötigt.

Beim jetzigen Rezept geht es darum, die Erfahrungen der letzten beiden Pfeil-Rezepte zusammenzufassen, um endlich fünf oder mehr Vektoren *bildlich* zusammen mit dem Summenvektor darstellen zu können. Der Summenvektor wird mit drei Linien gezeichnet, damit er deutlich hervortritt.

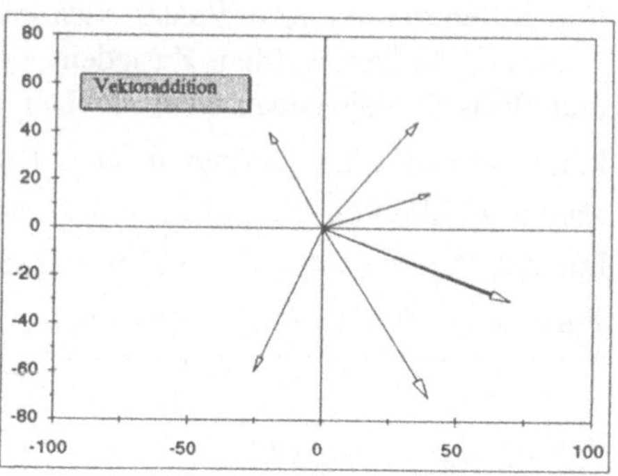

Das brauchen Sie:

1. Sie benötigen die Informationen aus dem Rezept zum Pfeilezeichnen: 4.17.
2. Einen >Einheitsvektor<, auf den Sie sechsmal (Sie haben 5 Vektoren und den Summenvektor) folgende bekannte Transformation anwenden (Drehung um (0;0) und Streckung mit dem Faktor b) : x-Koord.: $b(x\cos\varphi - y\sin\varphi)$
   sowie: y-Koord.: $b(x\sin\varphi + y\cos\varphi)$

So wird's gemacht:

Alle Vektoren sind Teile einer einzigen Grafik. Daher benötigen wir nur einen x- und einen y-Bereich. Vergl. das Parabel-Rezept

1. Holen Sie sich das Arbeitsblatt des letzten Rezeptes über die Vektorsummen, und erweitern Sie es wie folgt:
2. Geben Sie die Koordinaten der Punkte ein, die Ihren Éinheitsvektor bilden: L10..L16 : 0; 0.9; 0,9; 1; 0,9; 0,9; @NV
   M10..M16: 0; 0; 0,025; 0; -0,025; 0; @NV
3. *1. Vektor:* Daneben in den Spalten N und O werden mit Hilfe von Betrag (b=B13) und Winkel (B15) die x´-y´-Koordinaten der Punkte berechnet, die den ersten Bildvektor darstellen (=Bildvektor des Mustervektors):
   N10: +B$13*(L10*@COS(B$15)-M10*@SIN(B$15))
   O10: +B$13*(L10*@SIN(B$15)+M10*@SIN(B$15)); beide Formeln bis N15..O15 kopieren.
4. *2. Vektor:* N17: +C$13*(L10*@COS(C$15)-M10*@SIN(C$15))
   O17: +C$13*(L10*@SIN(C$15)+M10*@COS(C$15))

Sie brauchen die Formeln nicht jedesmal völlig neu zu schreiben. Einfach kopieren und mit F2 editieren! Nun beide Formeln bis N22.. O22 kopieren.

5. *3. Vektor:*N24:+D$13*(L10*@COS(D$15)-M10*@SIN(D$15))
   O24: +D$13*(L10*@SIN(D$15)+M10*@COS(D$15))
   Bis N29..O29 kopieren.
6. Der 4. Vektor beginnt mit E$13*(usw.) in N31 und geht bis Zeile 36. In Zeile 37 beginnt mit F$13*(usw.) der 5. Vektor und erstreckt sich bis N43..O43.
7. Summenvektor in N45..O50:
   N45: +H$13*(L10*@COS(H$15)-M10*@SIN(H$15))
   O45: +H$13*(L10*@SIN(H$15)+M10*@COS(H$15))
8. Die beiden zusätzlichen Linien im Summenvektor zeichnen:
   a. Urpunkte setzen: L17..L21: 0; 0,9; 0; 0,9; 0
      M17..M21: 0; 0,01; 0; -0,01
   b. N52: +H$13*(L17*@COS(H$15)-M17*@SIN(H$15))
      O52: +H$13*(L17*@SIN(H$15)+M17*@COS(H$15))
      Bis N55..O55 kopieren.
9. Um auf die *Skalierung* von außen her Einfluß nehmen zu können, setzen wir ganz zu Beginn einen linken unteren Eckpunkt (N6: -G17; O6: -G17/G18); *in G17 speichern Sie z.B. 80, in G18 tut es 1.2. Man muß hier probieren.* Ferner einen Punkt in der rechten oberen Ecke:N8:+G17; O8:+G17/G18. In N7 und N9 steht @NV
10. GRAFIK/NEU: X-Werte: N6..N55; Y-Werte: O6..O55
    GRAFIK/TYP: XY

Sollen die Vektoren aneinandergekettet werden, so sind vom 2. Vektor bis zum 5. Vektor am Ende der Formeln noch die Koordinaten der letzten Pfeilspitze hinzuzufügen: N17:...+N$13 O17:...+O$13 usw.

Sie können Vektoren beliebiger Länge kombinieren,- sie müssen nur den "Grenzwert" in G17 anpassen; vergl. auch das Dreieck-Rezept

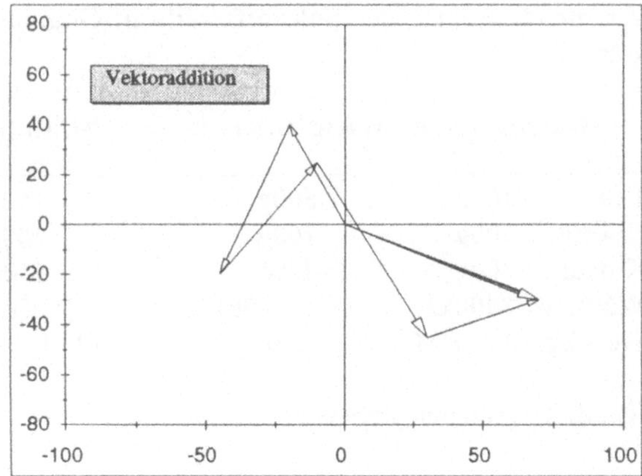

Hier wurden die Vektoren so verschoben, daß ihre Anfangspunkte in die Spitzen der voherigen Vektoren fielen. Vergl. die Marginalie.

Das Lösen einer linearen Optimierungsaufgabe heißt auch lineares Programmieren. Die Aufgabe selbst heißt lineares Programm.

Das Optimiermodul (der **Optimierer**) setzen Sie dann ein, wenn Ihnen die Praxis die Aufgabe stellt, nach einem *Extremwert* einer Größe zu fahnden, die von mehreren Variablen abhängt. Dabei sind oft *Nebenbedingungen* (Einschränkungen) zu erfüllen, die i.a. in Form von Gleichungen oder Ungleichungen vorliegen. Meist handelt es sich um eine *lineare* Optimierung, bei der der Wert einer linearen *Zielfunktion* $z(x_1,...,x_2) = a_1x_1 + ... + a_nx_n$ zu minimieren oder zu maximieren ist. In diesem Fall sind auch die Nebenbedingungen lineare Gleichungen oder Ungleichungen.
Das im Optimierer installierte Lösungsverfahren heißt *Simplexmethode*. Dieser Algorithmus tastet sich iterativ an die optimale Lösung heran.
Um den Optimierer kennenzulernen, stellen wir uns eine Aufgabe, bei dem ein Produkt durch Mischen der Stoffe $S_1,...,S_n$ hergestellt wird. Die Stoffe S_i bestehen aus den Rohstoffen $R_1,...,R_m$. Die gewünschte Mischung soll minimale Gesamtkosten verursachen.
Konkret können Sie sich vorstellen, daß Sie für Ihre nächste Expedition aus Hülsenfrüchten und Büchsenfleisch Tagesrationen zusammenstellen sollen, die wenigstens 150g Fett, 200g Eiweiß, 250g Kohlehydrate und 6800kJ Brennwert enthalten müssen -und möglichst preiswert sein sollen.

Das brauchen Sie:

1. Eine Zusammenstellung der Rohstoffanteile in Gramm je Kilogramm Stoff:

	Hülsenfrüchte	Büchsenfleisch	Mind.bedarf
Fett:	100g	500g	150g
Eiweiß:	500g	100g	200g
K.hydr.:	400g	400g	250g
Wärmew.:	8400kJ	17000kJ	6800kJ
Preis/kg:	3,50DM	5,20DM	Minimum

2. Das folgende Ungleichungssystem:

x= Menge in kg an Hülsenfrüchten pro Ration
y= kg Büchsenfleisch pro Ration

Fett:	100x	+	500y	>=	150
Eiweiß:	500x	+	100y	>=	200
K.hydr.:	400x	+	400y	>=	250
Wärmew.:	8400x	+	17000y	>=	6800

3. Die zu minimisierende Zielfunktion:

$$z = 3{,}5x + 5{,}2y$$

So wird's gemacht:

1. Tragen Sie die Daten in eine Tabelle ein, z.B. so wie in der Bildschirmkopie dargestellt.
2. Der *Optimierer*, den Sie unter ZUSÄTZE/OPTIMIERUNG finden, braucht zwei Zellen, z.B. F1 und F2, zum Abspeichern der beiden Lösungen x und y (*Variablenzelle(n)*).
3. In F4 steht die Zielfunktion: **+F1*3,5+F2*5,2**
4. Die Einschränkungen tragen Sie z.B. in H1 bis H4 ein:
   H1: **+F$1*B1+F$2*C1**; kopieren bis H4.
5. Klicken Sie auf das Feld *Hinzufügen*. Sie erhalten eine dreigeteilte Dialogbox. Die Einfügemarke steht bereits in *Zelle*. Klicken Sie H1 an. Ändern Sie dann das <=-Zeichen in >= um. Setzen Sie die Einfügemarke in *Konstante*, und klicken Sie D1 an. Mit einem Klick auf die Schaltfläche *Hinzufügen* wird diese Ungleichung in die Liste der Einschränkungen (Nebenbedingungen) übernommen. Die letzte Nebenbedingung übernehmen Sie nicht mit *Hinzufügen*, sondern mit *OK*.
6. Wenn Sie nun auf *Start* klicken, erhalten Sie, wie gezeigt, in F1 die Mitteilung, daß Sie pro Ration 406g Hülsenfrüchte brauchen. In F2 steht die Menge y: 219g Büchsenfleisch.
   Wie Sie der Zelle F4 entnehmen, kostet eine Ration 2,56DM

Die Nebenbedingungen stehen in den Zellen H1..H4

F4 ist die Lösungszelle

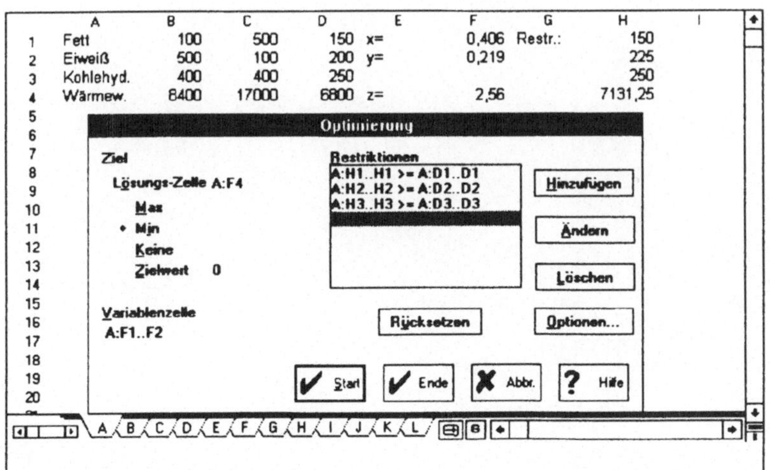

Nicht immer kann der Optimierer eine Lösung finden. Schauen Sie sich auch die Optionen *an*

5 Statistik als Entscheidungshilfe

Die Abbildung auf der folgenden Seite zeigt Ihnen 35 Einzelwerte (Anzahl von Kindern pro Familie), die so notiert wurden, wie sie bei der Befragung anfielen. In diesem Rezept lernen Sie, Ordnung in eine unübersichtliche Datenmasse zu bringen.

Das brauchen Sie:

Mittelwert und Varianz sind zu berechnen.

1. Das >Häufigkeitswerkzeug< von Quattro Pro, mit dem Sie Ihre Daten zunächst einmal in Klassen einordnen und die Anzahl der Einzelwerte bestimmen können, die in jede Klasse fallen.
2. Den Mittelwert können Sie mit Hilfe der Funktion PRODUKTSUMME (=Skalarprodukt) berechnen, oder aber mit der Beziehung $\bar{x} = \frac{1}{n} \sum_{i=1}^{m} h_i x_i$
3. Die Stichproben-Varianz berechnen Sie mit
$$s^2 = \frac{1}{n-1}\left(\sum_{i=1}^{m} h_i x_i^2 - n\bar{x}^2\right)$$

So wird's gemacht:

1. Tragen Sie Ihre Einzelwerte in irgendeinen Block auf der linken Seite ein, z.B. so wie in der Abbildung. Rechts daneben bilden Sie eine kleine Klassenliste. Hier also die Auflistung der Werte 0, 5,10,15 und 20. Rufen Sie den Menüpunkt DATEN/HÄUFIGKEIT. Quattro Pro will wissen, welches der Block der Werte ist.
1 Im Beispiel ist es A5..C16. Der Klassenbereich ist D5..D10. Nun zählt Q.P. blitzschnell die Anzahl der Elemente, die zu jeder Klasse gehören und trägt sie rechts neben die Klassen ein. Am Ende der Liste wird noch angegeben, wieviele Elemente die letzte Klassengrenze überschreiten- hier 0.
2. E12: @SUMME(E5..E10); (Anzahl n der Stichprobenelemente).
E13: @PRODUKTSUMME(D5..D10;E5..E10)/E12
Sie haben nur noch die Spalten F, G und H zu bearbeiten:
F5: +E5*D5^2; bis F10 kopieren.
G5: +E5/E$12; bis G10 kopieren.
In der H-Spalte wird die empirische Verteilungsfunktion F berechnet: H5: +G5; H6: +G6+H5; bis H10 kopieren. Der letzte Wert ergibt 1.
3. E14: (@SUMME(F5..F10)-E12*E13^2)/(E12-1)
E15: @WURZEL(E14)

F (x)= (Anzahl der Stichprobenwerte, die kleiner oder gleich x sind)/n

4. Den **Graphen** können Sie folgendermaßen zeichnen:
   E5..E6 markieren
   Grafikwerkzeug anklicken und Rahmen ziehen
   2 mal in die entstandene Balkengrafik klicken
   X-Achse rechtsklicken
   X-Achsenbereich: D5..D10;   SCHLIESSEN.

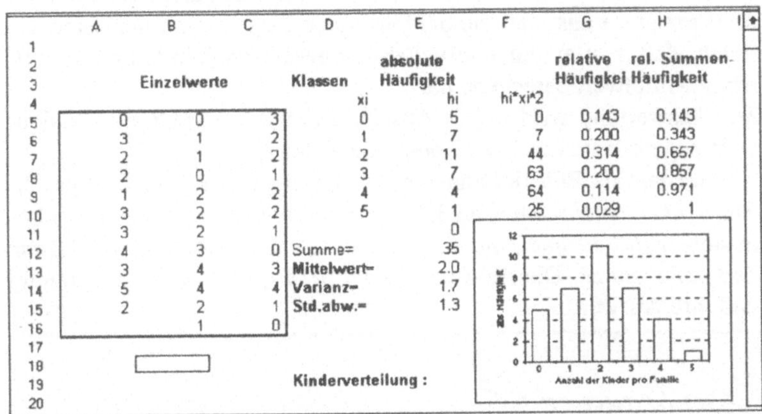

	A	B	C	D	E	F	G	H
1								
2					absolute		relative	rel. Summen-
3		Einzelwerte		Klassen	Häufigkeit		Häufigkei	Häufigkeit
4				xi	hi	hi*xi^2		
5	0	0	3	0	5	0	0.143	0.143
6	3	1	2	1	7	7	0.200	0.343
7	2	1	2	2	11	44	0.314	0.657
8	2	0	1	3	7	63	0.200	0.857
9	1	2	2	4	4	64	0.114	0.971
10	3	2	2	5	1	25	0.029	1
11	3	2	1		0			
12	4	3	0	Summe=	35			
13	3	4	3	**Mittelwert=**	2.0			
14	5	4	4	**Varianz=**	1.7			
15	2	2	1	**Std.abw.=**	1.3			
16		1	0					
17								
18								
19				**Kinderverteilung :**				
20								

Wenn neue Daten eingegeben wurden, müssen sie wieder neu markiert werden.

DATEN/ HÄUFIGKEIT erneut aufrufen. Die Grafik wird automatisch aktualisiert.

Wenn es sich bei Ihren Daten nicht um Kinder handeln sollte, sondern z.B. um Bruttomonatsverdienste Ihrer Angestellten, so wäre folgende Klassenbildung denkbar:

bis 1500
bis 2000; d.h. von 1501 bis 2000
bis 2500; d.h. von 2001 bis 2500 usw.

Sie tragen dann als Klassenliste nur 1500, 2000, 2500 usw. untereinander auf. Bei der Mittelwertberechnung tun Sie dann so, als ob alle Stichprobenwerte einer Klasse mit der *Klassenmitte* übereinstimmten.

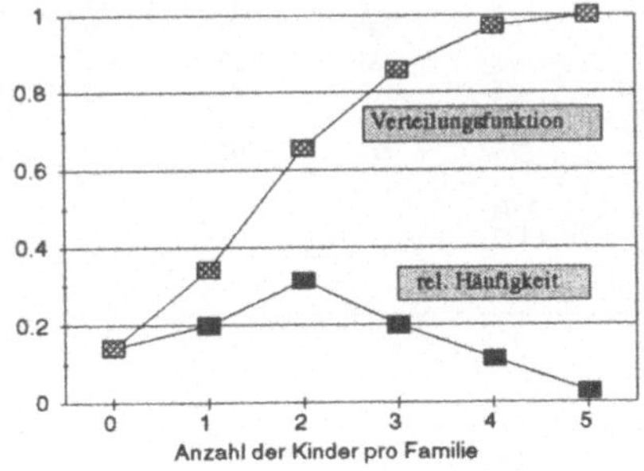

Das ist ein Liniendiagramm der Verteilungsfunktion und der relativen Häufigkeiten.

Mit GRAFIK/ NEU erstellen.

Früher sprach man vom semantischen Differential

Bei Intervallskalen sind die Abstände zwischen zwei Punkten berechenbar

Von besonderer Beliebtheit sind *Imageanalysen* in all ihren verschiedenen Formen. Z.B. kann es darum gehen, ein *Seminar* über neuere Methoden der Imageanalyse auszuwerten, oder aber man möchte sich ein Bild über die *Person eines Schülers* machen, usw. Von Seminarteilnehmern oder von Lehrern läßt man auf einer fünf-, sechs- oder siebenstufigen *Ratingskala* an zutreffender Stelle zwischen *gut* und *schlecht* oder *faul* und *fleißig* usw. ein Kreuz zeichnen. Man setzt meist voraus, daß die ankreuzenden Personen so metrisiert urteilen, daß man an ein *Intervallskalenniveau* glauben kann und z.B. einen Mittelwert berechnen darf.
Zur Auswertung wird jedem Abschnitt der Ratingskala ein Zahlenwert zugeordnet: von 1 bis 7 oder von -3 bis 3.
Wir wollen als **Beispiel** annehmen, daß man den Einstein-Spruch: *Biertrinken macht dumm* an 350 Personen hinterfragt hat. Eine 5 bedeutet: *trifft voll und ganz zu* , eine 1 bedeutet natürlich: *trifft ganz und gar nicht zu.* Die Abbildung zeigt die Ergebnisse der Befragung und ihre Auswertung.

Das brauchen Sie:

1. 350 kompetente Biertrinker
2. Quattro Pro
3. Ein statistisches Konzept

Wir haben eine 5-stufige Ratingskala benutzt, um EINSTEIN zu widerlegen. (Wir fanden allerdings: Bier macht dick.)

	A	B	C	D	E	F	G	H
1				Bier-Image				
2			EINSTEIN:	Bier macht dumm				
3								
4	**Kategorie**	**Schlüssel**	**absolute**	**relative**	**absolute**	**relative**		
5			**Häufigkeit**	**Häufigkeit**	**Summen-**	**Summen-**		
6		xi	hi	**%**	**häufigkeit**	**häufigkeit**	xi*hi	(x-m)^2*hi
7						**%**		
8	"völlig unzutreffend"	1	185	52.86	185	52.86	185	129.65
9		2	89	25.43	274	78.29	178	2.36
10		3	36	10.29	310	88.57	108	48.68
11		4	28	8.00	338	96.57	112	130.98
12	"absolut zutreffend"	5	12	3.43	350	100.00	60	120.04
13								
14	**Summen:**		350	100			643	431.72
15								
16	Mittelwert:	1.84						
17	Std.abw.:	1.112						
18								
19								

So wird's gemacht:

1. Sie fragen 350 Leute aus und legen sich eine Tabelle an.
2. D8: +C8*100/$C$14; bis D12 kopieren.
   E8: +C8; E9: +E8+C9; bis E12 kopieren.
   F8: +D8; F9: +F8+D9; bis F12 kopieren.
   In G14 steht die Summe der Terme $x_i h_i$
   B16: +G14/C14; B17: @WURZEL(H14/(C14-1))

Nun folgen zwei Beispiele für eine **Seminarauswertung**.

Im ersten Bild sollte festgestellt werden, ob der Seminarleiter die optimale Themenzahl behandelt hatte.
Tragen Sie im Arbeitsblatt untereinander ein:

Spalten:	**A**	**B**
	zu gering	1
		4
	optimal	12
		8
	zuviel	3

Markieren Sie die Einträge. Mit dem Grafikwerkzeug aus der Bilderleiste ziehen Sie dann die Grafik auf. Zweimal anklicken und den Titel hinzufügen.

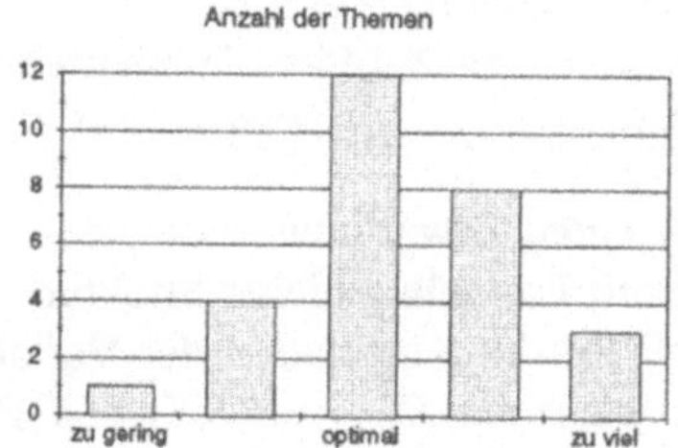

Die Seminarteilnehmer waren i.a. mit der Themenzahl zufrieden.

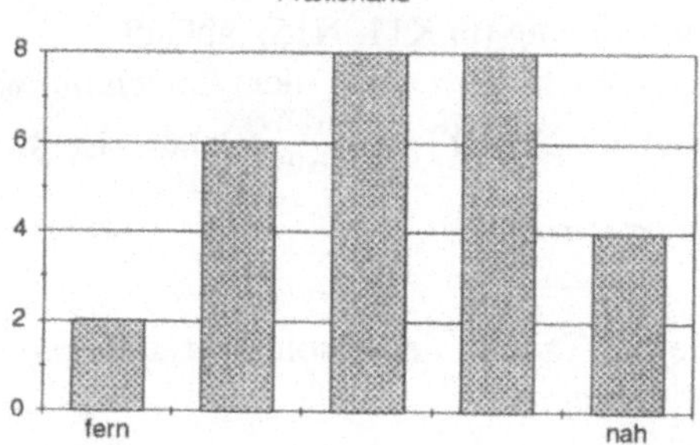

Der Vortragende hatte die Praktiker unter den Zuhörern nicht ganz zufriedengestellt.

In der linken oberen Ecke unserer Abbildung sind imaginäre TÜV-Untersuchungen während einer Woche dargestellt. 500 Autos, die 2, 4 oder 6 Jahre alt waren (Variable Y) zeigten 0, 1, 2 oder 3 Fehler (Variable X). Es handelt sich um eine zweidimensionale Häufigkeitsverteilung, vergl. [WIST 81, S.50; WONNACOT 77].
Mit diesem Rezept produzieren Sie die Tafel der Ergebnisse, die im Arbeitsblatt unten rechts zusammengestellt sind.

Das brauchen Sie:

1. Die Tabelle der gemeinsamen Wahrscheinlichkeitsfunktion $f(x_i, y_i)$, oder die *relativen Häufigkeiten*: dividieren Sie jeden Wert aus der Tafel der absoluten Häufigkeiten durch die Gesamtzahl 500.
2. Die *Randverteilungen* $f_X(x)$ und $f_Y(y)$, d.h. die Zeilen- und Spaltensummen.
3. Dividieren Sie die absoluten Häufigkeiten durch die Spaltensummen, so erhalten Sie die *bedingten* Häufigkeiten der Tabelle oben rechts (oder rel.H. durch $f_Y(y)$).
4. Der *Erwartungswert* E(X) der Zufallsvariablen X ergibt sich aus der X-Randverteilung: $E(X) = \sum_i x_i f_X(x_i)$; entsprechend finden Sie E(Y).
5. Die *Varianz* von X (oder Y) erhalten Sie ebenfalls aus der Randverteilung: $Var(X) = \sum_i x_i^2 f_X(x_i) - [E(X)]^2$
6. Die *bedingten* Erwartungswerte und Varianzen berechnen Sie mit Formeln gleicher Struktur.
7. Ein Maß für die Korrelation der Variablen X und Y ist die Kovarianz *Cov(X,Y)*= E(XY)-E(X)E(Y). Die Berechnung von E(XY) geschieht nach folgender Formel: $\sum_i \sum_j x_i y_j f(x_i, y_j)$, -was im Arbeitsblatt als einfache Nebenrechnung (in K11..N15) abläuft.
8. Schließlich wird noch der *Korrelationskoeffizient* berechnet: $\rho(X, Y) = \frac{Cov(X,Y)}{\sigma_x \sigma_y}$; dabei ist $\sigma_x = \sqrt{Var(X)}$

X und Y sind zwei diskrete Zufallsvariablen mit den Ausprägungen x1,x2,... sowie y1,y2,...

f(xi,yi) ist ihre gemeinsame Wahrscheinlichkeitsfunktion.

So wird's gemacht:

1. Fertigen Sie die Tabelle der absoluten Häufigkeiten an, und kopieren Sie sie zweimal.

2. B12: +B4/$E$8; von B12 bis D15 kopieren.
   F4: +B12/B$16; von F4 bis H7 kopieren.
   I4: +A4*F4; von I4 bis I7 kopieren. I8: @SUMME(I4..I7)
   J4: +A4*I4; von J4 bis J7 kopieren. J8: @SUMME(J4..J7)
3. B16: @SUMME(B12..B15); C16: @SUMME(C12..C15)
   D16: @SUMME(D12..D15); B17: +B11*B16, usw. bis D17
   B18: +B17*B11, usw. bis D18
   E12: @SUMME(B12..D12); bis E18 kopieren.
   F12: +A12*E12; bis F15 kopieren. F16: @SUMME(F12..F15)
   G12: +A12*F12; bis G15 kopieren. G16: @SUMME(G12..G15)
4. I11: +F16; I12: +E17; I13: +G16-I11^2; I14: +E18-I12^2
   I15: +I8; I16: +J8-I8^2; I17: +N15-I11*I12;
   I18: +I17/@WURZEL(I13*I14)
5. K11: +$A12*B$11*B12; bis M14 kopieren. Mit Summenwerkzeug die Summe aller Zellen von K11..M14 bilden. Das Ergebnis ist E(XY) und steht in N15.

Die meisten Formeln werden einfach kopiert.

In K11..N15 steht die Berechnung von E(XY)

	A	B	C	D	E	F	G	H	I	J
1			**absolute Häufigkeiten**				**bedingte Häufigkeitsverteilung**			
2										
3	x\y	**2**	**4**	**6**	Summen	**2**	**4**	**6**	x*f(x|2)	x^2*f(x|2)
4	**0**	135	110	50	295	0.730	0.579	0.400	0	0
5	**1**	30	40	40	110	0.162	0.211	0.320	0.1622	0.1622
6	**2**	15	30	20	65	0.081	0.158	0.160	0.1622	0.3243
7	**3**	5	10	15	30	0.027	0.053	0.120	0.0811	0.2432
8	Summen	185	190	125	500				0.4054	0.7297
9										
10			**relative Häufigkeiten**					**Ergebnisse:**		
11	x\y	**2**	**4**	**6**	fx(x)	x*fx(xi)	x^2*fx(x)	**E(X)=**	0.66	
12	**0**	0.27	0.22	0.1	0.59	0	0	**E(Y)=**	3.76	
13	**1**	0.06	0.08	0.08	0.22	0.22	0.22	**Var(X)=**	0.8444	
14	**2**	0.03	0.06	0.04	0.13	0.26	0.52	**Var(Y)=**	2.4224	
15	**3**	0.01	0.02	0.03	0.06	0.18	0.54	**E(X|2)=**	0.4054	
16	fy(y)=	0.37	0.38	0.25	1	0.66	1.28	**Var(X|2)=**	0.5654	
17	y*fy(y)=	0.74	1.52	1.5	3.76			**Cov(X,Y)=**	0.3584	
18	y^2*fy(y)=	1.48	6.08	9	16.56			**r(X,Y)=**	0.2506	
19										
20			TÜV-Daten							

Der "Übersicht" wegen wurden alle Berechnungen auf einem Arbeitsblatt vorgenommen.

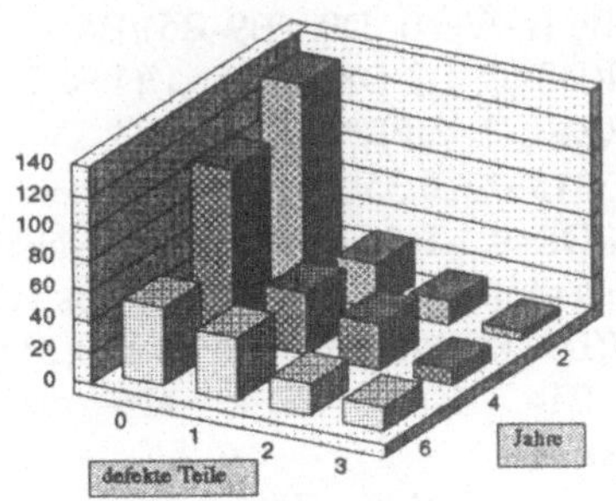

Histogramm einer zweidimensionalen Häufigkeitsverteilung. Dargestellt sind die absoluten Häufigkeiten.

X-Achse: A4..A7
Legende: B3..D3
1. B4..B7
2. C4..C7
3. D4..D7

Nicht selten steht man vor Fragestellungen der folgenden Art: Die Dicke von Brettern sei normalverteilt mit dem Erwartungswert $\mu = 1.4;cm$ und mit der Standardabweichung $\sigma = 0.05;cm$. Sie entnehmen der Produktion zufällig ein Brett und fragen sich: wie groß ist die Wahrscheinlichkeit, daß seine Dicke zwischen 1.36 cm und 1.48 cm liegt? Oder: wie groß ist die Wahrscheinlichkeit, daß die Dicke größer als 1.45 cm ist?

Der Abbildung können Sie entnehmen, daß diese Wahrscheinlichkeit 73.33% beträgt.

Fragen dieser Art beantwortet man mit Hilfe einer Tabelle der Standardnormalverteilung. In diesem Rezept berechnen wir diese Werte näherungsweise (auf 7 Dezimalen genau) mit Hilfe einer Polynomentwicklung der Verteilungsfunktion, vergl. [ABRAMOWITZ- STEGUN 65, Seite 932].

Das brauchen Sie :

1. Für 0<=z<∞ gilt:
   $\Phi(z) \approx \varphi(z)\,(a\,t + b\,t^2 + c\,t^3 + d\,t^4 + e\,t^5)$. Darin bedeuten $\varphi(z) = \frac{1}{\sqrt{2\pi}} e^{-z^2/2}$ und $t := \frac{1}{1+rz}$ mit $r = 0.2316419$
   Die Konstanten lauten:
   a=0.319381530; b=-0.356563782; c=1.781477937
   d=-1.821255978; e=1.330274429

2. Die Φ-Werte für negative Zahlen ergeben sich mit der Beziehung $\Phi(-z) = 1 - \Phi(z)$

So wird's gemacht:

1. Die Berechnung der Werte der Verteilungsfunktion wurde bewußt auf dem Arbeitsblatt durchgeführt. Es ist in der Praxis gewiß hübscher, sie weiter nach rechts zu verschieben.
2. D8: (B8-B5)/B6 (z-Wert); D9: (B9-B5)/B6;
   H4: @WENN(D8<0;-D8;D8); H3: 1/(1+0.2316419*X)
   H4: 1/@WURZEL(2*@PI)*@EXP(-X^2/2)
   H5:1-F*(0.31938153*T-0.356563782*T^2....+1.330274429*T^5)
3. F8: @WENN(D8<0;1-H5;H5);F9: @WENN(D9<0;1-H12;H12)
4. In H8..H18 wiederholen sich die Formeln aus H1..H5 zweimal:
   H8: @WENN(D9<0;-D9;D9); H10: 1/(1+0.2316419*H8), usw.
5. C12: +F9-F8; B14: 1-F9; E14: +F9 (das ist der Wert der Verteilungsfunktion).
6. C17: 2*H18-1; C18: 2*(1-H18)

C17: *95.45% aller Bretter weichen um weniger als c=0.1cm vom Erwartungswert ab*

C18: *nur 4.55% weichen um mehr als 0.1cm vom EW ab*

	A	B	C	D	E	F	G	H
1							x=	0.8
2		**Normalverteilung**						
3							t=	0.84365865
4							f=	0.28969155
5	**Erw.-Wert:**	1.4	c=Maß der Abweichung vom				Phi(z)=	0.78814467
6	**Stand.Abw.:**	0.05	Erwartungswert					
7	c:	0.1						
8	**x1=**	1.36	z1=	-0.8	F(z1)=	0.211855	x=	1.6
9	**x2=**	1.48	z2=	1.6	F(z2)=	0.945201		
10							t=	0.72959308
11							f=	0.11092083
12		**P(x1<=X<=x2)=**	0.7333				Phi(z)=	0.94520071
13								
14	**P(X>x2)=**	0.0548		**P(X<=x2)=**	0.9452		x=	2
15				(=Verteilungsfunktion)				
16							t=	0.68339443
17	Abweichung	**P(|X-u|<=c)=**	0.9545				f=	0.05399097
18	vom Erw.-Wert:	**P(|X-u|>c)=**	0.0456				Phi(z)=	0.97724994
19								
20								

Man hat nur die Daten einzugeben, die im eingerahmten Bereich stehen. Ist man an der Standardnormalverteilung interessiert, so gibt man beim Erwartungswert 0 und bei derStandardabweichung 1 ein.

Die Wahrscheinlichkeit, daß die Dicke größer ist als 1.45cm ,beträgt 15.87%

Oft setzt man $c := k\sigma;\ k := 1, 2, 3$
So gilt $P(|X-\mu| \leq 2\sigma) = 2 \cdot \Phi(2) - 1 = 0.9545$. Die TSCHEBYSCHEW-Ungleichung $P(|X-\mu| \leq k\sigma) > 1 - 1/k^2$ liefert dagegen >0.75, also knappe 75%, - dafür aber gilt sie für beliebige Verteilungen.

Eine Zufallsgröße X heißt *normalverteilt*, wenn ihre Wahrscheinlichkeits*dichte* durch $f(x) = \frac{1}{\sigma\sqrt{2\pi}} e^{-\frac{1}{2}(\frac{x-\mu}{\sigma})^2}$ gegeben ist. μ ist der Erwartungswert- und σ die Standardabweichung von X. Ihr Graph ist die GAUßsche Glockenkurve. Die Wahrscheinlichkeit des Ereignisses "X<=x", also P(X<=x)=F(x) wird von der Wahrscheinlichkeits*funktion* (=Verteilungsfunktion) $F(x) = \int_{-\infty}^{x} f(t)dt$ geliefert. Setzt man $\mu = 0$ und $\sigma = 1$, so erhält man die *Standardnormalverteilung*. Bei ihr schreibt man üblicherweise φ und Φ anstelle von f und F. Mit der Standardisierung $Z = \frac{X-\mu}{\sigma}$ kann man jede Normalverteilung in die Standardnormalverteilung überführen. Man kann demnach schreiben $F(x) = \Phi(\frac{x-\mu}{\sigma})$.

Sehr angenehm ist es, daß man auch die Wahrscheinlichkeiten *binomialverteilter* Zufallsvariablen mit Hilfe der N(0,1)-Verteilung berechnen kann (falls n p (1-p) >9) :

$$P(a \leq X_n \leq b) \approx \Phi\left(\frac{b+0.5-np}{\sqrt{np(1-p)}}\right) - \Phi\left(\frac{a-0.5-np}{\sqrt{np(1-p)}}\right)$$

$$P(X_n \leq b) \approx \Phi\left(\frac{b+0.5-np}{\sqrt{np(1-p)}}\right)$$

Sie werden sehen, daß der Normalverteilungsalgorithmus des letzten Rezeptes mit Hilfe der WAS-WENN-Funktion von Quattro Pro leicht dazu gebracht werden kann, eine kleine Tabelle der Verteilungsfunktion F zu erzeugen, die dann problemlos in eine Grafik umgesetzt werden kann.

1. Das Arbeitsblatt des Rezeptes zur Normalverteilung
2. Die WAS-WENN-Funktion aus dem Menü DATEN
3. Den Grafikeditor aus dem Menü GRAFIK

So wird's gemacht:

1. Laden Sie das Arbeitsblatt zur Normalverteilung, und setzen Sie bitte den Zellzeiger auf C23. Tragen Sie ein: +E14
2. Zellzeiger auf B24; BLOCK/FÜLLEN aufrufen.
   Block: B24.. B94; Start: -2; Schrittweite: 0.2; Stop: 12; OK
3. WAS-WENN im DATEN-Menü anklicken. Datentabelle: B23 ..C94; Eingabezelle: B9; 1 *freieVariable* wählen.
4. Rufen Sie das GRAFIK-Menü, wählen Sie NEU, und geben Sie als X-Bereich B24..B94 ein. Der 1. Y-Bereich ist C24..C94
5. GRAFIK/TYP: XY. Rechtsklick auf den Graphen, und *Symboleigenschaften* auf *Gewicht 0* stellen. Rechtsklick auf die y-Achse. Bereich von 0 bis 1 definieren. Bei *Achsenskalierung* wählen Sie *weiß*.
   X-Achse rechtsklicken und den Bereich auf -2 bis 12 festlegen. Mit GRAFIK/BESCHRIFTUNG können Sie noch Bezeichnungen einsetzen. Zurück im Arbeitsblatt, wählen Sie GRAFIK/EINFÜG.

Quattro Pro setzt der Reihe nach alle x-Werte von B24 bis B94 in B9 ein und überträgt die jeweiligen Rechenergebnisse aus E14 in die Zellen C23..C94

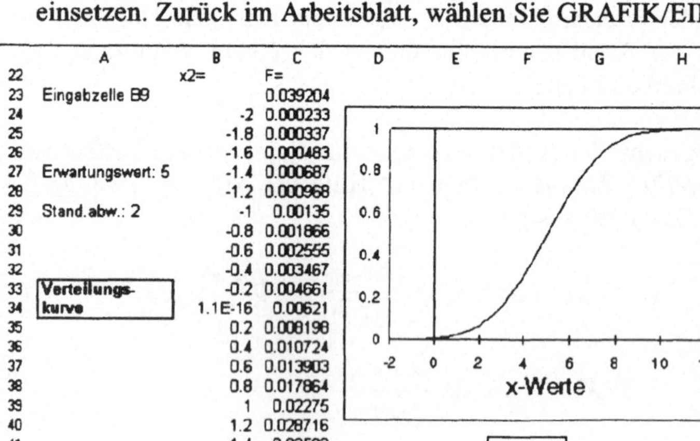

	A	B	C
22		x2=	F=
23	Eingabzelle B9		0.039204
24		-2	0.000233
25		-1.8	0.000337
26		-1.6	0.000483
27	Erwartungswert: 5	-1.4	0.000687
28		-1.2	0.000968
29	Stand.abw.: 2	-1	0.00135
30		-0.8	0.001866
31		-0.6	0.002555
32		-0.4	0.003467
33	Verteilungs-	-0.2	0.004661
34	kurve	1.1E-16	0.00621
35		0.2	0.008198
36		0.4	0.010724
37		0.6	0.013903
38		0.8	0.017864
39		1	0.02275
40		1.2	0.028716
41		1.4	0.03593

Tabelle (teilweise) und Graph der Verteilungsfunktion der Normalverteilung mit dem Erwartungswert 5 und der Standardabweichung 2

Nachdem wir mit der grafischen Darstellung der Verteilungsfunktion Erfolg hatten, sollte es eigentlich auch möglich sein, mit Hilfe der WAS-WENN-Funktion die Graphen der N(0;1)- und der N(5;2)-*Dichte*funktionen darzustellen.

Das brauchen Sie:

1. Das Arbeitsblatt des Rezeptes zur Normalverteilung
2. Die WAS-WENN-Funktion aus dem Menü DATEN
3. Den Grafikeditor aus dem Menü GRAFIK

So wird's gemacht:

1. Laden Sie erneut das Arbeitsblatt zur Normalverteilung, setzen Sie bitte den Zellzeiger auf L3, und tragen Sie ein: +H4/B6. Dann in N3 eintragen: +H4. B5: 5; B6: 2
2. Füllen Sie den Block K4..K74 mit dem Startwert -4 und der Schrittweite 0.2. Ebenso ist der Block M4..M74 zu füllen.
3. DATEN/WAS-WENN: Datentabelle: K3..L74; Eingabezelle: B8. Danach B5 mit 0 und B6 mit 1 besetzen- und wieder WAS-WENN aufrufen für die Datentabelle M3..N74 und die Eingabezelle B8.
4. GRAFIK/NEU; X-Bereich: K4..K74; 1.Y-Bereich: L4..L74; 2. Y-Bereich: N4..N74. GRAFIK/TYP: XY. Vergleichen Sie das vorige Rezept für weitere Grafikhinweise.

WAS-WENN rechnet einmal mit den Werten 5 und 2 für Erwartungswert und Standardabweichung, dann noch mit 0 und 1

	L	M	N
1			
2	N(5;2)		N(0;1)
3	0.158225		0.158225
4	8E-06	-4	0.000134
5	1E-05	-3.8	0.000292
6	2E-05	-3.6	0.000612
7	3E-05	-3.4	0.001232
8	4E-05	-3.2	0.002384
9	7E-05	-3	0.004432
10	1E-04	-2.8	0.007915
11	0.000146	-2.6	0.013583
12	0.000212	-2.4	0.022395
13	0.000306	-2.2	0.035475
14	0.000436	-2	0.053991
15	0.000616	-1.8	0.07895
16	0.000861	-1.6	0.110921
17	0.001192	-1.4	0.149727
18	0.001633	-1.2	0.194186
19	0.002216	-1	0.241971

Vergleich von Dichtefunktionen

N(0;1)
N(5;2)
X-Werte

Maximum der N(0;1)-Dichtefunktion bei 0.399

Gaußsche Glokkenkurven für die Erwartungswerte 5 und 0 sowie Standardabw. 2 und 0

Zur Grafik der N(0;1)-Dichte gehören z-Werte; die x-Werte beziehen sich auf die N(5;2)- Dichtefunktion

Die beiden Wendepunkte der Dichtefunktion liegen bei $\mu \pm \sigma$. Das Maximum hat die Koordinaten (μ; $1/\sigma\sqrt{2\pi}$)

Zur Berechnung von Konfidenzintervallen und fürs Schätzen brauchen wir zu einem gegebenen Wert der Verteilungsfunktion Φ das zugehörige z, d.h. wir müssen die Gleichung $\Phi(z) = 1 - \alpha$ umkehren. Geschlossen geht´s nicht, aber für Näherungslösungen gibt´s eine Reihe von Methoden. Wir benutzen die Näherungsmethode nach HASTINGS, vergl. [HARTUNG 89, S. 891] sowie [BOSCH 86, S. 61].

Das brauchen Sie :

1. Für $0.5 \leq \gamma := 1 - \alpha < 1$ gilt (auf 3 Dezimalstellen):
   $z_\gamma \approx t - \frac{a+bt+ct^2}{1+dt+et^2+ft^3}$ mit $t = \sqrt{-2\ln(1-\gamma)}$
2. a=2,515517; b=0,802853; c=0,010328
   d=1,432788; e=0,189269; f =0,001308
3. Die z_γ-Quantile der Werte $0 < \gamma \leq 0,5$ erhält man mit $z_\gamma = -z_{1-\gamma}$. Aus diesen z_γ-Quantilen der Standardnormalverteilung erhält man schließlich mit $x_\gamma = \mu + \sigma z_\gamma$ die x_γ-Quantile der $N(\mu;\sigma)$-Verteilung.

So wird's gemacht:

1. D11: @WENN(B5=1;B12;0.5+B12/2);
   D12: @WENN(D11<=0.5;1-D11;D11)
2. G9: @WURZEL(-2*@LN(1-D12)); G10 enthält den Zähler der obigen Formel: 2.515517+0.802853*T+0.010328*T^2; G9 ist T
3. In G11 ist der Nenner, und G12(=zg) enthält +T-ZA/NE
4. G15: @WENN(B12<=0.5;-ZG;ZG)
5.. D15: +B8+B9*Z

Das Arbeitsblatt berechnet ein- und zweiseitige Schwellenwerte.

	A	B	C	D	E	F	G	H
1								
2			**Umkehrung der Summenfunktion**					
3			(z-und x-Werte der Normalverteilung)					
4								
5	**einseitig?**	1	(d.h. oberer Schwellenwert)					
6	(ja=1;nein=0)		("nein" liefert zweiseitige Schwellenwerte für					
7			eine eingeschlossene Fläche)					
8	**Erwartungswert:**	5.2				Rechnung:		
9	**Std.abweichung:**	1.25				t=	2.14597	
10						ZA=	4.28597	
11	**Sicherheits-**		x1=	0.9		NE=	4.95926	
12	**faktor: 1-a**	0.9	x2=	0.9		zg=	1.28173	
13								
14								
15			**x(u;s)-Wert:**	6.8022		**z-Wert:**	1.28173	
16								
17			(N(u;s)-Verteilung)			(N(0;1)-Verteilung)		
18								
19								
20								

Aufgaben zu *Konfidenzintervallen* für das unbekannte Mittel μ einer gewissen Grundgesamtheit haben oft eine Standardgestalt, etwa so: Man erhält eine große Menge (N) von Batterien, von denen man wissen möchte, in welchem Intervall sich der Erwartungswert $\mu_{\bar{x}} = E(\bar{X})$ der Mittelwertgröße $\bar{X}$ (=Lebensdauer) befindet. Der Statistiker sagt Ihnen, daß es ausreicht, eine *Stichprobe* (Umfang n) zu untersuchen. Ist die Standardabweichung $\sigma_{\bar{x}} = \sigma_x / \sqrt{n}$ bekannt, so enthält das Zufallsintervall $\left[\bar{X} - z\frac{\sigma_x}{\sqrt{n}}; \bar{X} + z\frac{\sigma_x}{\sqrt{n}}\right]$ den Erwartungswert $\mu_{\bar{x}}$ mit der Sicherheit $\gamma = 2\Phi(z) - 1$ (zweiseitiges Intervall). Sie müssen also z durch Umkehrung der Φ-Funktion gewinnen und haben dann zum konkreten Mittelwert $\bar{x}$ der Stichprobe den sogenannten Stichprobenfehler $a_{\bar{x}} = z\frac{\sigma_x}{\sqrt{n}}$ zu addieren, bzw. davon zu subtrahieren.

Bei zweiseitigen Stichproben ist z zu 1-a/2 zu berechnen. Bei einseitigen verwendet man z zu 1-a.

Die Konfidenzwahrscheinlichkeit Gamma ist gleich 1-a; a=Irrtumswahrscheinlichkeit

Ist σ_x nicht bekannt, so ist der *Schätzwert* $s = \sqrt{\frac{1}{n-1} \Sigma_{i=1}^{n} \ (x_i - \bar{x})^2}$ zu benutzen. Ist der Stichprobenumfang zu klein, n<30, so nehmen Sie die *t-Verteilung*, vergl. Sie bitte die folgenden Rezepte.

Das brauchen Sie:

1. Eine Tabelle der z-Werte zu vorgegebener Sicherheit γ. Anstelle einer Tabelle verwenden wir das *Rezept zur Umkehrung der Φ- Funktion.*

So wird's gemacht:

1. D9: @WENN(B9=1;B14-G19;""); E9:@WENN(B9=1;"<=u<="; ""); F9: @WENN(B9=1;B14+G19;""); entsprechend D7, D8 usw.
2. E14:@WENN(B9=1;0.5+B16/2;B16); E16: @WENN(E14<=0.5; 1-E14;E14); G19: @ABS(G16*B15/@WURZEL(B13))

	A	B	C	D	E	F	G	H
1								
2				Konfidenzintervall für den Mittelwert u				
3				bei großen Stichproben				
4				(Normalverteilung)				
5								
6	ja=1; nein=0							
7	**einseitig-oben?**	0						
8	einseitig-unten?	0						
9	beidseitig?	1		23.257	<=u<=	23.743		
10							Rechnung:	
11	**Stichprobe:**						t=	2.447747
12							ZA=	4.542578
13	**Umfang:**	100					NE=	5.660283
14	Mittelwert:	23.5		g1=	0.95		zg=	1.645211
15	Standardabw.:	1.48		Gamma od.				
16	**Konfidenzniveau:**	0.9		1-Gamma=	0.95	**z-Wert:**	1.6452	
17								
18						Stichproben		
19						Fehler:	0.2435	
20								

D7: WENN(B7=1; B14-G19;"");

E7: WENN(B7=1,"< =u";"") *usw.*

G16: WENN(B16<=0. 5;-ZG;ZG)

Im Jahre 1908 fand W.S.GOSSET die STUDENT-Verteilung, auch t-Verteilung genannt, die bei *kleinem Stichprobenumfang* an die Stelle der Normalverteilung tritt. (STUDENT ist ein Pseudonym.)
Wir benötigen zur Berechnung von Konfidenzintervallen die sogenannten t-Werte (t-Quantile), d.h. die Lösung der Integralgleichung $\Phi_s(t_{1-\alpha;f}) = 1 - \alpha$. Ich verwende die bei [HARTUNG 89,S.892] angeführte Näherungsmethode; vergl. auch [BOSCH 86,S.72].

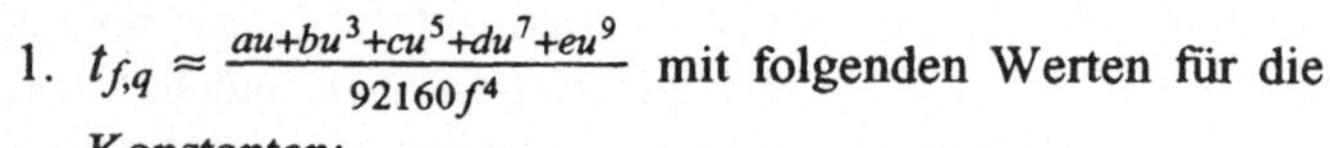

1. $t_{f,q} \approx \frac{au+bu^3+cu^5+du^7+eu^9}{92160f^4}$ mit folgenden Werten für die Konstanten:
2. $a = 92160f^4 + 23040f^3 + 2880f^2 - 3600f - 945$
   $b = 23040f^3 + 15360f^2 + 4080f - 1920$
   $c = 4800f^2 + 4560f + 1482$
   $d = 720f + 776;\ e = 79$
   u = Quantile der N(0;1)-Verteilung

So wird's gemacht:

1. Bei der Auswertung der Formel habe ich mich an eine BASIC-Version von K.BOSCH angelehnt, vergl. [Bosch 86,S.74].
2. J6: 92160*F^4 +23040*F^3+2880*F^2-3600*F-945 usw. bis J9 mit 720*F+776. Zellen mit Strg+F3 benennen.
3. J12: @SQRT(-2*@LN(1-Q)); J13: 2.515517+T*(0.802853+ 0.010328*T); J14: 1+T*(1.432788+T*(0.189269+ 0.001308*T)); J15: +T-ZA/NE; I16: 92160*F^4; J17: +ZQ^2 J18: +ZQ*(A+H*(B+H*(C+H*(D+79*H))))/RG
4. Der Q-Wert für die Formeln steht in E16, vergl. Marginalie

Alle Zellen wurden mit Strg+F3 *benannt;* E13 *heißt* F, J6 *ist* A J12: T, J13: ZA....

G16: WENN(B16<= 0.5; -TQ;TQ)

E15: WENN(B7=1;B16; 0.5+B16/2)

E16: (=Q) WENN(E15<=0.5;1-E15;E15)

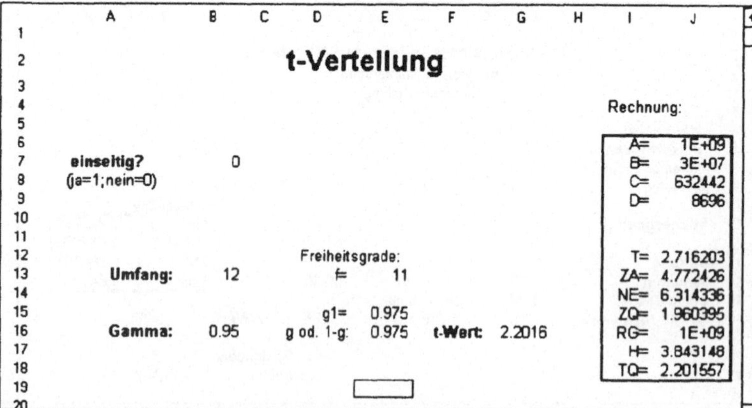

	A	B	C	D	E	F	G	H	I	J
1										
2				t-Verteilung						
3										
4									Rechnung:	
5										
6									A=	1E+09
7	einseitig?	0							B=	3E+07
8	(ja=1;nein=0)								C=	632442
9									D=	8696
10										
11										
12				Freiheitsgrade:					T=	2.716203
13	Umfang:	12		f=	11				ZA=	4.772426
14									NE=	6.314336
15				g1=	0.975				ZQ=	1.960395
16	Gamma:	0.95		g od. 1-g:	0.975	t-Wert:	2.2016		RG=	1E+09
17									H=	3.843148
18									TQ=	2.201557
19										
20										

Sie haben eine *kleine* Meßreihe (Stichprobe) von Daten mit berechneten $\bar{x}$ und s vorliegen (n<30) und möchten wissen, in welchem Bereich das wahre Mittel μ liegen mag. Sie kennen von der Normalverteilung her: ist $\bar{x}$ das arithmetische Mittel einer Stichprobe und $a_{\bar{x}}$ der *Stichprobenfehler*, so schließt das Intervall $\bar{x} - a_{\bar{x}} < \mu < \bar{x} + a_{\bar{x}}$ (Vertrauensintervall) den unbekannten Erwartungswert der Grundgesamtheit mit einer gewissen *statistischen Sicherheit* $(1 - \alpha) \cdot 100\%$ ein. Dieses Intervall gilt es jetzt für n<30 zu berechnen.

Das brauchen Sie:

1. Die Formel für den Stichprobenfehler bei kleinem Stichprobenumfang (n<30) aber *großer Grundgesamtheit*:
   $a_{\bar{x}} = \frac{s}{\sqrt{n}} t_{1-\alpha;f}$ bei *einseitigem* Vertrauensbereich und
   $a_{\bar{x}} = \frac{s}{\sqrt{n}} t_{1-\alpha/2;f}$ bei *zweiseitigem* Vertrauensbereich.
2. Zieht man eine Stichprobe (n) aus einer kleinen Grundgesamtheit (N), so ist in $a_{\bar{x}}$ für den Fall >nicht Zurücklegen< noch der Korrekturfaktor $\sqrt{\frac{N-n}{N-1}}$ aufzunehmen.
3. Die t-Werte berechnen wir so wie im vorigen Rezept.

Die Rechnungen für die t-Verteilung wurden aus dem Blickfeld verschoben

So wird's gemacht:

1. Das Rezept zur t-Verteilung wird ergänzt um Mittelwert und Standardabweichung, vergl. die Abbildung.
2. E7:@WENN(B7=1;B14-G19;""); E8:@WENN(B8=1;B14+G19; "");F7:@WENN(B7=1;"<=u";""); D8:@WENN(B8=1," u<=";"") E9:@WENN(B9=1;B14-G19;"");G9:@WENN(B9=1;B14+G19;" "); G19: +B15*G16/@WURZEL(B13) (=Stichprobenfehler)

	A	B	C	D	E	F	G	H	I
1									
2	**Konfidenzintervall für den Erwartungswert**								
3	bei kleinen Stichproben								
4	(t-Verteilung)								
5									
6	ja=1, nein=0								
7	**einseitig-oben?**	0							
8	einseitig-unten?	0							
9	beidseitig?	1			1.0804	<=u<=	1.0826		
10									
11	**Stichprobe:**								
12									
13	**Umfang:**	24		f=	23				
14	Mittelwert:	1.08148							
15	Standardabw.:	0.00258		Q2=	0.975				
16	**Konfidenzniveau:**	0.95		Q1=	0.975	**t-Wert:**	2.0691521		
17									
18						Stichproben			
19						Fehler:	0.0010897		
20									

Eine Stichprobe (Meßreihe) vom Umfang n=24 ergab ein arithm. Mittel von 1.08148 bei einer Stand.abw. von s=0.00258. Nur in 5 von 100 Fällen wird das wahre Mittel nicht im Intervall [1.0804;1.0826] liegen.

$H_0 : \mu = 230$

Signifikanzniveau: 90%

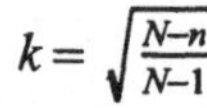

$k = \sqrt{\frac{N-n}{N-1}}$

Ihr Lieferant behauptet, die mittlere Lebensdauer der N=3000 geschickten Batterien betrage 230 Stunden (*Nullhypothese*).
Sie entschließen sich, diese Nullhypothese gegen die *Alternativhypothese* $H_a : \mu < 230$ zu testen. Gleichzeitig soll auch ein Konfidenzintervall für den wahren Erwartungswert der Lebensdauer errechnet werden. Sie untersuchen eine Stichprobe von 50 Batterien und finden: mittlere Lebensdauer: 223 Stunden; Standardabw.: s=21 Stdn.

Das brauchen Sie:

1. Kritische Werte: $c_k = \mu_0 \pm a$ mit $a = z_k \frac{\sigma_x}{\sqrt{n}}$.
2. Bei kleinerem Umfang N der Grundgesamtheit ist a mit dem Korrekturfaktor k zu multiplizieren, da die getesteten Batterien nicht zurückgelegt werden.
3. Eine kleine Tafel der z-Werte (A26..C34)

So wird's gemacht:

Hier werden die z-Werte nicht errechnet; eine Tabelle wird eingesetzt!

D36 wird für's Konfidenzintervall benötigt

1. D34: @VVERWEIS(B14;A26..C34;B36)
2. A36: +$D$34*E8/@WURZEL(E6)- evtl. mit k multiplizieren
   B36:@WENN(B13=1,2,1);D36:@VVERWEIS(B14;A26..C34,2)
3. E11: @WENN(B11=1;B6+A36;"");
   F11: @WENN(B11=1;@WENN(E$7>=E11;"ablehnen ";"annehmen");""); Bei E12: @WENN(B12=1;B6-A36;"");
   F12:@WENN(B12=1;@WENN(E$7<=E12;"ablehnen";"ann";""))
4. E13:@WENN(B13=1;B6-$D$34*E8/@WURZEL(E6);"")
   G13:@WENN(B13=1;B6+$D$34*E8/@WURZEL(E6);"")
5. E15:@WENN(B13=1;@WENN(E7<=E13#ODER#E7>=G13;"ablehnen";"annehmen");"")
6. B19: +E7-D36*E8/@WURZEL(E6);
   D19: +E7+D36*E8/@WURZEL(E6)

P-Wertetafel:

A26		C26
60	0.26	0.84
65	0.39	0.94
...		
95	1.65	1.96
99	2.33	2.58

Die B-Spalte enthält die z-Werte beim einseitigen Test; die C-Spalte gilt für zweiseitige Tests

	A	B	C	D	E	F	G
1							
2		**Test des Erwartungswertes u (n>30)**					
3							
4	**Nullhypothese:**			**Stichprobe:**			
5	(Sollwert)						
6	uo=	230		Umfang n:	50		
7				Mittelwert:	223		
8	**Umfang N der Gesamtheit:**	3000		Standardabw.	21		
9	0.9918						
10	**Alternativhypothese:**			**Ergebnis:**	Grenze:		
11	u>uo?(ja=1/nein=0)	0					
12	u<uo?	1			226.23	ablehnen	
13	u<>uo?	0					
14	**gewünschte Sicherheit:**	90					
15				Falls B13=1:			
16							
17							
18	**Konfidenzintervall**						
19	**für den wahren Mittelwert:**	218.14	und	227.86			
20							

Beim Stichprobenumfang **n<30** ist die t-Verteilung zu verwenden. Diesmal werden wir das Rezept zur t-Verteilung erneut einsetzen.
Beispiel: Es wird behauptet, daß eine große Firma in Fragen der Beförderung Frauen benachteiligt. Männer erhalten im Durchschnitt ihre erste Beförderung nach 3.5 Jahren. Eine Zufallsstichprobe von 25 Frauen, die vergleichbar lange bei der Firma waren, ergab, daß sie im Schnitt erst nach 4.2 Jahren aufstiegen. Die Standardabweichung betrug s=1.4 Jahre; Signifikanzniveau 95%.

Sie testen die Hypothese u>uo

Das brauchen Sie:

1. Das Arbeitsblatt zur t-Verteilung.
2. Wissen, daß sich der Fall n<30 vom Fall n>30 darin unterscheidet, daß die kritischen z-Werte durch kritische t-Werte zu ersetzen sind.

So wird's gemacht:

1. Am besten dürfte es sein, das t-Verteilungsrezept zu laden und abzuändern, vergl. Sie bitte die Abbildung. (Die Berechnungen wurden nach rechts aus dem Bild verschoben.)
2. E15: @WENN(B15=0;B16;0.5+B16/2); E16:@WENN (E15<= 0.5; 1-E15;E15); E18: @WENN(B16<=0.5;-TQ;TQ); E19: +G10*E18/@WURZEL(G8);G13:@WENN(B13=1, B8+E19;"");H13: @WENN(B13=1;@WENN(G9>=G13;"uo ablehnen";"uo annehmen");""); G14: @WENN(B14=1;B8-E19;""); G15: @WENN(B15=1;B8-E19;""); G20:+G9-E19; I20: +G9+E19

Der Aufbau des Arbeitsblattes ist dem vorigen Rezept ähnlich.

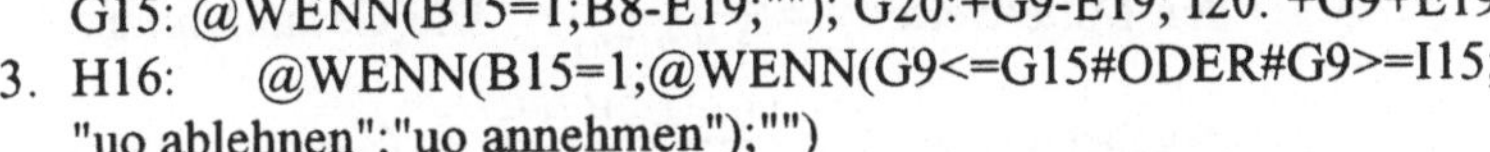

3. H16: @WENN(B15=1;@WENN(G9<=G15#ODER#G9>=I15; "uo ablehnen";"uo annehmen");"")
4. *Ergebnis:* Da 4.2 > 3.98 ist, sollten Sie die Nullhypothese ablehnen. Die durchschnittl. Zeit für Frauen ist >3.5 Jahre

	A	B	C	D	E	F	G	H	I
1									
2		Test des Erwartungswertes u (n<30)							
3			(mit t-Verteilung)						
4									
5									
6	**Nullhypothese:**					**Stichprobe:**			
7	(Sollwert)								
8	uo=	3.5				Umfang n:	25		
9						Mittelwert:	4.2		
10				**Freiheitsgrade:**		Stand.abw.:	1.4		
11	**Alternativhypothese:**			f=	24				
12						**Ergebnis:**	Grenze:		
13	u>uo?(ja=1/nein=0)	1					3.98	uo ablehnen	
14	u<uo?	0							
15	u<>uo?	0		g1=	0.95				
16	**Signifikanzniveau:**	0.95		g od. 1-g:	0.95				
17									
18				**t-Wert:**	1.7113				
19				a=	0.4791573				
20				**Konfidenzintervall :**		von	3.72	bis	4.67

In der Praxis tritt der Fall kleiner Stichproben besonders häufiig auf.

Dieses Arbeitsblatt ist jedoch auch bei großem Stichprobenumfang einsetzbar. Die t-Verteilung strebt mit wachsendem n gegen die N(0;1)- Verteilung.

Im Berufsleben sind häufig Entscheidungen zu treffen, die sich auf *Änderungen* bzw. auf *Gleichheit* zweier Prozesse, Methoden (z.B. Lehr -oder Produktionsmethoden), usw. beziehen. Da es sich dabei oft um viel Geld handelt, ist das Fällen einer Entscheidung besonders kritisch und schwierig. Ich gebe Ihnen ein weniger tragikanfälliges *Beispiel*: zwei Meßinstrumente werden zur Messung einer gewissen Größe, z.B. einer Stromstärke, eingesetzt. Gerät 1 liefert bei 8 Messungen einen Mittelwert von $\bar{x}_1=1{,}486$, Gerät 2 ergibt mit 13 Messungen das arithmetische Mittel $\bar{x}_2=1{,}492$. Die Standardabweichungen der beiden Stichproben sind $s_1=0{,}026$ und $s_2=0{,}021$. (Geben Sie immer derjenigen Stichprobe den Index 1, die die größte Varianz hat.) Die Frage ist, ob beide Anzeigen signifikant verschieden sind oder ob man sagen kann, daß die Mittelwerte μ_1 und μ_2 der zugrundeliegenden Grundgesamtheiten gleich sind.

Wir setzen voraus, daß beide Stichproben unabhängig sind und daß die Grundgesamtheiten von gleicher Varianz sind.

Das brauchen Sie :

1. Sie müssen wissen, ob beide Grundgesamtheiten gleiche Varianzen haben (F-Test). (Das ist der Fall, wenn der Quotient s_1^2/s_2^2 kleiner ist als der zugehörige Wert $F_{1-\alpha;f_1,f_2}$ der F-Verteilung, den Sie aus einer 95%-F -Tafel ablesen können. Dies trifft hier zu: 1,53<2,91)
2. Eine Prüfgröße y für die Differenz $d=\bar{x}_1-\bar{x}_2$ der beiden Mittelwerte: $y=\frac{d}{s}\sqrt{\frac{n_1 n_2}{n_1+n_2}}$. Die Gesamtvarianz ist gegeben durch $s^2=\frac{(n_1-1)s_1^2+(n_2-1)s_2^2}{n_1+n_2-2}$ *(pooled variance)*
3. Nullhypothese Ho: $\mu_1=\mu_2$. Dazu gehören die Gegenhypothesen :
   $$H_a : \mu_1<\mu_2;\ \mu_1>\mu_2;\ \mu_1\neq\mu_2$$
   Im Falle $\mu_1>\mu_2$ verwerfen Sie Ho, wenn $y>t_{1-\alpha;f}$ ist. Den t-Wert liefert Ihnen wieder unser Rezept zur t-Verteilung. Wählen Sie $\mu_1<\mu_2$, so lautet Ihr Kriterium zur Ablehnung von Ho: $y<-t_{1-\alpha;f}$. Im allgemeinen aber werden Sie $\mu_1\neq\mu_2$ wählen. Ist dies so, dann werden Sie Ho ablehnen, falls $|y|>t_{1-\alpha/2;f}$ eintritt.
4. Das *Konfidenzintervall* für die Differenz der Erwartungswerte lautet:
   $$[d-t\,d/y; d+t\,d/y]$$

Haben beide Grundgesamtheiten gleiche Varianzen, so ist die Zahl der Freiheitsgrade $f=n_1+n_2-2$

So wird's gemacht:

1. Das Arbeitsblatt der t-Verteilung laden und modifizieren (ausschneiden und wieder einsetzen, usw.) Die Rechnungen wurden in die K-Spalte ausgelagert.
2. B14: ((B10*B8^2+C10*C8^2)/H8); B15: (1/B9+1/C9)
   B16: @WURZEL(B14*B15); B17: +B12/B16 (=y)
3. E15: @WENN(D15=1;H4*B16;-H4*B16);
4. F15: @WENN(D15=0;H4*B16;"")
5. G15: @WENN(D15=1;@WENN(B12>E15;"u1 ist größer als u2" ;"u2 ist größer als u1");@WENN(B12<E15#ODER#B12>F15; "Ho ablehnen";"Ho nicht ablehnen"))
6. D20: @WENN(D15=0;B12-H4*B12/B17;"")
   F20: @WENN(D15=0;B12+H4*B12/B17;"")

In B15 und B16 stehen Hilfsgrößen.

	A	B	C	D	E	F	G	H
1								
2		**Test auf Gleichheit zweier Erwartungswerte**						
3		(unverbundene Stichproben gleicher Varianz)						
4							**t-Wert:**	2.0935
5	**Konfidenzniveau:**	0.95						
6		Probe1:	Probe2:					
7	**Mittelwert:**	1.486	1.492				**Freiheitsgrade:**	
8	**Stand.abw.:**	0.026	0.021				f=	19
9	**Stichpr.Umfang:**	8.000	13.000					
10	n-1:	7.000	12.000				g1=	0.975
11							g od. 1-g=	0.975
12	d:=u1-u2=	-0.006	**Hypothesentest :**					
13				Ho: u1=u2				
14	Gesamtvarianz s^2:	0.000			**Grenze(n):**			
15	B=	0.202	**einseitig?**	0	-0.022	0.022	Ho nicht ablehnen	
16	C=	0.010	(ja=1;nein=0)					
17	Prüfgröße y:	-0.581						
18								
19	Gesamtvarianz=		**Konfidenzintervall:**		(u1-u2)	liegt		
20	pooled variance		zwischen	-0.028	und	0.016		

Die Nullhypothese $u_1=u_2$ wird zum 5%-Niveau gegen die Alternative $u_1<>u_2$ getestet.

Zusätzlich wird ein Konfidenzintervall errechnet

Interpretation der Ergebnisse:

Da die Differenz d=-0,006 im Innern des Intervalls [-0,022;0,022] liegt, ist es dem Test nicht gelungen, die Nullhypothese abzuweisen. Mit 95% Sicherheit kann man demnach annehmen, daß beide Grundgesamtheiten gleiche Erwartungswerte haben- oder: die Anzeige von Gerät 1 ist zum 5%-Niveau nicht signifikant verschieden von der Anzeige des Gerätes 2. Schauen wir uns auch noch das *Konfidenzintervall* an: Die Differenz der Erwartungswerte der Grundgesamtheiten muß -mit 95% Gewißheit- irgendwo zwischen -0.028 und 0.016 liegen.

Auf einem Signifikanzniveau von α=0.05 soll überprüft werden, ob das Körpergewicht von neugeborenen Mädchen normalverteilt ist. Eine Klinik untersuchte 140 Neugeborene und ordnete die Gewichte in 11 Klassen, je mit einer Breite von 200 g.

Das brauchen Sie:

1. Klassenmitten x_i' und beobachtete abs.Häufigkeiten $h_{i,b}$
2. Formel zur Berechnung des Erwartungswertes bei klassifizierten Daten mit k Klassen und N Beobachtungen: $\mu = \frac{1}{N}\sum_{i=1}^{k} x_i' h_i$
3. Formel für die Varianz: $\sigma^2 = \frac{1}{N}\sum_{i=1}^{k}(x_i' - \mu)^2 h_i$
4. Formel für Chi-Quadrat-Test: $\chi^2 = \sum_{i=1}^{k} \frac{(h_{bi} - h_{ei})^2}{h_{ei}}$
5. Das Rezept *Normalverteilung* laden und bis auf den folgenden Rest kürzen: Sie brauchen nur noch *einen* x-Wert. Der Wert von F(z) steht in B26 und wird in H3 benötigt

22				
23	Rechnungen zu N(01):		x=	7,1266
24				0,3772
25		z1= -7,1266		3,7E-12
26	F(z1)=	5,2E-13	Phi(z)=	1
27				

	A	B	C	D	E	F	G	H	I	J
1				Prüfung auf Normalverteilung						
2							Was-Wenn?			
3	Grenzen:		Mitte	hi,b	xi'*hi	(xi'-u)^2*hi		0.0000	hi,e	Chi^2
4			xi'				-10000	0.0000		
5	2200	2400	2300	5	11500	5216582	2400	0.0235	3.29	0.886
6	2400	2600	2500	6	15000	4048469	2600	0.0600	5.10	0.157
7	2600	2800	2700	8	21600	3089388	2800	0.1305	9.88	0.357
8	2800	3000	2900	14	40600	2486429	3000	0.2442	15.92	0.231
9	3000	3200	3100	17	52700	833520	3200	0.3968	21.36	0.889
10	3200	3400	3300	29	95700	13316	3400	0.5672	23.87	1.104
11	3400	3600	3500	24	84000	765306	3600	0.7259	22.21	0.144
12	3600	3800	3700	18	66600	2579694	3800	0.8488	17.21	0.036
13	3800	4000	3900	8	31200	2677959	4000	0.9282	11.11	0.871
14	4000	4200	4100	6	24600	3637041	4200	0.9709	5.97	0.000
15	4200	4400	4300	5	21500	4788010	10000	1	4.08	0.208
16			N=	140		30135714				
17	Erw.-Wert:	3321.43		Mu:	3321.4				Chi^2=	4.883
18	Stand.Abw.:	463.956			Sigma:	463.956				
19	N:	140								
20	x=	14.99			Bei 5% und f=		8	ist Chi^2;krit=		15.510

So wird's gemacht:

1. Legen Sie sich das abgebildete Arbeitsblatt an:
2. Die Spalten A, B und D mit den gemessenen Daten füllen.
   C5: (A5+B5)/2 bis C15 kopieren; E5: +C5*D5; kopieren.
   D16: @SUMME(D5..D15); (mit Ctrg+F3 mit *Anzahl* bezeichnen)
   E16: @SUMME(E5..E15)/ANZAHL; (wird MU genannt).
   F16: @SUMME(F5..F15); F18: @WURZEL(F16/ANZAHL); (dies wird SIGMA genannt).
3. F5: (C5-MU)^2*D5; kopieren bis F15
4. H3: +B26; (in B26 befindet sich der Wert von F(z)).

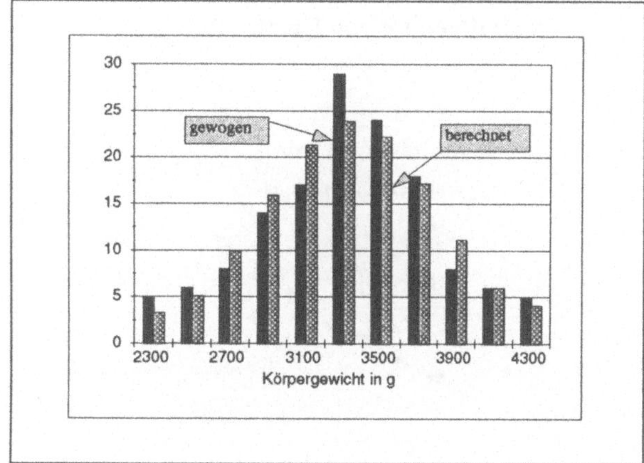

Die Normalverteilung der berechneten Häufigkeiten stimmt recht gut mit den Gewichten der Babys überein.

5. Die Funktionswerte von F werden mit Hilfe der WAS-WENN-Funktion in H4 bis H15 berechnet. (G4 und G15 wurde so belegt, daß H4 den Wert Null und H15 den Wert Eins ergibt.)
6. In der Spalte I werden die errechneten Häufigkeiten ausgegeben:
   I5: (H5-H4)*ANZAHL; kopieren bis I15.
7. J5: (D5-I5)^2/I5, bis J15 kopieren.
8. J17: @SUMME(J5..J15); das ist der Wert von CHI-Quadrat.
   (Damit der CHI-Quadrat-Test angewendet werden konnte -Häufigkeiten >=5-, habe ich die Werte in Spalte D "frisiert"; andernfalls wäre es nötig gewesen, einige Klassen zusammenzufassen.)
   Die Zahl der Freiheitsgrade ist hier *Klassenzahl -3*, also 8. Der Kritische CHI-Wert bei 5% ist 15.51. *Also ist anzunehmen, daß die Gewichte der weiblichen Babys normalverteilt sind.* Die Abbildung zeigt dies ebenfalls deutlich.

Eine grafische Methode zum Test einer Datenreihe auf Normalität besteht darin, zu den experimentellen kumulierten Häufigkeiten, die man als kumulierte Wahrscheinlichkeiten P(Z<=z) einer standardisierten Zufallsgröße Z interpretiert-, die dazugehörenden z-Werte zu berechnen (mit Hilfe des z-Werte-Rezeptes 5.7).

Der graphische Normalitätstest mit Wahrscheinlichkeitspapier ist schnell ausgeführt.

Die z-Werte gegen die Gewichte G aufgetragen, sollten die Gerade $Z = \frac{G-\mu}{\sigma} = \frac{1}{\sigma}G - \frac{\mu}{\sigma}$ ergeben, deren Nullstelle den Erwartungswert, und deren Steigung den 1/σ- Wert liefern, [ATHEN ET AL. 87, S.129].

Das brauchen Sie:

1. Das Rezept: *Die Umkehrung von PHI*
2. Den Grafikeditor von Quattro Pro

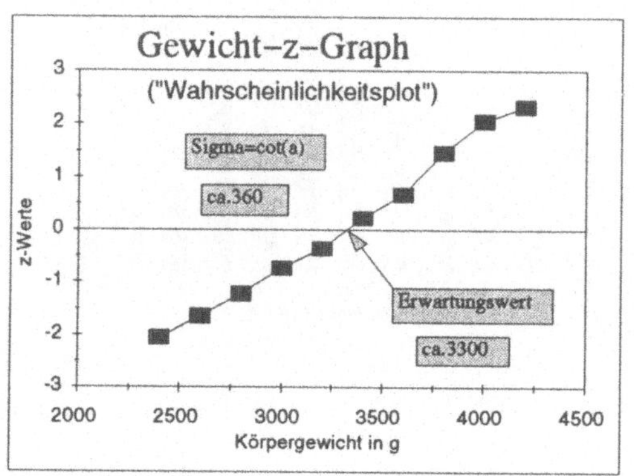

Wenn die Meßwerte einer Normalverteilung folgen, so liegen sie alle in der Nähe einer Geraden im Meßwert-z-Wert-Plot.

So wird's gemacht:

1. So, wie im dargestellten Arbeitsblatt gezeigt, sollten Sie das erwähnte Rezept umbauen (alles ausschneiden und verschieben).
2. Tragen Sie bitte die Werte für die ersten beiden Spalten ein. Sie können dabei den FÜLLEN-Befehl aus dem BLOCK-Menü verwenden.
3. D6: +Z (z-Wert; Zelle wurde so benannt); C7: +B7; C8: +B8+C7. Diese Formel bis C17 kopieren.
4. Den Block C6..D17 markieren und WAS-WENN aus DATEN aufrufen. *Eingabezelle:* H1. Die Zellen D7-D17 werden mit den

gewünschten z-Werten gefüllt, die zu den kumulierten Häufigkeiten der Zellen C7..C17 gehören.

5. Bevor Sie an die E-und F-Spalten gehen, sollten Sie einen Graphen anfertigen:
6 GRAFIK/NEU: X-Achse: A7..A16; Y-Achse: D7..D16 ; mit GRAFIK/TYP wählen Sie XY-Grafik. Anschließend können Sie A anklicken, um Text einzugeben, bzw. GRAFIK/BESCHRIFTUNG, um Überschrift und Achsenbeschriftung hinzuzusetzen.
7. Sie sehen, daß die Datenpunkte in der Nähe einer Geraden liegen, was sehr stark vermuten läßt, daß die Babygewichte normalverteilt sind. Lesen Sie den Schnittpunkt μ der «Geraden» mit der G-Achse ab: ca. 3300g. Aus der Geradensteigung erhalten Sie $1/\sigma$-und damit Sigma selbst: ca. 360 g
8. Diese Werte geben Sie nun im Arbeitsblatt als Erwartungswert und als Standardabweichung ein.
9. Die dazugehörenden erwarteten Gewichte (Spalte F) finden Sie wieder mit der WAS-WENN-Funktion aus DATEN. (F6: +H18) *Eingabezelle:* H1 (*Datentabelle*: E6..F17)
10. Sie können jetzt die geschätzten Werte von μ und σ solange verändern, bis die Übereinstimmung mit den «experimentellen» Gewichten hinreichend zufriedenstellend ist. Denken Sie daran, daß Sie auch eine Regressionsanalyse starten könnten...

Erwartungswert und Standardabweichung ergeben sich als Nullstelle bzw. als inverse Steigung derjenigen Geraden, die am besten mit den Meßwerten harmoniert- falls es eine solche Gerade geben sollte...

	A	B	C	D	E	F	G	H
1							Phi(z)	0.02
2			**Test auf Normalverteilung**				x1=	0.02
3							x2=	0.98
4						**errechnetes**	**einseitig?**	1
5			**kum.Häuf.**		**kum.Häuf.**	**Gewicht**	(ja=1)	
6	**beob.Wert**	**rel.Häuf.**		-2.054		2540		
7	2400	0.02	0.02	-2.054	0.02	2540	**Erw.wert:**	3280
8	2600	0.03	0.05	-1.645	0.05	2688	**Std.abw.:**	360
9	2800	0.06	0.11	-1.227	0.11	2838	t=	2.79715
10	3000	0.12	0.23	-0.739	0.23	3014	ZA=	4.84202
11	3200	0.13	0.36	-0.358	0.36	3151	NE=	6.51720
12	3400	0.23	0.59	0.227	0.59	3362	zg=	2.05419
13	3600	0.16	0.75	0.674	0.75	3523		
14	3800	0.18	0.93	1.476	0.93	3811		
15	4000	0.05	0.98	2.054	0.98	4020	**z-Wert:**	-2.05419
16	4200	0.01	0.99	2.327	0.99	4118	(N(0;1)-Verteilung)	
17	4400	0.01	1	NA	1	ERR		
18							**x(u;s)-Wert:**	2540
19			**Was-Wenn-Tabelle**		**Was-Wenn-Tabelle für G**		(N(u;s)-Verteilung)	
20			**für z**					

Durch Aufsuchen von z-Werten, die zu den kumulierten experimentellen Häufigkeiten passen, bereitet man den G-z-Graphen vor. Mit geschätzten- oder errechneten Werten für Mittelwert und Standardabweichung kann man zum Vergleich auch Gewichte errechnen.

Unsere Aufgabe gehört in den allgemeinen Komplex des Themas *goodness of fit*. Hat man mehr als 50 Beobachtungen, so verwendet man gerne den Chi-Quadrat-Test. Sehr oft wird jedoch ein schneller, nichtparametrischer Test eingesetzt: der KOLMOGOROW-Test.

Das *Regressions-Modul* von Quattro Pro werden Sie immer dann einsetzen, wenn Sie nach Zusammenhängen zwischen zwei oder mehr Merkmalen suchen. Um das Modul kennenzulernen, untersuchen wir einen fiktiven Fall von *linearer Einfachregression.*
Beispiel: Seine Behauptung, *wer in Englisch gut ist, ist auch in Mathematik gut,* belegt Studienrat Stein mit folgendem Zahlenmaterial:

Schüler	1	2	3	4	5	6	7	8	9	10	11	12
Englisch(X)	2	7	5	9	9	4	8	4	6	3	10	10
Math.(Y)	3	5	4	7	8	5	7	3	4	2	7	9

Nach der Methode der kleinsten Quadrate (mit Quattro Pro) soll eine lineare Regressionsfunktion der Form $\hat{y} = b_1 + b_2 x$ gesucht werden.

Das brauchen Sie :

1. Das Regressions-Modul von Quattro Pro

So wird's gemacht:

1. Klicken Sie ZUSÄTZE/MATHEMATIK/REGRESSION an. Der Block der unabhängigen Variablen ist B4..B15. Die abhängigen Variablen stehen in C4..C15. Ausgabeblock ist E5 (genügt!)
2. Die Ausgabe erscheint in der Form einer Tabelle, die als erstes den Regressionskoeffizienten b_1 ausweist: b_1=0,658. Darunter steht der Standardfehler der Regressionsschätzung (Standardabweichung der Residuen) s_e=0,923. (Mit der Quadratsumme der Residuen *QSR* gilt: $s_e = \sqrt{\frac{QSR}{n-2}}$)
3. An dritter Stelle wird das Bestimmtheitsmaß r^2=0,844 ausgegeben. Es besagt, daß 84,4% der Variation der y-Werte (Mathematikpunkte) durch die lineare Regressionsfunktion erklärt werden.
4. Nach der Anzahl der Beobachtungen und der Freiheitsgrade kommt noch der Regressionskoeffizient b_2=0,729 und seine Standardabweichung s_{b2}=0,099. Die Standardabweichung von b_1 wird nicht angezeigt. Man kann sie jedoch mit $s_{b_1} = s_{b_2}\sqrt{\frac{1}{n}\Sigma x_i^2}$ berechnen. Der Wert ist s_{b1}=0,689

$r^2 = 1 - \frac{QSR}{QST}$

mit:

$QST = \Sigma(y_i - \bar{y})^2$

QSR:=$\Sigma(y_i - \hat{y}_i)^2$

5. Wenn Sie GRAFIK/NEU aufrufen, so können Sie die Daten zusammen mit der Regressionsgeraden zeichnen (XY-Grafik). Die Werte für die Regressionsgerade berechnen Sie mit Hilfe der Regressionsfunktion $\hat{y} = 0,658 + 0,729 \cdot x$

Sie können noch *Konfidenzintervalle* für die unbekannten Regressionskoeffizienten β_1, β_2 der *wahren* Regressionsgeraden $y' = \beta_1 + \beta_2 x$ berechnen: $b_1 - t\,s_{b_1} \leq \beta_1 \leq b_1 + t\,s_{b_1}$ und $b_2 - t\,s_{b_2} \leq \beta_2 \leq b_2 + t\,s_{b_2}$
Für f= n-2=10 und $1 - \alpha = 0,95$ ist t=2,228 (vergl. *Studentverteilung*). α= Signifikanzniveau (5%)

$t_{1-\alpha/2;n-2}$

Das 95% -Konfidenzintervall für β_1 lautet: $-0,877 \leq \beta_1 \leq 2,193$.
D.h.: mit einer Sicherheitswahrscheinlichkeit von 95% liegt der unbekannte Koeffizient β_1 der unbekannten Regressionsfunktion der Grundgesamtheit zwischen -0,877 und 2,193.

Für β_2 ergibt sich das 95%-Konfidenzintervall: $0,51 \leq \beta_2 \leq 0,95$

	A	B	C	D	E	F	G	H
1	Schüler	Englisch	Mathematik					
2		Merkmal X	Merkmal Y	Modell				
3		0		0,657				
4	1	2	3	2				
5	2	7	5	6	Regressionsanalyse:			
6	3	5	4	4	Konstante			0,657718
7	4	9	7	7	Standardabweichung Y			0,922916
8	5	9	8	7	R zum Quadrat			0,844188
9	6	4	5	4	Zahl der Meßwerte			12
10	7	8	7	6	Freiheitsgrade			10
11	8	4	3	4				
12	9	6	4	5	X-Koeffizient(en)		0,728667	
13	10	3	2	3	Standardabweichu		0,098994	
14	11	10	7	8				
15	12	10	9	8				
16								
17	Lineare Einfachregression				Regressionsfunktior		y=0,658+0,729*x	
18								
19								
20								

A / B / C / D / E / F / G / H / I / J / K / L

Lineare Einfachregression mit Hilfe von Quattro Pro.

Der Regressionskoeffizient b_1 (Konstante) wird ohne Standardabweichung ausgegeben. Die Regressionsfunktion wurde hinzugefügt.

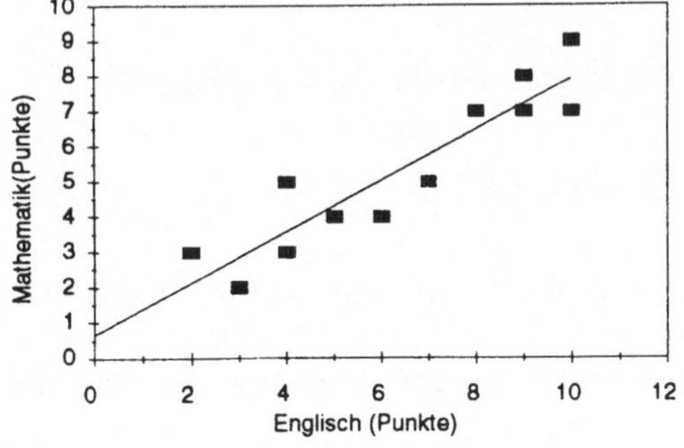

Die Korrelation zwischen den Punktzahlen in Englisch und Mathematik ist beachtlich- wenngleich in diesem Beispiel nur fiktiv.

Mit Quattro Pro führen Sie auch leicht eine *multiple Regression* aus, wie Sie an einem einfachen *Beispiel* erkennen können:
Die Geschäftsleitung eines Kosmetikartikelkonzerns vermutet, daß der Verkaufsgewinn y (pro Person) des Spitzenproduktes *Goldduft* nicht nur von der Einwohnerzahl x_1 eines Verkaufsgebietes abhängt, sondern auch von den pro Person gezahlten Werbungskosten x_2. Die folgenden Daten sollen auf einen möglichen Zusammenhang hin untersucht werden:

Ist der Gewinn von der Werbung abhängig?

Erst eine Regressionsanalyse wird zeigen, ob die Werbung wirksam war

Verkaufs-bereich	Bevölkerung x_1(Millionen)	Werbekosten x_2(DM/Person)	Gewinn y(p.P.)
1	2,4	0,32	7,2
2	1,3	0,42	5,0
3	5,1	0,24	8,4
4	4,9	0,28	8,2
5	3,2	0,52	8,0
6	6,7	0,2	10,2

Gesucht ist eine Regressionsgleichung der Form

$$\hat{y}= a + b_1 x_1 + b_2 x_2 \ ,$$

in der $\hat{y}$ ein Schätzwert für den Gewinn y ist. x_1 und x_2 sind die Werte der beiden unabhängigen Variablen. a ist der y-Achsenabschnitt. (Wir haben es nicht mit einer Ausgleichsgeraden, sondern mit einer Ausgleichsebenen zu tun.) Die Werte von a, b_1, b_2 sollen mit Hilfe der Methode der kleinsten Fehlerquadratsumme berechnet werden.

Das brauchen Sie :

1. Das Regressions-Modul von Quattro Pro

So wird's gemacht:

1. Legen Sie, wie in der Abbildung gezeigt, eine Tabelle an, die x_1, x_2 und den Gewinn y enthält. Die Verkaufsbereiche müssen nicht eingetragen werden. In der G-Spalte werden später die Werte ein-

getragen, die sich aus der Regressionsgleichung ergeben. In der H-Spalte werden die Abweichungsquadrate $(y-\hat{y})^2$ berechnet.

2. Rufen Sie ZUSÄTZE/MATHEMATIK/REGRESSION auf, und geben Sie für den Block der unabhängigen Variablen B2..C7 ein. Die abhängigen Variablen stehen in E2..E7. (In E8 steht noch die Summe dieser Werte.) Geben Sie als Ausgabeblock B9 an.

Quattro Pro besitzt ein Regressionsmodul

3. Der Standardfehler von y (=root mean square error) ist im Falle des Beispiels: s =0,6884 mit $s^2 = \frac{\sum(y-\hat{y})^2}{n-k-1}$; n=Anzahl der Beobachtungen (hier 6), k=Anzahl der unabhängigen Veränderlichen (2). Die Zahl der Freiheitsgrade beträgt n-k-1=3.

	A	B	C	D	E	F	G	H
1	Verkaufsbereich	Bevölkerung	Werbung		Gewinn		Regr.	(y-ŷ)^2
2	1	2,4	0,32		7,2		6,35	0,722358
3	2	1,3	0,42		5		5,63	0,401631
4	3	5,1	0,24		8,4	Mittel:	8,65	0,060122
5	4	4,9	0,28		8,2	7,8	8,59	0,148798
6	5	3,2	0,52		8		7,76	0,059568
7	6	6,7	0,2		10,2		10,03	0,029139
8					47		Summe:	1,421616
9			Regressionsanalyse:				root mse:	0,688384
10		Konstante			3,041005	=a		
11		Standardabweichung Y			0,688384	=root mean square error		
12		R zum Quadrat			0,902048	d.h. 90,2% der Streuung um		
13		Zahl der Meßwerte			6	den Mittelwert 7,8 werden		
14		Freiheitsgrade			3	vom Modell		
15						y=3,04+0,946*X1+3,245*X2		
16		X-Koeffizient(en)		0,946177	3,244546	erklärt.		
17		Standardabweichung d. Kc		0,227767	3,779797			
18								
19		Regressionsgleichung:		y=3,04+0,946*X1+3,245*X2				
20								

Das gute r-Quadrat *sagt noch nichts über die Wirkung der Werbung aus.*

Beachten Sie bitte, daß die Standardabweichung s_2 des *Kleinste-Quadrate-Schätzers* b_2 mit 3,78 ungewöhnlich groß ist.

Da $t= \frac{b_2}{s_2} = \frac{3.245}{3.78} = 0.858 < t_{3;0.05} = 3.18$, folgt, daß b_2 mit 95% Sicherheit nicht signifikant von Null verschieden ist, (vergl. Abschnitt *Die Student-Verteilung)*. Das bedeutet, daß die Werbung keine Wirkung zeigte! Tatsächlich ergibt eine einfache Regression, in der nur x_1 verwendet wird, einen *root mse* von 0,665. Die Regressionsgleichung $\hat{y} = 4,676 + 0,803 \cdot x_1$ ist für die Gewinne ein befriedigendes Modell. *Also hat man ungeheure Werbungskosten umsonst investiert!*

Man kann annehmen, daß die Schätzer b_1 und b_2 t-verteilt sind, vergl. [SACHS 74, S.339].

Dieses Beispiel dürfte deutlich machen, daß man mit Statistik Geld sparen kann. Zumindest sollte man sich überlegen, ob die Werbung nicht völlig anders angelegt werden sollte.

Bei Goldduft *war die Werbung wirkungslos.*

Mindestdauer, Höchstdauer und wahrscheinlichste Dauer müssen für jeden Task bekannt sein

Die Zeit für die Durchführung eines Projektes läßt sich auf einfache Weise abschätzen, wenn man die ungefähren Zeiten für die Teilprojekte (Tasks) kennt, aus denen das eigentliche Projekt besteht.
Von jeder Teilaufgabe müssen Sie eine Mindest- und eine Höchstdauer angeben. Auch benötigen Sie eine Angabe über die wahrscheinlichste Zeitdauer. (Natürlich wird die Schätzung des Zeitbedarfs des Hauptprojekts umso genauer sein, je genauer Sie die Teilprojekte abschätzen können.)
Das Arbeitsblatt geht von einem Projekt aus, das aus 8 Teilprojekten besteht. Task Nr. 1 wird mindestens 3, aber höchstens 18 Tage beanspruchen (Krankheit, Lieferverzug usw. berücksichtigen). Wahrscheinlich aber wird es nach 9 Tagen abgeschlossen sein.
Geben Sie die weiteren Daten ein, und schätzen Sie ab, mit welchem Zeitaufwand für das Hauptprojekt zu rechnen ist.

Das brauchen Sie :

Der wahrscheinlichste Wert W erhält das doppelte Gewicht

Der *zentrale Grenzwertsatz* ist der Schutzpatron der Statistiker

O-U *ist die* Spannweite

1. Einen Erwartungswert für die Dauer der einzelnen Teilaufgaben:

   $$E = (2W + (U + O)/2)/3$$

   U und O sind die Schätzwerte für Mindest- und Höchstdauer. W ist die wahrscheinlichste Zeit.

2. Den *Erwartungswert* für die Dauer des Gesamtprojektes: er ist die Summe der Erwartungswerte der Zeiten der Teilprojekte. (Egal, welche Verteilungen die Teilprojekte haben, ihre Summe strebt einer Normalverteilung zu. Je mehr Teilprojekte, umso *normaler* ist die Summe!)

3. Die *Standardabweichung* s (Streuung um den Erwartungswert) für jede Teilaufgabe wird durch (O-U)/6 geschätzt.

4. Die Standardabweichung der Verteilung des Gesamtprojekts: es ist die Wurzel aus der Summe der Standardabweichungsquadrate der Teilprojekte.

So wird's gemacht:

1. Tragen Sie Ihre Daten der Vorlage gemäß in Ihr Arbeitsblatt ein.
2. E7: (2*C7+(B7+G7)/2)/3 (Erwartungswert der Dauer einer Teilaufgabe). Kopieren bis E14.
3. F7: (D7-B7)/6 (Standardabweichung der Teilaufgaben). Kopieren bis F14.
4. G7: +F7*F7; kopieren bis G14.
5. G15: @SUMME(G7..G14)
6. E16: @SUMME(E7..E14); (Erwartungswert E der Zeitdauer des Gesamtprojektes).
7. E17: @WURZEL(G15); (Standardabweichung s des Projektes).

Die Wahrscheinlichkeit, daß das Projekt in (E-2s)-Tagen fertig wird, beträgt nur (100-97,92)%, d.h. ca. 2%. Diese und weitere Informationen stehen in Zeile 19 und 20:

Schlagen Sie bitte eine Tabelle der Standardnormalverteilung auf.

8. C19: +E16-2*E17; D19: +E16-E17; E19:+E16; F19: +E16+E17 G19: +E16+2*E17.

Ergebnis: *Mit 98% Wahrscheinlichkeit wird die Ausführung des Projektes 87 Tage dauern.*

	A	B	C	D	E	F	G	H
1								
2				Zeitplanung				
3								
4	Task Nr.	unten	wahrschein-	oben	Erwartungs-	Std.abwei-	s*s	
5			lich		wert	chung s		
6								
7	1	3	9	18	9,50	2,50	6,25	
8	2	5	6	12	6,83	1,17	1,36	
9	3	4	8	11	7,83	1,17	1,36	
10	4	6	11	16	11,00	1,67	2,78	
11	5	9	14	30	15,83	3,50	12,25	
12	6	3	5	13	6,00	1,67	2,78	
13	7	4	10	15	9,83	1,83	3,36	
14	8	2	7	18	8,00	2,67	7,11	
15						Summe:	37,25	
16			Dauer (Erwartungswert):		74,83			
17			Standardabweichung:		6,10			
18								
19		Zeit:	62,6	68,7	74,8	80,9	87,0	Tage
20	Wahrscheinlichkeit:		2%	16%	50%	84%	98%	

Übersicht über die Zeitplanung eines Projektes, das aus 8 Teilprojekten besteht.

Jedes Projekt gehorcht einer Beta-Verteilung, die Summe ist angenähert normalverteilt.

6 Ein paar Anwendungen aus Physik und Technik

Bei der Auswertung von Meßwerten leistet Quattro Pro vorzügliche Hilfe. Das soll am Beispiel des freien Falles einer Kugel demonstriert werden. Die Kugel fiel vor einem Lineal aus einer Höhe von 1,30m und wurde alle 0,02s angeblitzt und bei geöffnetem Objektiv zusammen mit dem Lineal fotografiert. Der Ort der Kugel konnte anschließend dem stroboskopischen Bild entnommen werden.
Die Intervallgeschwindigkeiten sollen aus den vorliegenden Daten ermittelt werden. Aus dem v-t-Graphen kann schließlich die Fallbeschleunigung a berechnet werden [RUPRECHT 67].

Das brauchen Sie:

1. Meßwerte (Höhen y zu verschiedenen Zeiten)
2. Intervallgeschwindigkeiten $\bar{v} = \frac{\Delta y}{\Delta t}$
   Bei einer linearen Bewegung mit konstanter Beschleunigung ist die Intervallgeschwindigkeit gleich der Momentangeschwindigkeit *in der Mitte* des Zeitintervalls.
3. Mit Hilfe von $\bar{a} = \frac{\Delta v}{\Delta t}$ läßt sich eine Serie von Beschleunigungen berechnen, deren Mittelwert dann die gesuchte Fallbeschleunigung liefert. Wegen der Unsicherheiten, die in den v-Werten stecken, führt dieser Weg jedoch zu stark streuenden a-Werten. Man sollte die mittlere Beschleunigung besser als Steigung der v-t-Geraden bestimmen.

So wird's gemacht:

So erzeugt man unterbrochene Spalten...

1. Füllen Sie die A-Spalte von A5 bis A51 mit den Zeiten 0,02; 0,04 usw. bis 0,48 Sekunden. *Aber, Sie sollten zwischen je zwei Zeitwerten eine Zelle frei lassen;* vergleichen Sie bitte die erste Abbildung.
   Dieses Problem können Sie mit einem *Trick* lösen:
   A5: 0.02; A6: leer lassen; Zellzeiger auf A7: +A5+0.02
   BLOCK/KOPIEREN: von A7..A50 bis A9
2. In der B-Spalte werden die Intervallmitten notiert:
   B6: (A5+A7)/2; BLOCK/KOPIEREN: von B6..B49 bis B8
3. In der C-Spalte sind von Hand die Höhen y einzutragen.
4. Mittlere Geschwindigkeiten:
   D6: (C7-C5)/(A7-A5); BLOCK/KOPIEREN: von D6..D50 bis D8

5. In der E-Spalte wurden mittlere Beschleunigungen errechnet:
   E7: (D8-D6)/(B8-B6); BLOCK/KOPIEREN: von E7..B48 bis E9
   Mit @MITTELWERT(E5..E50) finden Sie a=-988,6 cm/s²
   Wenn Sie a mit Hilfe der Geschwindigkeiten v_1=-0,40 m/s im Zeitpunkt t_1=0,03s und v_2=-4,75m/s zur Zeit t_2=0,47s berechnen, so erhalten Sie den Wert $\bar{a} = \frac{v_2 - v_1}{t_2 - t_1} = \frac{-4{,}35\,m/s}{0{,}44\,s} = -9{,}9 m/s^2$

Hier könnte man auch eine Ausgleichsgerade berechnen.

	A	B	C	D	E	F	G	H	I
1									
2									
3	t in s	t-Mitte	y in cm	v in cm/s	a in m/s^2				
4									
5	0.02		129.6						
6		0.03		-40					
7	0.04		128.8		-1000				
8		0.05		-60					
9	0.06		127.6		-1000	Experiment zum freien Fal			
10		0.07		-80		(stroboskopische Registrierung)			
11	0.08		126		-750				
12		0.09		-95					
13	0.1		124.1		-1250				
14		0.11		-120					
15	0.12		121.7		-1000				
16		0.13		-140					
17	0.14		118.9		-1000				
18		0.15		-160		Mittel aller a-Werte:		-988.6	cm/s^2
19	0.16		115.7		-1000				
20		0.17		-180					

Die Meßwerte stehen in der A- und in der B-Spalte.

Die Daten ergeben einen Wert von 9,9m/s^2 für die Fallbeschleunigung g.

Das v-t-Diagramm zeichnen Sie mit GRAFIK/NEU. Dann GRAFIK/TYP: XY. Markieren Sie die B-Spalte (B6..B50) als X-Achse und die D-Spalte (D6..D50) als Y-Achse.
(Die Regressionsgerade lautet: $v = -0,107\frac{m}{s} - 9,87\frac{m}{s^2}t$)

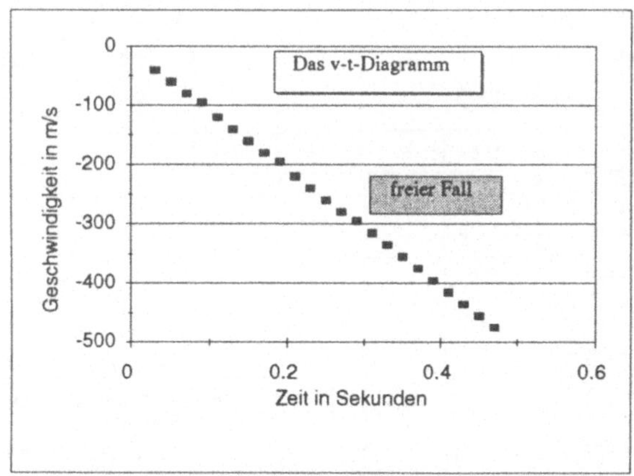

Der 1.Punkt hat die Koordinaten (0,03;-40); der letzte Punkt: (0,47;-475)

Mit Quattro Pro können Sie auf elegante Art Rezepte entwerfen, die Ihnen das Studium bewegter Objekte ermöglichen. Hat eine Kugel den Lauf des Gewehrs verlassen, so steht sie nur noch unter der Einwirkung der Schwerkraft- sofern Sie die Luftreibung vernachlässigen. Was mit der Kugel im Lauf geschah, soll anschließend erörtert werden.

Das brauchen Sie :

1. Anfangsgeschwindigkeit vo, Abschußwinkel ß, Anfangshöhe ho und die Gravitationsbeschleunigung g
2. $x = v_0 \cos(\beta)\, t$
3. $y = v_0 \sin(\beta)\, t - \frac{1}{2} g t^2 + h_0$

So wird's gemacht:

1. Legen Sie dem Bild entsprechend ein Arbeitsblatt an.
2. A10: 0; A11: +A10+0,5; bitte bis A35 kopieren.
3. B10: +H$1*@COS(H$2*@PI/180)*A10; bis B35 kopieren.
   C10: +H$1*@SIN(H$2*@PI/180)*A10-H$4*A10^2/2+H$3; bis C30 kopieren.
4. GRAFIK/NEU anwählen; markieren Sie B10..B35 als X-Wertebereich und C10..C35 als 1. Wertebreich. GRAFIK/TYP/ XY- Grafik aussuchen.
   Durch Rechtsklicken der Achsen können Sie die Bereiche selbst festlegen.

Mit GRAFIK/ EINFÜGEN *setzen Sie das Bild ins Arbeitsblatt. Die Auswirkungen veränderter Anfangsbedingungen sehen Sie sofort-notfalls die Achsen neu einteilen.*

	A	B	C	D	E	F	G	H	I
1							vo=	70	m/s
2							ß=	45	Grad
3		Schiefer	Schuß				ho=	35	m
4							g=	9,81	m/s/s
5									
6									
7	t	x	y						
8	in s	in m	in m						
9									
10	0	0	35						
11	0,5	24,748737	58,52249						
12	1	49,497475	79,59247						
13	1,5	74,246212	98,20996						
14	2	98,994949	114,3749						
15	2,5	123,74369	128,0874						
16	3	148,49242	139,3474						
17	3,5	173,24116	148,1549						
18	4	197,9899	154,5099						
19	4,5	222,73864	158,4124						
20	5	247,48737	159,8624						

Höhe in m
200 180 160 140 120 100 80 60 40 20 0
0 100 200 300 400 500 600
Entfernung in m

A B C D E F G H I J K

Wenn Sie wissen wollen, wie die Kugel ihre Anfangsgeschwindigkeit vo erhält, so nehmen Sie doch einfach an, daß sie im Innern des Laufs während sehr kurzer Zeit einem linear abfallenden Beschleunigungsvorgang unterliegt. Durch numerische Integration -hier nach SIMPSON, Rezept 4.13- ermitteln Sie sodann die Geschwindigkeit der Kugel für die Zeit, in der sie sich im Lauf befindet. Das Rezept 6.4 wird dann die Realität zu Worte kommen lassen.

Das brauchen Sie:

1. Ein Beschleunigungsmodell, z.B.:
   a(t)=b-ct, falls 0<t<0,05s; sonst sei a(t)=0
   Die Konstanten b und c kann man beliebig anpassen

So wird's gemacht:

1. Vergleichen Sie die Abbildung mit Ihrem Arbeitsblatt.
2. A5: 0; B5: +A5-H$3; C5: @WENN(A5<=0,05;H$5-H$6*A5;0) bis C60 kopieren. Auch das folgende D5 bis D60 kopieren.
   D5: @WENN(B5<=0,05;H$5-H$6*B5;0); E5: +H4
   F5: +H$5*A5-H$6*A5^2/2+H$4 (=analytische Lösung)
   A6: +A5+H$2; bis A60 kopieren. B6: +A6-H$3; kopieren.
3. E6: **+H$2*(C5+4*D6+C6)/6+E5** (=Simpsonsche Regel), bitte bis E60 kopieren.
4. Nach 0,049 Sekunden liefert dieses Modell eine *Endgeschwindigkeit* von ca. 938 m/s. Dabei waren b=20000 und c=35000.

	A	B	C	D	E	F	G	H	I
1									
2							h=	0,001	
3	t	t-h/2	a(t)	a(t-h/2)	v(t)/num	v(t)/analyt.	h/2=	0,0005	
4							v0=	0	
5	0	-0,0005	20000	20017,5	0,00	0,00	b=	20000	
6	0,001	0,0005	19965	19982,5	19,98	19,98	c=	35000	
7	0,002	0,0015	19930	19947,5	39,93	39,93			
8	0,003	0,0025	19895	19912,5	59,84	59,84			
9	0,004	0,0035	19860	19877,5	79,72	79,72	**Einfaches Modell für**		
10	0,005	0,0045	19825	19842,5	99,56	99,56	**Beschleunigung und**		
11	0,006	0,0055	19790	19807,5	119,37	119,37	**Geschwindigkeit einer Kugel**		
12	0,007	0,0065	19755	19772,5	139,14	139,14	**in einem Gewehrlauf**		
13	0,008	0,0075	19720	19737,5	158,88	158,88			
14	0,009	0,0085	19685	19702,5	178,58	178,58	Berechnung nach Simpson		
54	0,049	0,0485	18285	18302,5	937,98	937,98			
55	0,05	0,0495	0	18267,5	953,21	956,25			
56	0,051	0,0505	0	0	953,21	974,48			
57	0,052	0,0515	0	0	953,21	992,68			

Die Geschwindigkeit einer Kugel in einem Gewehrlauf wird mit Hilfe der **Simpsonschen Regel** *berechnet.*

Was geschieht mit einer Kugel, *bevor* der Schuß losgeht?
Nachdem diese Frage im vorigen Rezept anhand eines vereinfachten Modells untersucht wurde, sollen jetzt realistische Daten verwendet werden. Also: aus einer *gemessenen* Druckverteilung im Innern des Gewehrs M-14, [M.L.JAMES et al.67], soll Quattro Pro *Lauf-Zeit* und *Mündungs-Geschwindigkeit* mit Hilfe der Trapezregel berechnen.

Da der Quotient unter dem Integral für x=0 nicht berechnet werden kann- Division durch Null-, muß in E6 ein besonderer Anfangswert berechnet werden: t=3x/v

1. Experimentelle Daten (hier in inch und lb/inch^2)
2. Kugelmasse: m= 0,0215 lb (= 9,75g)
3. Querschnitt des Laufs: A= 0,07069inch^2 (=0,456cm^2)
4. Aus dem Energieerhaltungssatz im Intervall $[x_i, x_{i+1}]$ folgt für die Geschwindigkeit:
$$\dot{x}_{i+1} = \sqrt{\dot{x}_i^2 + \frac{2A}{m}\int_{x_i}^{x_{i+1}} p(x)dx}$$
5. Für die Zeit gilt die Rekursionsformel
$$t_{i+1} = t_i + \int_{x_i}^{x_{i+1}} 1/\dot{x}\, dx$$
6. Die Integrale werden mit dem arithm. Mittel angenähert

So wird's gemacht:

1. C6: @WURZEL(G$4*(B5+B6)*1000*0.5/2); in G4 steht 2A/m
   E6: 3*A6/C6; in C6 und E6 stehen die Werte für x=h (=0,5)
   C7: @WURZEL(C6^2+G$4*(B6+B7)*1000*0,5/2);
   bis C53 kopieren.
   E7: +E6+(1/C6+1/C7)*0,5/2; bis E53 kopieren

Der Firmenwert für die Endgeschwindigkeit ist etwas niedriger als unser Wert (9%). Das sollte auch so sein, denn wir haben keine Reibung berücksichtigt

Die Geschwindigkeiten wurden in m/s umgerechnet

Druckverteilung in einem Gewehrlau

Position	**Druck**	**v**	**v**	**t**				
inch	lb/inch^2	inch/s	m/s	ms	**Konst=**	2538,26		
0	0	0	0	0				
0,5	14700	3054,19	77,5765	0,4911	**Endgeschwindigkeit:**		927,526 m/s	
1	29100	6092,79	154,757	0,614	***restliche Daten:***			
1,5	39600	8984,25	228,2	0,6829	*Position*	*Druck*	*Position*	*Druck*
2	45100	11595,9	294,535	0,7323	*7*	*33500*	*16*	*12300*
2,5	48000	13911,9	353,364	0,7718	*8*	*29500*	*17*	*11200*
3	49300	15977,7	405,832	0,8054	*9*	*26100*	*18*	*10200*
3,5	50000	17840,9	453,159	0,8351	*10*	*22900*	*19*	*9400*
4	48700	19517,4	495,742	0,8619	*11*	*20200*	*20*	*8600*
4,5	45700	20996	533,299	0,8866	*12*	*18200*	*21*	*7800*
5	42900	22294,7	566,286	0,9097	*13*	*16300*	*22*	*7000*
5,5	40200	23447,5	595,568	0,9316	*14*	*14800*	*23*	*6200*
6	37900	24481,6	621,832	0,9525	*15*	*13500*	*24*	*5600*

Von besonderem Interesse dürfte es sein, sich *grafisch* zu veranschaulichen, wie sich die Geschwindigkeit der Kugel im Gewehrlauf aufbaut. Wie lange bleibt die Kugel im Lauf?
Quattro pro bietet die Möglichkeit, mit zwei y-Achsen zu zeichnen. Dies ist in unserem Fall besonders wichtig, da die Werte sehr verschiedene Größen haben.

Das brauchen Sie:

1. Die experimentelle Druckverteilung
2. Die berechneten Geschwindigkeiten und Zeiten in Funktion der Lage im Gewehrlauf

So wird's gemacht:

1. Sie können sich zwei Bilder anfertigen, in denen Sie entweder die Zeit oder die Geschwindigkeit zusammen mit der Druckverteilung darstellen.

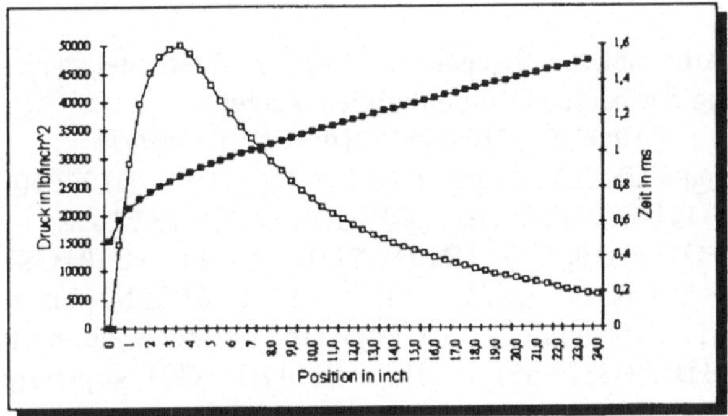

Nach ca. 1,5 ms verläßt die Kugel den Lauf.

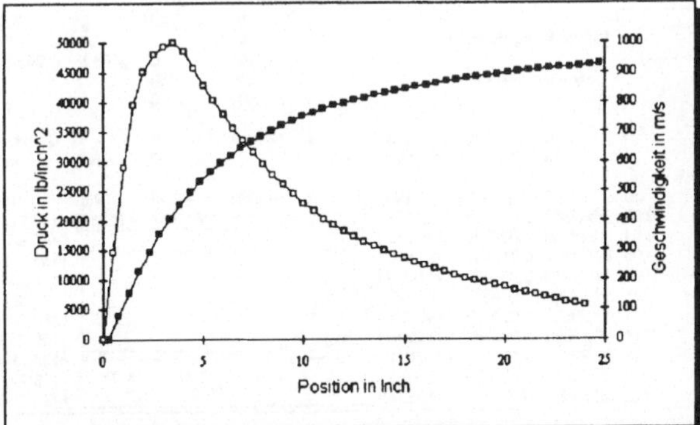

Die Druckwelle erteilt der Kugel eine Endgeschwindigkeit von 927 m/s- das ist die Anfangsgeschwindigkeit für den schiefen Schuß.

Vor dem Driften am geöffneten Fallschirm liegt der fast freie Fall. Springt ein Fallschrimspringer mit der horizontalen Geschwindigkeit u_o (ca. 150m/s) des Flugzeuges in die Tiefe, so wird die Luftreibung seine Geschwindigkeit auf ein Minimum reduzieren (ca. 50m/s). In diesem Augenblick sollte er den Schirm öffnen, damit die Schirmleinen ihn nicht allzusehr beuteln.
Mit dieser Anleitung können Sie den günstigsten Zeitpunkt fürs Schirmöffnen berechnen, wenn v also minimal ist.

1. $$\ddot{x} = -\frac{g}{v_t^2}\sqrt{\dot{x}^2+\dot{y}^2}\,\dot{x}$$

2. $$\ddot{y} = g - \frac{g}{v_t^2}\sqrt{\dot{x}^2+\dot{y}^2}\,\dot{y}$$

Mit $v_t = 50\frac{m}{s}$ (=Endgeschwindigkeit) ist die Luftreibung in guter Näherung berücksichtigt.

Die Beschleunigungen in x-und y-Richtung werden numerisch integriert.

So wird's gemacht:

1. Das Arbeitsblatt verwendet die FEYNMAN-Methode[MEHR 92] zur Lösung der beiden Differentialgleichungen.
2. A10:0 ; B10:+G$2;C10+G$3;D10:+G$4;E10:+G$5
3. F10: @WURZEL(D10^2+E10^2)*I$3; G10: -D10*F10 H10: +I$1-E10*F10; I10: @WURZEL(D10^2+E10^2)
4. A11:+G$1+A10; B11: +B10+G$1*D11; C11: +C10+G$1*E11; D11: +D10+G10*G$1/2; E11: +E10+H10*G$1/2; bis auf D11 und E11 alles bis Zeile 1000 kopieren (viel Rechenarbeit für QP!)
5. D12: +D11+G11*G$1; E12: +E11+H11*G$1; kopieren!

Die Startformeln in D11 und E11 werden nur einmal benötigt.

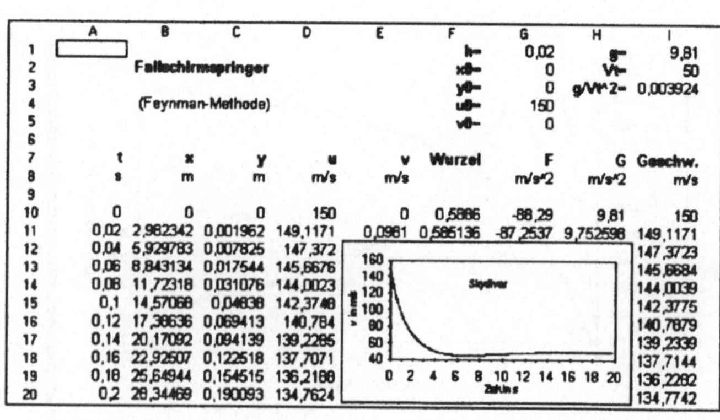

	A	B	C	D	E	F	G	H	I
1						h=	0,02	g=	9,81
2		Fallschirmspringer				x0=	0	Vt=	50
3						y0=	0	g/Vt^2=	0,003924
4		(Feynman-Methode)				u0=	150		
5						v0=	0		
6									
7	t	x	y	u	v	Wurzel	F	G	Geschw.
8	s	m	m	m/s	m/s		m/s^2	m/s^2	m/s
9									
10	0	0	0	150	0	0,5886	-88,29	9,81	150
11	0,02	2,982342	0,001962	149,1171	0,0981	0,585136	-87,2537	9,752598	149,1171
12	0,04	5,929783	0,007825	147,372					147,3723
13	0,06	8,843134	0,017544	145,6676					145,6684
14	0,08	11,72318	0,031076	144,0023					144,0039
15	0,1	14,57068	0,04838	142,3748					142,3775
16	0,12	17,38636	0,069413	140,784					140,7879
17	0,14	20,17092	0,094139	139,2285					139,2339
18	0,16	22,92507	0,122518	137,7071					137,7144
19	0,18	25,64944	0,154515	136,2188					136,2282
20	0,2	28,34469	0,190093	134,7624					134,7742

Der Bildeinschub zeigt die Geschwindigkeit in m/s gegen die Zeit in s.

Nach 6,7s ist die Minimalgeschwindigkeit erreicht: 44,95536m/s- also ca. 45m/s

Mit der folgenden Anleitung können Sie eine dreistufige Spielzeugrakete starten. Daten finden Sie in der Literatur, z.B. [EISBERG 79]

Das brauchen Sie:

1. Raketenformel: $a = -g + \frac{S}{m(t)} - \frac{K}{m(t)} v^2$
2. Für m(t) wähle ich Mittelwerte.
   K ist die Widerstandszahl: $K = \frac{1}{2} c_w \rho A$.
   . Der Querschnitt A der Rakete beträgt im Beispiel 0,000483 m^2, also K=0,000229 kg/m
3. m_i =Raketenmasse (i-te Stufe); t_1=0,35 s (=Brenndauer der 1.Stufe). Entsprechend: t_2=0,80 s und t_3=0,35 s

C_w =0,75

Dichte der Luft=

1,266kg/m^3

Schübe:
S1=14,29N;
S2=6,25N;
S3=14,29N

	A	B	C	D	E	F	G	H	I
1						h=	0,0200	S1/m1=	120,8000
2		**Feynman-Methode**				t0=	0,0000	t1=	0,3500
3						x0=	0,0000	S2/m2=	69,0800
4	Raketengleichung:		a=-g+S/m-Kv^2/m			v0=	0,0000	t2=	1,1500
5	für 3 Stufen		S=Schub in N			g=	9,8100	S3/m3=	224,8
6	eingerichtet		K=Widerstandszahl					t3=	1,5000
7	t	x(t)	v(t-h/2)	a(t)	S/m				
8	s	m	m/s	m/s^2				K/m1=	0,001667
9							k/mi	K/m2=	0,002179
10	0,0000	0,0000	0,0000	110,9900	120,8000		0,0017	K/m3=	0,003102
11	0,0200	0,0222	1,1099	110,9879	120,8000		0,0017	K/m4=	0,003262
12	0,0400	0,0888	3,3297	110,9715	120,8000		0,0017		

So wird's gemacht:

1. Verwenden Sie wieder die FEYNMAN-Methode.
2. B10: +G$3; C10: +G$4; B11: +B10+G$1*C11
   C11: +C10+D10*G$1/2 (wird nur hier verwendet)
   B12: +B11+G$1*C12; C12: +C11+D11*G$1;
3. D10: +E10-G$5-G10*C10^2; kopieren bis D423!
   E10:@WENN(A10<I$2;I$1;@WENN(A10>=I$2#UND#A10<I$4;I$3;@WENN(A10>=I$4# UND#A10<I$6;I$5;0)))
4. G10:@WENN(A10<I$2;I$8;@WENN(A10>=I$2#UND#A10<I$4;I$9;@WENN(A10>=I$4#UND#A10<I$6;I$10;I$11)))

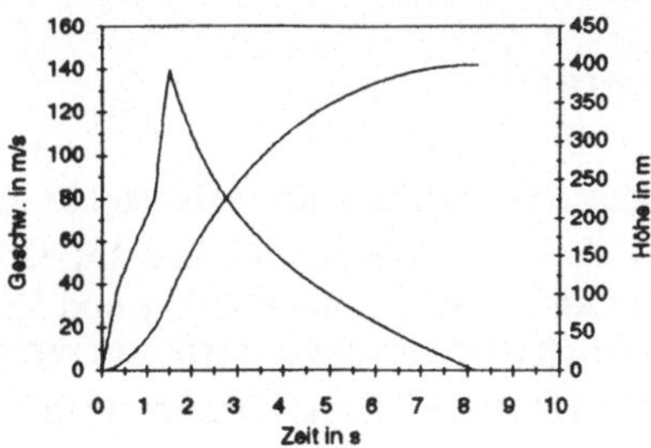

Nun werden Sie zu einem Schlüsselexperiment der neueren Physik geführt: das Streuexperiment von RUTHERFORD aus dem Jahre 1911, das zur Entdeckung der Atomkerne führte. Alphateilchen aus einem Röhrchen, das Radiumemanation enthielt, wurden auf eine feine Goldfolie geschossen. Ihre Ablenkung (Streuung) wurde beobachtet. Wegen sehr vieler mathematischer Ähnlichkeiten der Modelle, biete ich Ihnen anschließend **ein zweites Rezept** an: die Bewegung von *Satelliten* um ein ruhendes Zentralgestirn.

Das brauchen Sie :

1. Die Kraft auf das Alphateilchen: $F = \frac{1}{4\pi\varepsilon_0}\frac{Q_1 Q_2}{r^2}$

   Sei $K := \frac{Q_1 Q_2}{4\pi\varepsilon_0 m} = 5,486\frac{m^3}{s^2}$, m=6,65E-27kg ist die Masse des Alphateilchens mit der Ladung Q_1=+2e. Ein Goldkern hat die Ladung Q_2=+79e.
2. Die beiden Beschleunigungen sind:
   $$\ddot{x} = K\frac{x}{r^3} \text{ und } \ddot{y} = K\frac{y}{r^3}$$
3. Abschätzung für die *Schrittweite* h: Der Kerndurchmesser beträgt etwa 10F=1E-14m. Wenn wir das Alphateilchen über 400F verfolgen wollen, so benötigen wir 2E-20 s, wobei eine Geschwindigkeit von 2E7m/s angenommen wurde. Soll eine Trajektorie aus 50 Punkten bestehen, dann ist die Schrittweite mit h=4E-22s anzusetzen. Das Teilchen soll in x=-200F=-2E-13m starten. Für y (Stoßparameter) wählen wir drei verschiedene Werte zwischen 5F und 80F.
4. Für den Ablenkwinkel ϑ fand RUTHERFORD folgenden Ausdruck: $\tan(\frac{\vartheta}{2}) = \frac{K}{bv^2}$. Darin ist b der Stoßparameter, also der y-Wert, wenn das Teilchen noch auf gerader Bahn auf den Kern zuläuft.

Das Modell arbeitet zunächst mit wirklichen Daten. Das führt zu sehr kurzen Zeiten und Strecken. Kleinere Zahlen erhält man mit reduzierten Daten.

So wird's gemacht:

1. Erneut verwenden wir das FEYNMAN-Arbeitsblatt, vergl. *Skydiver.*
2. I1: 5,486; I2: 2; G1: 4E-22; G2: -2E-13; G3: 5E-15
   G4: 2E7; in H3 und I3 stehen noch 2E-14 und 5E-14
3. F10: @WURZEL(B10^2+C10^2); G10: +I$1*B10/F10^(I$2+1)
   H10: +I$1*C10/F10^(I$2+1)(Beschleunigungen in G10 und H10)

Kopieren Sie F10,G10 und H10 bis Zeile 100. Um drei Trajektorien zu produzieren, müssen Sie A10..H100 einmal bis A102..H192 und dann noch bis A194..H284 kopieren. In C10 eintragen +G$3, in C102: +H$3 und in C194: +I$3.
In der GRAFIK geht der x-Bereich von B10..B284, der y-Bereich von C10..C284. Achseneinteilung automatisch mit anschließender manueller Anpassung.

Im Kraftgesetz wird auch der Exponent n variabel gehalten. Wählen Sie auch andere n-Werte!

	A	B	C	D	E	F	G	H	I
1						h=	4E-22	K=	5,486
2		**Streuung von Alphateilchen**				x0=	-2E-13	n=	2
3		**an einem Gold-Atomkern**				y0=	5E-15	2E-14	5E-14
4						u0=	2E+07		
5		(Feynman-Methode)				v0=	0		
6									
7	t	x	y	u	v	Wurzel	F	G	
8	s	m	m	m/s	m/s		m/s^2	m/s^2	
9									
10	0	-2E-13	5E-15	2E+07	0	2E-13	-1,4E+26	3,4E+24	
11	4E-22	-1,9E-13	5E-15	2E+07	685,1076	1,9E-13	-1,5E+26	3,9E+24	
12	8E-22	-1,8E-13	5E-15	2E+07	2233,532				
13	1,2E-21	-1,8E-13	5E-15	2E+07	3991,979				
14	1,6E-21	-1,7E-13	5E-15	2E+07	5999,57				
15	2E-21	-1,6E-13	5E-15	2E+07	8304,612				
16	2,4E-21	-1,5E-13	5E-15	2E+07	10968,38				
17	2,8E-21	-1,4E-13	5E-15	2E+07	14066,89				
18	3,2E-21	-1,4E-13	5E-15	1,9E+07	17698,12				
19	3,6E-21	-1,3E-13	5E-15	1,9E+07	21988,22				
20	4E-21	-1,2E-13	5E-15	1,9E+07	27101,99				

Sie können sehr schöne Trajektorien erhalten, wenn Sie mit *reduzierten* Werten operieren, also z.B. h=0,15; x0=4, y0=0,4 (1,2;1,8) u0=-0,8, v0=0 und Konstante=1.

Das gilt auch, wenn Sie das gleiche Programm auf *Satellitenbewegungen* anwenden wollen. Setzen Sie K=-1; h=0,024, xo=0,3, alle y-Werte und alle uo-Werte Null. Setzen Sie vo=2,15 (1,8;1,6).
In E10: +g$5; E102: +H$5 und E194: I$5- fertig!

Das Kraftgesetz bei Satellitenbewegungen um eine Sonne (Newtonsches Gravitationsgesetz) hat dieselbe Struktur wie das Coulombsche Gesetz der Alphastreuung

Mit x0=0,30779 und v0=1,9772 modellieren Sie den Merkur. Dann sind die Zeiten mit 5,019 E+6 zu multiplizieren. Die Längen sind dann in AU- Einheiten.

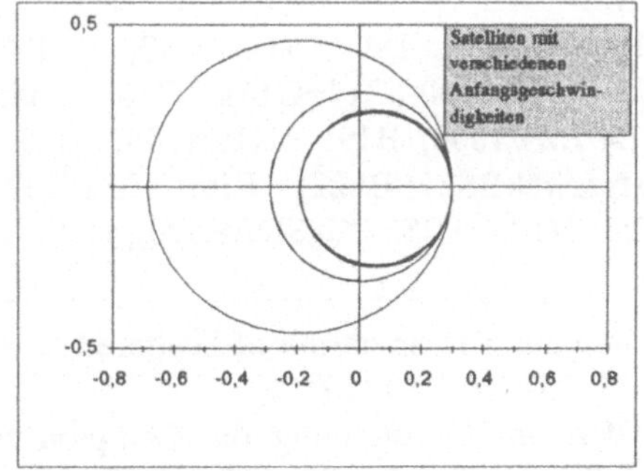

Beim Compton-Effekt wird ein Foton an einem praktisch freien Elektron gestreut

A.H.COMPTON zeigte in einer Reihe von klassischen Experimenten[1], daß sich mit Fotonen und Elektronen eine Art Billard spielen läßt. (Die Analogie stimmt nicht ganz, da beim Quantenbillard die PLANCKsche Konstante mitspielt. Aber dennoch: COMPTON zeigte, daß ein Foton gelegentlich Teilchenmanieren haben kann.)
Kürzlich[2] zeigte KINDERMAN, daß sich der COMPTON-Effekt vorzüglich mit einem Spreadsheet simulieren läßt.

Das brauchen Sie :

1. Die Tortengrafik von Quattro Pro (Pie-Chart).
2. Formeln zum COMPTON-Effekt:
   Nach Eingabe der Wellenlänge λ des einfallenden Fotons und seines Streuwinkels ϑ werden die übrigen Größen in folgender Reihenfolge berechnet:
   - 2.1 $\lambda' = \lambda + \lambda_c(1-\cos\vartheta)$; mit $\lambda_c := \frac{hc}{W_0}$; $W_0 = m_0c^2$
     λ'= Wellenlänge des Fotons nach dem Stoß
   - 2.2 Kin. Energie des Elektrons: $W_k = hc/\lambda - hc/\lambda'$
   - 2.3 pc aus $(pc)^2 = W_k^2 + 2W_0W_k$
   - 2.4 Streuwinkel φ des Elektrons aus dem Impuls in y-Richtung: $-pc\sin\varphi + h\frac{c}{\lambda'}\sin\vartheta=0$
   - 2.5 Die Gleichung $pc\cos\varphi + h\frac{c}{\lambda'}\cos\vartheta = h\frac{c}{\lambda}$ kann zur Kontrolle verwendet werden. (Impulskomponente in x-Richtung.)

So wird's gemacht:

In B21 steht Theta und in B26 ist Phi

1. In B29..B34 stehen der Reihe nach die Konstanten: e, mo, c, h, hc und die Ruheenergie Wo des Elektrons. B34: +B$30*B$31^2
   B35: +B34/B29
2. D3: +D2*1000*B29; D4: +B33/D$3; B4: +D4
3. G14: +B$27; G15: 360-(G14+G16); G16: +B$5
4. B18: +B33/B4/B29/1000; B19: +H19/1000; B20: +H20/1000
5. F18: +B$33*@SIN(B$21)/B$22; F19: +B33/B22
   F20: +B$23; H18: +B$25*@SIN(B$26); H19: +F19/B29

---

[1] A.H.Compton: The Spectrum of Scattered X-Rays, Physical Review **22**, 409 (1923); **26**, 289 (1925)

[2] J.V.Kinderman: Investigating the Compton Effect with a Spreadsheet, The Physics Teacher **30**, 426, (1992)

6. B21: +B5*@PI/180; B22: +B4+B33*(1-@COS(B21))/ B34
B23: +B33*(1/B4-1/B22); B24: +B23/B29; H20: +B$24
B25: @WURZEL(B23*(2*B34+B23))
B26: @ASIN(B33*@SIN(B21)/(B22*B25))
B27: +B26*180/@PI

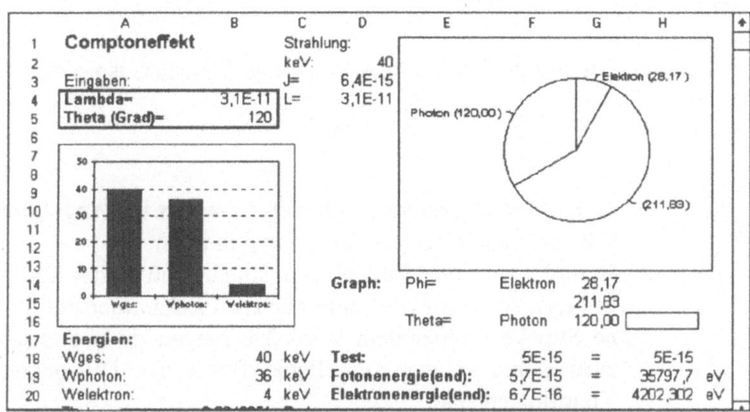

Die Wellenlänge der einfallenden Strahlung kann aus der Energie (40keV) berechnet werden. Das Balkendiagramm zeigt die Aufteilung der Energie. Das Elektron übernimmt nur einen Bruchteil der Gesamtenergie

Den Graphen erzeugen Sie mit GRAFIK/NEU: x-Achse: F14..F16 1.y-Achse: G14..G16 O.K. Es erscheint ein Balkendiagramm. GRAFIK/TYP: *Kreis.* Rechtsklick in den Graphen zeigt Ihnen LABEL OPTIONEN. Wählen Sie *Wert.*

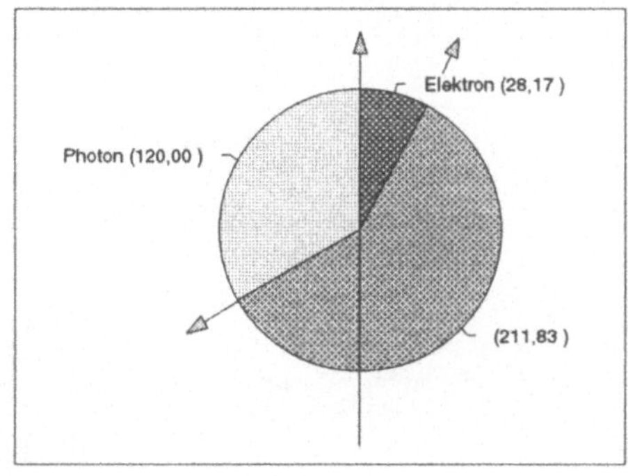

Die Pfeile wurden in Quattro Pro mit Hilfe des Pfeilwerkzeuges hinzugefügt

Das gestreute Foton hat eine größere Wellenlänge (einige Prozent) als das einfallende Foton

Der chaotische Irrweg eines Gasmoleküls und der nicht weniger zufallsgesteuerte Weg eines volltrunkenen Matrosen werden nun mit Quattro Pro simuliert.[1]

1. Die Formel für die freie Weglänge λ eines Gasmoleküls:

$$\lambda = 31073 \frac{T}{pd^2}$$

λ und der Moleküldurchmesser d werden in Angström (10^{-10}m) gemessen, der Gasdruck p in mbar.

Für T=300K, p=1000mbar und d=3E-10m ist die freie Weglänge ca. 1036 Angström.

2. Befindet sich ein Molekül nach einem Stoß an der Stelle P=(x,y), so legt es bis zum nächsten Zusammenstoß eine Strecke s unter dem Winkel ß (gegen die x-Achse) zurück und gelangt zum Punkt P′=(x′,y′). Die neuen Koordinaten sind:

$$x' = x + s\cos\beta$$
$$y' = y + s\sin\beta$$

mit $s = -\lambda \ln R1$ und $\beta = 2\pi R2$.
R1 und R2 sind Zufallszahlen.

Das Molekül startet in (0;0). Nach 200 Zusammenstößen befindet es sich in (xs;ys). Die Variable Ls enthält die Summe der freien Wege.

Ls/N ist ungefähr gleich Lambda.

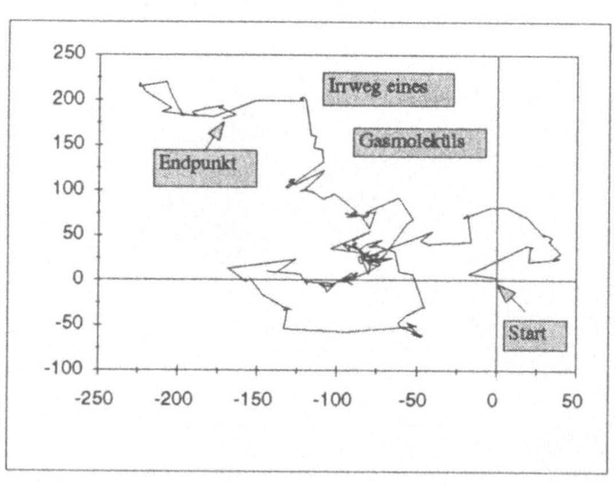

[1] F.J.Mehr : Simulation von stochastischen Trajektorien in der Ebenen. Praxis der Naturwiss. - Physik **11**,329 (1983)

So wird's gemacht:

1. In Zeile 10 befinden sich die Anfangswerte aller Daten:
   B10: R1:=0; C10: R2:=0; D10: 0 ; E10: +G$1; F10..H10: 0
2. In Zeile 11 werden die Prototypen der Formeln eingetragen:
   A10: BLOCK/FÜLLEN A10..A210
   B11: @ZUFALLSZAHL (=R1); C11: @ZUFALLSZAHL(=R2)

   D11: 2*@PI*B11; E11:-G$1*@LN(C11); F11: +E11+F10
   G11: +G10+E11*@COS(D11); H11: +H10+E11*@SIN(D11)
   B11..H11 markieren und mit BLOCK/KOPIE bis B11..H210 kopieren. In F5 steht die direkte Entfernung zwischen Anfangs- und Endpunkt: @WURZEL(H210^2+G210^2);
   F6 enthält das Mittel aller freien Wege: +F210/A210
3. Mit GRAFIK/NEU legen Sie eine XY-Grafik des Irrwegs an.
   x-Achse: G10..G210; 1.Wertebereich: H10..H210

	A	B	C	D	E	F	G	H	I
1				Freie Weglänge:		Lo=	10	Angström	
2									
3			Der Irrweg eines Gasmoleküls						
4									
5				Entfernung=		123,21			
6				Ls/N=		10,00			
7									
8	Stoß-	Random1	Random2	Beta	s	Ls	x	y	
9	nummer								
10	0	0	0	0	10	0	0	0	
11	1	0,123724	0,143132	0,777378	19,43988	19,43988	13,85587	13,63538	
12	2	0,386272					-6,86449	31,61057	
13	3	0,150181					-1,11853	39,53811	
14	4	0,598403					-12,8687	31,17996	
15	5	0,037731					-3,93626	33,33819	
16	6	0,793683					-3,07449	30,27765	
17	7	0,714093					-3,49609	28,44078	
18	8	0,095168					0,74713	31,331	
19	9	0,591377					-10,4633	24,07989	
20	10	0,422766					-24,4239	31,44179	

In G1 wird die freie Weglänge eingegeben. Das vorige Bild gehört zu einer anderen Simulation.

Um molekulare Zusammenstöße mit einem Computer zu simulieren, benötigt man die Verteilung der freien Wege im Gas. Man weiß, vergl. [1], daß sie einer Exponentialverteilung genügen. Die Dichte der Verteilung der freien Wege ist gegeben durch $f(x) = e^{-x/\lambda}/\lambda$.
Das Molekül befindet sich schließlich in der Entfernung $L = \sqrt{xs^2 + xy^2}$ vom Startpunkt. Ls/N ist ein guter Schätzer für λ.

Man könnte auch untersuchen, ob die Telefonanrufe beim Finanzamt poissonverteilt sind...

Seltene Ereignisse gehorchen oft einer POISSON-Verteilung. Die Beantwortung der Frage, ob eine Reihe von Meßwerten einer POISSON-Verteilung genügt oder nicht, soll am Beispiel des *Alphazerfalls* von Polonium-210 demonstriert werden. Die Daten stammen aus einer Veröffentlichung aus dem Jahre 1910 von E.RUTHERFORD und H.GEIGER (Phil. Magazine (6) **20**, 1910, S.698). Die Forscher registrierten 2608 mal die Anzahl der in 7.5s emittierten Alphateilchen. Es gab sechs 7.5s-Intervalle mit 11 oder mehr Impulsen (Zerfällen).

Das brauchen Sie:

...man könnte 60 Zeitintervalle von je 30 min Dauer wählen und die Anrufe pro 30min-Intervall zählen.

1. Die Wahrscheinlichkeitsfunktion der POISSON-Verteilung:
   $$f_P(x;\mu) = \mu^x e^{-\mu}/x!$$
   Das arithmetische Mittel der Stichprobe dient als Schätzwert für den Parameter μ. Die erwarteten Häufigkeiten berechnen wir mit $h_{e,i} = N \cdot f_P(x_i;\bar{x})$; N=Summe der beobachteten Häufigkeiten $h_{b,i}$
2. Eine Näherungsformel zur Berechnung des kritischen CHI-Quadrat-Wertes, z.B.:
   $$\chi^2 \approx f + z\sqrt{2f} + \frac{2}{3}(z^2-1) + \frac{z^3-7z}{9\sqrt{2f}}$$
   $$-(6z^4 + 14z^2 - 32)/(405f)$$
   z ist das (1-α)-Quantil der Standardnormalverteilung.
   Eine etwas kürzere Formel kann gut für f>=30 eingesetzt werden:
   $$\chi^2 \approx f(1 - \frac{2}{9f} + z\sqrt{\frac{2}{9f}})^3$$

So wird's gemacht:

1. In den Spalten A und B stehen die Meßwerte.
2. C6: +A6*B6; bis C17 kopieren.
   D6: 1; D7: +D6*A7; bis D17 kopieren (Fakultät).
   C18: @SUMME(C6..C17); C19: +C18/B18
3. E6: +C$19^A6*@EXP(-C$19)/D6; bis E17 kopieren.
   F6: +E6*B$18; bis F17 kopieren.
4. G6: (F6-B6)^2/F6; bis G17 kopieren.
5. G18: @SUMME(G6..G17) (das ist die Prüfgröße CHI-Quadrat)
   Da die Prüfgröße kleiner ist als das kritische CHI^2 (=18.308), darf man annehmen, daß die Daten einer POISSON-Verteilung ge-

nügen. Das kritische CHI^2 wurde für eine Sicherheit von 95% berechnet. Die Zahl der Freiheitsgrade beträgt f=12-2=10.
G19: +E24

6. B23 wird mit F bezeichnet (Strg+F3); G30 mit ZN benennen (=z-Wert der N(0;1)-Verteilung)
E24:
+F+(2*F)^0.5*ZN+2*(ZN^2-1)/3+(ZN^3-7*ZN)/((2*F)^0.5*9)-(6*ZN^4+14*ZN^2-32)/(405*F)
7. D26: @WENN(B26<0.5;1-B26;B26)
G26: @WURZEL(-2*@LN(1-D26)); wird T genannt
G27: 2.515517+T*(0.802853+0.010328*T); heißt ZA
G28: 1+T*(1.432788+T*(0.189269+0.001308*T)); heißt NE
G29: +T-ZA/NE; dies wird mit H bezeichnet
8. In G30 steht der z-Wert: @WENN(B26<=0.5;-H;H)
9. In G31 wird eine für f>=30 gute Näherung berechnet:
+F*(1-2/(9*F)+ZN*@WURZEL(2/(9*F)))^3; diese Formel wird nur zum Vergleich angeführt.

CHI-Quadrat wird berechnet, man braucht es nicht nachzuschlagen. Auch die Formel in G31 kann - wenn's nicht zu genau sein soll- bis f=5 benutzt werden

	A	B	C	D	E	F	G
1		**Prüfung auf POISSON-Verteilung**					
2							
3	**Anzahl der**	**Zahl der Intervalle**			**Poisson-**		
4	**Alphateilchen**	**mit xi Impulsen**			**Wahrsch.:**		
5	xi	hi,b	xi*hi,b	x!	fp(xi;3.87)	hi,e	CHI^2
6	0	57	0	1	0.021	54.4	0.122
7	1	203	203	1	0.081	210.6	0.273
8	2	383	766	2	0.156	407.4	1.465
9	3	525	1575	6	0.202	525.5	0.001
10	4	532	2128	24	0.195	508.4	1.094
11	5	408	2040	120	0.151	393.5	0.536
12	6	273	1638	720	0.097	253.8	1.458
13	7	139	973	5040	0.054	140.3	0.012
14	8	45	360	40320	0.026	67.9	7.698
15	9	27	243	362880	0.011	29.2	0.162
16	10	10	100	3628800	0.004	11.3	0.147
17	11	6	66	39916800	0.002	4.0	1.036
18	**N=**	2608	10092			**CHI^2=**	14.005
19		**Mu=**	3.870		**0.95%-**	**CHI^2krit=**	**18.308**
20							

In der B-Spalte wird angegeben, in wievielen 7.5s-Intervallen man genau xi Alphas "gesehen" hat. Die berechneten Häufigkeiten in Spalte F stimmen recht gut mit den beobachteten in Spalte B überein

Die Berechnung des kritischen χ^2-Wertes geschieht nach folgendem Schema:

	A	B	C	D	E	F	G
23	**Freiheitsgrade:**	10	**Ergebnis:**	CHI^2=	18.294	(f>=30)	
24			genauerer Wert:		18.308		
25							
26	**Sicherheit:**	0.95	x=	0.95	N(0;1)	T=	2.447747
27					.	ZA=	4.542578
28					.	NE=	5.660283
29					.	H=	1.645211
30					z-Wert:	ZN=	1.645211
31						CHI^2=	18.29418
32							

Nur die Zahl der Freiheitsgrade und die Sicherheit sind einzutragen

Quattro Pro befreit Sie von den schrecklichen Mühen bei der Berechnung gemischter Wechselstromschaltungen. Legen Sie sich für die gebräuchlichsten Schaltungen Arbeitsblätter an. Dann geben Sie die Daten ein und lassen Q.P. sich durch die Schaltung werkeln.

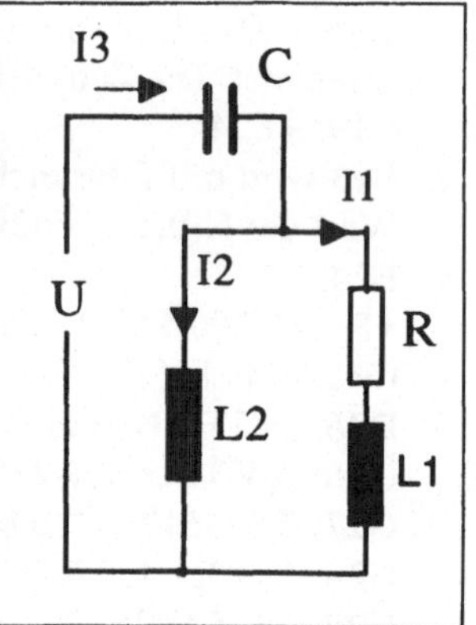

Beim Aufbau der Arbeitsblätter ist es vorteilhaft, alle Widerstände komplex einzugeben, anstatt fertige Formeln zu benutzen, die doch meist fürchterlich umfangreich sind.

Das brauchen Sie :

1. Die konkrete Schaltung
2. Beispieldaten: U=220V, f=50Hz, C=20µF, R=50Ω L1=1H, L2=2H
3. Die komplexe Form der Widerstände. Also für den rechten Zweig: $Z_1 = R_1 + \omega L_1 \cdot j$; für den linken Zweig: $Z_2 = R_2 + \omega L_2 \cdot j$; R2 ist in der Schaltung 0. Für den Kondensator haben wir $Z_3 = 0 - \frac{1}{\omega C} \cdot j$
   Den Phasenwinkel berechnen wir aus $\tan \varphi = \frac{Im(Z)}{Re(Z)}$
   Den komplexen Gesamtwiderstand der Parallelschaltung ermittle ich mit $Z_{parall} = \frac{Z_1 Z_2}{Z_1 + Z_2}$, wobei ich den Quotienten mit den Formeln berechne, die im Rezept *Komplexe Zahlen I* mitgeteilt wurden.

So wird's gemacht:

1 Die Abbildung zeigt Ihnen das von mir benutzte Arbeitsblatt.
2. B10: 2*@PI*B6; C1: +D6; D10: +B10*F6; E10: +E6
   F10: +B10*G6; G10: (C10*E10-D10*F10)
   H10: (C10*F10+D10*E10);
   B14: (C10+E10); C14: (D10+F10); D14: +B14^2+C14^2
   E14: (G10*B14+H10*C14)/D14; F14:(H10*B14-G10*C14)/D14
   G14: +E14; H14: +F14-1/(B10*H6)

Zges=Zparallel+ Z3 in G14,H14

I14: @WURZEL(G14^2+H14^2)

3. In Zeile 18 stehen die physikalisch bedeutsamen Größen:
   B18: +C6/I14; C18: +B18*@WURZEL(E14^2+F14^2)
   D18: +B18/(B10*H6);
   E18: +C18/@WURZEL(C10^2+D10^2)
   F18: +C18/@WURZEL(E10^2+F10^2)
   G18: +C6*B18*@COS(H18*@PI/180) (Leistung in Watt)
   H18: @ATAN(H14/G14)*180/@PI
   I18: +E18*B10*F6 (Spannung über L1); I20: +E18*D6

Bei dieser Anwendung von Quattro Pro ist es natürlich sehr verlokkend, sich ein ganzes Arsenal von Schaltungsbeispielen in Form eines Notizbuches zusammenzustellen. Der Einfluß der Schaltungsparameter auf Spannungen, Stromstärken und Leistung ist dann rasch zu überblicken.

	A	B	C	D	E	F	G	H	I
1		**Parallelschaltung von (Z1 und Z2)+C in Serie**							
2				z.B.: Z1=(R1+L1) und Z2=(R2+L2) parallel und C in Reihe					
3									
4	**Daten:**								
5		**f**	**U**	**R1**	**R2**	**L1**	**L2**	**C**	
6		50	220	50	0	1	2	2,00E-05	
7									
8	**Ergeb-**	**w**	**Z1**		**Z2**		**Z1*Z2=Z**		
9	**nisse:**		real	imag	real	imag	real	imag	
10		314,16	50,00	314,16	0,00	628,32	-1,97E+05	3,14E+04	
11									
12		**Z1+Z2=N**		**c^2+d^2**	**Zparallel=Z/N**		**Zges**		**Betrag(Zg**
13		real	imag		real	imag	real	imag	
14		50,00	942,48	890764,40	22,16	210,62	22,16	51,46	56,03
15									
16		**Iges**	**Uparall**	**UC**	**I1**	**I2**	**Pges**	**PHI**	**UL1**
17									
18		3,93	831,56	624,93	2,61	1,32	341,66	66,70	821,22
19									**UR1**
20									130,70

7 Anhang

Abramowitz 64
M.Abramowitz, I.Stegun
"Handbook of Mathematical Functions..."
National Bureau of Standards Washington D.C., 4.th Printing 1965

Athen et al. 87
H.Athen, H.Griesel, H.Postel
"Mathematik heute: Leistungskurs Stochastik"
Schroedel Schulbuchverlag GmbH Hannover, 1987

Bosch 86
K.Bosch
"Angewandte Statistik"
Vieweg-Verlag Braunschweig/Wiesbaden, 1.Auflage 1986

Eisberg 79
R.Eisberg, W.Hyde
"Countdown: Skydiver, Rocket and Satellite Motion..."
Dilithium Press Portland,Oregon, 1.Edition 1979

Hartmann 92
N.Hartmann,
"Excel 4.0 Tabellen und Diagramme..."
te-wi-Verlag München, 1.Auflage 1992

Hartung 89
J.Hartung, B.Elpelt, K.-H.Klösener
"Statistik: Lehr- und Handbuch der angewandten Statistik"
R.Oldenburg-Verlag München/Wien, 7.Auflage 1989

James et al. 67
M.L.James, G.M.Smith, J.C.Wolford
"Applied Numerical Methods"
International Textbook Co. Scranton, Penna., 1.Edition 1967

Laudel 90
H.Laudel
"Rechnen mit Bleistift, Rechner und Computer"
Xenos-Verlag Hamburg, 1.Auflage 1990

Mehr 92
F.J.Mehr
"Spreadsheets: Tabellenkalkulation für Naturwissenschaftler"
Vieweg-Verlag Braunschweig/Wiesbaden, 1.Auflage 1992

Ruprecht 67
E.Ruprecht
"Mechanik"
Bayerischer Schulbuch-Verlag München, 1.Auflage 1967

Sachs 74
L.Sachs
"Angewandte Statistik"
Springer-Verlag Berlin/Heidelberg/New York, 4.Auflage 1974
WIST 81
J.Bleymüller, G.Gehlert, H.Gülicher
"Statistik für Wirtschaftswissenschaftler"
Verlag Franz Vahlen München, 2.Auflage 1981
Wonnacott 77
T.H.Wonnacott, R.J.Wonnacott
"Introductory Statistics for Business and Economics"
John Wiley & Sons, Inc. New York, 2. Edition 1977

Projekt-Management mit Excel

Eine makrogesteuerte Anwendung zur Kalkulation von Projektkosten

von Dieter Peters

1992. X, 180 Seiten mit Diskette. Gebunden
ISBN 3-528-05217-1

Was das Buch bietet ...

eine vollständige und offene Makroapplikation unter Excel für Version 3.0 und 4.0

Worum es geht ...

- Vorstellung und Handhabung der vielfältigen Programmfunktionen
- Umfassende Dokumentation der Makroanwendung

Und außerdem ...

- Professionelle Tips und Tricks zur Makroprogrammierung unter Excel

Was der Leser benötigt ...

- HARDWARE: IBM AT/80386/80486 und Kompatible
- SOFTWARE: MS-Excel ab Version 3.0 unter Windows

Besondere Kennzeichen ...

- Dem Buch liegt eine komfortable Software zur Verwaltung und Kalkulation von Projektkosten bei.
  Der MS Excel-Programmierer findet tragfähige Lösungsansätze, um das Programm anzupassen, zu verändern oder eigene Makros zu entwickeln. Die Offenlegung aller Makros bietet eine Fülle wertvoller Anregungen.

Der Autor ...

- ist ein hochkarätiger Kenner von Excel. Er ist in der Softwareentwicklung tätig.

Neue Postleitzahlen ab 01.07.1993:
Postfach 58 29, D-65 048 Wiesbaden
Für Direktzustellung:
Faulbrunnenstr. 13, D-65 183 Wiesbaden

Verlag Vieweg · Postfach 58 29 · D-6200 Wiesbaden 1

Halbleiter-El

Eine aktuelle Buchreihe für Studierende und Ingenieu

Halbleiter-Bauelemente beherrschen heute einen
nik. Dies äußert sich einerseits in der großen Vi
und andererseits in den enormen Zuwachsraten
Ihre besonderen physikalischen und funktionellen
xe elektronische Systeme z. B. in der Datenverarb
technik ermöglicht. Dieser Fortschritt konnte nur
physikalischer Grundlagenforschung und elektro
reicht werden.

Um mit dieser Vielfalt erfolgreich arbeiten zu
Anforderungen gewachsen zu sein, muß nicht nu
menten, sondern auch der Schaltungstechniker da
kalischen Grundlagenkenntnissen bis zu den durc
Funktionscharakteristiken der Bauelemente beherr

Dieser engen Verknüpfung zwischen physikalis
trotechnischer Zielsetzung soll die Buchreihe „Hal
tragen. Sie beschreibt die Halbleiter-Bauelemente
storen usw.) in ihrer physikalischen Wirkungsweis
ihren elektrotechnischen Daten.

Um der fortschreitenden Entwicklung am ehe
Lesern ein für Studium und Berufsarbeit brauchb
geben zu können, wurde diese Buchreihe nach eine
piert:

Die ersten beiden Bände sind als Einführung ge
sikalischen Grundlagen der Halbleiter darbietet ur
fe definiert und erklärt. Band 2 behandelt die h
Halbleiterbauelemente in einfachster Form. Ergän
durch die Bände 3 bis 5, die einerseits eine vertie
struktur und der Transportphänomene in Halbleite
führung in die technologischen Grundverfahren zu
ter bieten. Alle diese Bände haben als Grundlage e
gänzungsvorlesungen an Technischen Universitäten

Fortsetzung und Übersicht über die Reihe: 3. Umschl

W. Heywang und R. Müller